L'Âme de tout apostolat

Dom Jean-Baptiste Chautard

L'Âme de tout apostolat

Artège

Dans la même collection

Les classiques de la spiritualité

Le Dieu Vivant, Romano Guardini, mars 2010

Le Combat spirituel, Lorenzo Scupoli, octobre 2010

Qui est Jésus-Christ ?, Henri-Dominique Lacordaire, octobre 2010

ISBN 978-2-360400072

Éditions Artège

11, rue du Bastion Saint-François – 66000 Perpignan

www.artegespiritualite.fr

À Notre très cher fils, Dom J.-B. Chautard, Abbé de la Trappe de Notre-Dame de Sept-Fons, Nous adressons Nos meilleures félicitations de ce qu'il a mis excellemment en lumière dans son livre intitulé L'âme de tout apostolat la nécessité de la vie intérieure chez les hommes d'œuvres, pour la vraie fécondité de leur ministère ;

Et souhaitant que cet ouvrage, où se trouvent réunis les enseignements doctrinaux et les conseils pratiques appropriés aux besoins de notre temps, continue de se répandre et de faire du bien,

Nous accordons de tout cœur à son pieux auteur une affectueuse Bénédiction Apostolique.

Du Vatican, le 18 mars 1915.

Benedictus PP. XV

Ô Marie Immaculée, Reine des Apôtres, daignez bénir ces modestes pages. Obtenez à tous ceux qui les liront de bien comprendre que, s'il plaît à Dieu de se servir de leur activité comme d'un instrument régulier de sa Providence, pour répandre ses biens célestes dans les âmes, cette activité, pour amener quelque résultat, devra participer en quelque façon de la nature de l'Acte divin, tel que vous le contempliez dans le sein de Dieu, lorsque s'incarna dans vos entrailles virginales Celui à qui nous devons de pouvoir vous appeler notre Mère.

PREMIÈRE PARTIE

DIEU VEUT LES ŒUVRES ET LA VIE INTÉRIEURE

1. Les œuvres et le zèle sont voulus par Dieu

ÊTRE souverainement libéral est un apanage de la nature divine. Dieu est bonté infinie. La bonté n'aspire qu'à se répandre et à communiquer le bien dont elle jouit.

La vie mortelle de Notre-Seigneur ne fut qu'une continuelle manifestation de cette inépuisable libéralité. L'Évangile montre le Rédempteur semant sur son chemin les trésors d'amour d'un cœur avide d'attirer les hommes à la vérité, à la vie.

Cette flamme d'apostolat, Jésus-Christ l'a communiquée à l'Église, don de son amour, diffusion de sa vie, manifestation de sa vérité, resplendissement de sa sainteté. Animée des mêmes ardeurs, l'épouse mystique du Christ continue à travers les siècles l'œuvre d'apostolat de son divin exemplaire.

Admirable dessein, loi universelle établie par la Providence ! « C'est par l'homme que l'homme doit connaître le chemin du salut[1]. » Jésus-Christ seul a versé le sang qui rachète le monde. Seul aussi, il aurait

1. Lettre de Léon XIII, 22 janvier 1899, au cardinal Gibbons.

pu en appliquer la vertu et agir sur les âmes d'une façon immédiate, comme il le fait par l'Eucharistie. Mais il a voulu des coopérateurs à la dispensation de ses bienfaits. Pourquoi ? Sans doute la majesté divine l'exigeait ainsi, mais non moins l'y poussaient ses tendresses pour l'homme. Et s'il convient au plus éminent des monarques de ne gouverner le plus souvent que par ses ministres, quelle condescendance de la part d'un Dieu de daigner associer de pauvres créatures à ses labeurs et à sa gloire !

Née sur la croix, sortie du côté transpercé du Sauveur, l'Église, par le ministère apostolique perpétue l'action bienfaisante et rédemptrice de l'Homme-Dieu. Voulu par Jésus-Christ, ce ministère devient le facteur essentiel de la diffusion de cette Église parmi les nations et l'instrument le plus ordinaire de ses conquêtes.

Pour cet apostolat, figure au premier rang le clergé dont la hiérarchie forme le cadre de l'armée du Christ ; clergé illustré par tant d'évêques et de prêtres saints et zélés, et honoré si glorieusement par la canonisation du saint Curé d'Ars.

À côté de ce clergé officiel se sont levées, dès l'origine du christianisme, des compagnies de volontaires, véritables corps d'élite dont la perpétuelle et luxuriante végétation sera toujours l'un des phénomènes les plus manifestes de la vitalité de l'Église.

Ce sont d'abord, aux premiers siècles, les ordres contemplatifs dont la prière incessante, les rudes macérations contribuèrent si puissamment à la conversion du monde païen. Au Moyen âge, surgissent les ordres prêcheurs, les ordres mendiants, les ordres militaires, les ordres voués à l'héroïque mission du rachat des captifs au pouvoir des infidèles. Enfin les temps modernes voient naître en foule : milices enseignantes, instituts, sociétés de missionnaires, congrégations de toutes sortes, dont la mission est de répandre le bien spirituel et corporel sous toutes ses formes.

En outre, à toutes les époques de son histoire, l'Église a rencontré des collaborateurs précieux dans les simples fidèles, tels ces fervents catholiques, aujourd'hui légion, « personnes d'œuvres » suivant l'expression consacrée, cœurs ardents, qui, sachant unir leurs forces, mettent sans réserve au service de notre Mère commune, temps, capacités, fortune, souvent sacrifient leur liberté, et parfois leur sang.

Spectacle admirable, certes, et fortifiant, que celui de cette providentielle efflorescence d'œuvres naissant au jour voulu et si merveilleusement adaptées aux circonstances ! L'histoire de l'Église le prouve : tout besoin nouveau à satisfaire, tout péril à conjurer, a vu invariablement apparaître l'institution réclamée par les nécessités d'alors.

Ainsi à notre époque, nous voyons s'opposer à des maux d'une particulière gravité une foule d'œuvres à peine connues hier : catéchismes préparatoires à la première communion, catéchismes de persévérance, catéchismes pour les enfants abandonnés, congrégations, confréries, réunions et retraites pour hommes et jeunes gens, pour dames et jeunes filles, apostolat de la prière, apostolat de la charité, ligues pour le repos dominical, patronages, cercles catholiques, œuvres militaires, écoles libres, bonne presse, etc., toutes formes d'apostolat suscitées par cet esprit qui embrasait l'âme d'un saint Paul : « Pour moi bien volontiers je dépenserai et je me dépenserai encore moi-même tout entier pour vos âmes »[2], et qui veut répandre partout les bienfaits du sang de Jésus-Christ.

Que ces humbles pages aillent aux soldats qui, tout zèle, toute ardeur pour leur noble mission, s'exposent, en vertu même de l'activité qu'ils déploient, au péril de n'être point, avant tout, des hommes de vie intérieure, et qui, s'ils en étaient un jour punis par des insuccès en apparence inexplicables, autant que par de graves dommages spirituels, seraient alors tentés d'abandonner la lutte et de rentrer découragés sous la tente.

Les pensées développées dans ce livre nous ont aidés nous-même à lutter contre l'extériorisation

---

2. II Cor, XII, 15.

par les œuvres. Puissent-elles éviter à quelques-uns ces déboires, et mieux guider leur courage, en leur montrant que jamais le Dieu des œuvres ne doit être délaissé pour les œuvres de Dieu, et que le : « Malheur à moi si je n'annonce pas l'Évangile »[3] ne nous donne pas le droit d'oublier le : « Que sert à l'homme de gagner le monde entier s'il vient à perdre son âme ? »[4].

Les pères et mères de famille pour qui l'*Introduction à la vie dévote* n'est pas un livre suranné, les époux chrétiens qui se considèrent comme obligés l'un envers l'autre à un apostolat qu'ils exercent en même temps sur leurs enfants pour les former à l'amour et à l'imitation du Sauveur, peuvent eux aussi s'appliquer facilement l'enseignement que donnent ces modestes feuillets. Puissent-ils mieux comprendre la nécessité d'une vie non seulement pieuse mais intérieure pour rendre leur zèle efficace, et pour embaumer leur foyer de l'esprit de Jésus-Christ et de cette paix inaltérable qui, en dépit des épreuves, restera toujours l'apanage des familles foncièrement chrétiennes.

---

3. I Cor, IX, 16.
4. S. Matth, XVI, 25.

2. Dieu veut que Jésus soit la vie des œuvres

La science, à juste titre d'ailleurs, est fière de ses immenses succès. Une chose cependant lui a été jusqu'à ce jour et lui sera à jamais impossible : créer la vie, faire sortir du laboratoire d'un chimiste un grain de blé, une larve. Les défaites retentissantes des défenseurs des générations spontanées nous ont instruits sur ces prétentions. Dieu garde le pouvoir de créer la vie.

Dans l'ordre végétal et animal les êtres vivants peuvent croître et se multiplier ; encore leur fécondité ne se réalise-t-elle que dans les seules conditions établies par le Créateur. Mais dès qu'il s'agit de la vie intellectuelle, Dieu se la réserve et c'est lui qui directement crée l'âme raisonnable. Toutefois il est un domaine dont Dieu est encore plus jaloux, c'est celui de la vie surnaturelle, puisqu'elle est une émanation de la vie divine communiquée à l'humanité du Verbe incarné.

L'Incarnation et la Rédemption établissent Jésus source et source unique de cette vie divine à laquelle tous les hommes sont appelés à participer. *Per Dominum nostrum Jesum Christum. Per Ipsum et cum Ipso et in Ipso*[5]. L'action essentielle de l'Église

5. Par Notre-Seigneur Jésus-Christ. – Par Lui, avec Lui et en Lui (Liturgie).

consiste à la répandre par les sacrements, la prière, la prédication et toutes les œuvres qui s'y rattachent.

Dieu ne fait rien que par son Fils : « Tout a été fait par lui et rien n'a été fait sans lui »[6]. Cela est vrai dans l'ordre naturel, mais combien plus dans l'ordre surnaturel, quand il s'agit de communiquer sa vie intime et de faire participer les hommes à sa propre nature pour les rendre enfants de Dieu.

« Je suis venu afin qu'ils aient la vie. En lui était la vie. Je suis la vie »[7]. Quelle précision dans ces paroles ! Quelle lumière dans cette parabole du cep et des sarments où le Maître développe cette vérité ! Quelle insistance il met pour graver dans l'esprit de ses apôtres ce principe fondamental que lui seul, Jésus, est la vie, et cette conséquence que, pour participer à cette vie et la communiquer aux autres, ils doivent être entés sur l'Homme-Dieu.

Les hommes appelés à l'honneur de collaborer avec le Sauveur pour transmettre aux âmes cette vie divine doivent donc se considérer comme de modestes canaux chargés de puiser à cette source unique.

L'homme apostolique qui méconnaîtrait ces principes et croirait qu'il peut produire le moindre vestige de vie surnaturelle sans l'emprunter totalement à Jésus, donnerait à penser que son

6. Joan, I.

7. Joan, X, 10 – Joan, I, 4 – Joan, XIV, 6.

ignorance théologique n'a d'égale que sa sotte suffisance.

Si tout en reconnaissant théoriquement que le Rédempteur est la cause primordiale de toute vie divine, l'apôtre dans son action oubliait cette vérité, et aveuglé par une folle présomption injurieuse pour Jésus-Christ, ne comptait guère que sur ses propres forces, ce serait un désordre moindre que le précédent, mais tout aussi insupportable au regard divin.

Rejeter la vérité ou en faire abstraction en agissant, constitue toujours un désordre intellectuel, doctrinal ou pratique. C'est la négation d'un principe qui doit informer notre conduite. Le désordre s'accentue encore évidemment si la vérité, au lieu de rayonner, trouve le cœur de l'homme d'œuvres en opposition, par le péché ou la tiédeur volontaire, avec le Dieu de toute lumière.

Or, se conduire pratiquement en s'occupant des œuvres comme si Jésus n'en était pas seul le principe de vie est qualifié par le cardinal Mermillod « d'hérésie des œuvres ». Par cette expression, il stigmatise l'aberration d'un apôtre qui, oubliant son rôle secondaire et subordonné, n'attendrait que de son activité personnelle et de ses talents les succès de son apostolat.

N'est-ce pas en pratique la négation d'une grande partie du Traité de la grâce ?

Cette conséquence révolte au premier abord. Cependant pour peu qu'on y réfléchisse, elle n'est que trop vraie.

Hérésie des œuvres ! L'activité fiévreuse prenant la place de l'action de Dieu, la grâce méconnue, l'orgueil humain voulant détrôner Jésus, la vie surnaturelle, la puissance de la prière, l'économie de la Rédemption reléguées, au moins dans la pratique, au rang des abstractions, c'est là un cas qui est loin d'être imaginaire, et que l'analyse des âmes révèle comme très fréquent, quoiqu'à des degrés divers, dans ce siècle de naturalisme où l'homme juge surtout d'après les apparences, et agit comme si le succès d'une œuvre dépendait principalement d'une ingénieuse organisation.

À la simple lueur de la saine philosophie, abstraction faite de la Révélation, on ne peut retenir sa pitié à la vue d'un homme admirablement doué, qui refuserait de reconnaître Dieu comme le principe des merveilleux talents que tous remarquent en lui.

Qu'éprouverait un catholique instruit dans sa religion, au spectacle d'un apôtre qui afficherait, du moins implicitement, la prétention de se passer de Dieu pour communiquer aux âmes ne fût-ce que le moindre degré de vie divine ?

« Ah ! l'insensé ! » dirions-nous en entendant un ouvrier évangélique tenir ce langage : « Mon Dieu, ne suscitez pas d'obstacle à mon entreprise, ne venez pas l'enrayer, et je me charge de la mener à bonne fin ».

Notre sentiment serait un reflet de l'aversion que provoque en Dieu la vue d'un tel désordre, la vue d'un présomptueux poussant l'orgueil jusqu'à vouloir donner la vie surnaturelle, produire la foi, faire cesser le péché, porter à la vertu, engendrer les âmes à la ferveur, par ses seules forces et sans attribuer ces effets à l'action directe, constante, universelle et débordante du sang divin, prix, raison d'être et moyen de toute grâce et de toute vie spirituelle.

Aussi Dieu doit-il à l'humanité de son Fils de confondre ces faux christs en paralysant leurs œuvres d'orgueil ou en permettant qu'elles ne causent qu'un miracle éphémère.

Réserve faite pour tout ce qui agit sur les âmes *ex opere operato* (par la seule action de l'œuvre elle-même, comme les sacrements qui agissent indépendamment de la sainteté du ministre), Dieu doit au Rédempteur de soustraire à l'apôtre plein de suffisance les meilleures de ses bénédictions pour les réserver à la branche qui humblement reconnaît ne tirer sa sève que du cep divin.

Autrement, s'il bénissait par des résultats profonds et durables une activité empoisonnée par ce virus que nous avons appelé hérésie des œuvres, Dieu semblerait encourager ce désordre et en permettre la contagion.

3. Qu'est-ce que la vie intérieure ?

Les mots « vie d'oraison », « vie contemplative » s'appliquent dans ce volume, comme dans *l'Imitation de Jésus-Christ,* à l'état des âmes qui s'adonnent sérieusement à une vie chrétienne non commune et cependant accessible à tous, et, en substance, obligatoire pour tous[8].

Sans nous attarder à une étude d'ascétisme, bornons-nous à rappeler ce que chacun pour le gouvernement intime de son âme est obligé d'accepter comme absolument certain.

1re Vérité. La vie surnaturelle, c'est en moi la vie de Jésus-Christ lui-même, par la foi, l'espérance et la charité, car Jésus est la cause méritoire, exemplaire et finale, et comme Verbe, avec le Père et le Saint-Esprit, la cause efficiente de la grâce sanctifiante dans nos âmes.

La présence de Notre-Seigneur par cette vie surnaturelle n'est pas la présence réelle propre à la sainte communion, mais une présence d'action vitale comme l'action de la tête ou du cœur sur les membres ; action intime que Dieu cache le plus ordinairement à mon âme pour augmenter le mérite de ma foi ;

8. Bien que ne visant jamais les phénomènes qui accompagnent certains états extraordinaires d'union à Dieu, nous restons persuadés que Dieu accorde souvent, en dehors de ces phénomènes, des grâces spéciales d'oraison aux âmes généreuses qui ont soif de vivre d'intimité avec lui.

action donc insensible habituellement à mes facultés naturelles et que seule la foi m'oblige à croire formellement ; action divine qui laisse subsister mon libre arbitre et utilise toutes les causes secondes, événements, personnes et choses, pour me faire connaître la volonté de Dieu et m'offrir l'occasion d'acquérir ou d'accroître ma participation à la vie divine.

Cette vie inaugurée au baptême par l'état de grâce, perfectionnée par la confirmation, recouvrée par la pénitence, entretenue et enrichie par l'Eucharistie, est ma vie chrétienne.

2e Vérité. Par cette vie, Jésus-Christ me communique son Esprit. Et ainsi il devient principe d'activité supérieure qui me porte, si je n'y mets obstacle, à penser, à juger, à aimer, à vouloir, à souffrir, à travailler avec lui, en lui, par lui, comme lui. Mes actions extérieures deviennent la manifestation de cette vie de Jésus en moi. Je tends ainsi à réaliser l'idéal de vie intérieure formulé par saint Paul : « Ce n'est plus moi qui vis, c'est Jésus qui vit en moi. »

Vie chrétienne, piété, vie intérieure, sainteté ne diffèrent pas essentiellement, ce sont les divers degrés d'un seul amour ; ce sont le crépuscule, l'aurore, la lumière, la splendeur d'un même soleil.

Lorsque dans cet ouvrage nous employons le mot vie intérieure, nous visons moins la vie intérieure habituelle, c'est-à-dire, si nous pouvons ainsi parler, « le capital de vie divine » qui est en nous par la grâce sanctifiante, que la vie intérieure actuelle, c'est-à-dire la mise en valeur de ce capital par l'activité de l'âme et par sa fidélité aux grâces actuelles.

Je puis donc la définir l'état d'activité d'une âme qui réagit pour régler ses inclinations naturelles et s'efforce d'acquérir l'habitude de juger et de se diriger en tout d'après les lumières de l'Évangile et les exemples de Notre-Seigneur.

Donc deux mouvements. Par le premier, l'âme se retire de ce que le créé peut avoir de contraire à la vie surnaturelle, et elle cherche à être sans cesse présente à elle-même : éloignement des créatures. Par le second, l'âme se porte vers Dieu et s'unit à lui : orientation vers Dieu.

Cette âme veut ainsi être fidèle à la grâce que Notre-Seigneur lui offre à chaque moment. En somme, elle vit unie à Jésus et réalise son programme : « Celui qui demeure en moi et en qui je demeure, celui-là porte beaucoup de fruit »[9].

3e Vérité. Je me priverais de l'un des plus puissants moyens d'acquérir cette vie intérieure si je ne m'efforçais d'avoir de cette présence active de Jésus en moi une foi précise et certaine et surtout d'obtenir que cette présence me soit une réalité vivante, très vivante mêmes, qui pénètre de plus en plus l'atmosphère de mes facultés. Jésus devenant par là ma lumière, mon idéal, mon conseil, mon

9. Joan, XV, 5.

appui, mon recours, ma force, mon médecin, ma consolation, ma joie, mon amour, en un mot ma vie, j'acquerrai toutes les vertus. Alors seulement je pourrai proférer sincèrement l'admirable prière de saint Bonaventure que l'Église me propose comme action de grâces après la messe : « Transpercez, ô très doux Seigneur Jésus… »

4e Vérité. Dans la proportion d'intensité de mon amour pour Dieu, ma vie surnaturelle peut croître à chaque moment par une nouvelle infusion de la grâce de présence active de Jésus en moi ; infusion produite :

1° A l'occasion d'actes méritoires (vertu ; travail ; souffrance sous ses diverses formes : privation des créatures, douleur physique ou morale, humiliation, abnégation ; prière, messe, acte de dévotion envers Notre-Dame, etc.).

2° Par les sacrements, l'Eucharistie surtout.

Il est donc certain, et cette conséquence m'écrase par sa sublimité et sa profondeur mais surtout me réjouit et m'encourage, il est donc certain que par chaque événement, personne ou chose, vous, ô Jésus, vous-même, vous vous présentez objectivement à moi et à toute minute. Vous cachez sous ces apparences votre sagesse et votre amour, et sollicitez ma coopération pour accroître votre vie en moi.

Ô mon âme, c'est chaque fois Jésus qui se présente à toi par la grace du moment présent, prière à dire, messe à célébrer ou à entendre, lecture à faire, actes de patience, de zèle, de renoncement, de lutte, de confiance, d'amour à produire. Oserais-tu détourner ton regard ou te dérober ?

5ᵉ Vérité. La triple concupiscence causée par le péché originel et augmentée par chacun de mes péchés actuels établit en moi des éléments de mort opposés à la vie de Jésus. Or, dans la mesure même où se développent ces éléments, ils diminuent l'exercice de cette vie. Hélas ! ils peuvent même arriver à la supprimer.

Toutefois inclinations et sentiments contraires à cette vie, tentations même violentes et prolongées ne peuvent lui nuire tant que ma volonté s'y oppose. Et alors, vérité consolante, ils contribuent même, comme tout élément de combat spirituel, à l'augmenter, et cela dans la mesure de mon zèle.

6ᵉ Vérité. Sans l'emploi fidèle de certains moyens, mon intelligence s'aveuglera et ma volonté deviendra trop faible pour coopérer avec Jésus à l'accroissement et même au maintien de sa vie en moi. Dès lors, diminution progressive de cette vie et marche vers la tiédeur de volonté[10]. Par dissipation, lâcheté,

10. Cette tiédeur est bien distincte de la sécheresse et même du dégoût qu'éprouvent parfois et malgré eux les fervents. Les fautes vénielles qui échappent à la fragilité et sont combattues et aussitôt détestées que commises ne révèlent pas non plus la tiédeur de volonté.
L'âme tiède de cette manière à deux vouloirs opposés, l'un bon,

illusion, aveuglement, je pactise avec le péché véniel. Par conséquent, insécurité pour mon salut, puisque disposition facile au péché mortel.

Si j'avais le malheur de tomber dans cette tiédeur (et *a fortiori* si j'étais plus bas encore), je devrais tout essayer pour en sortir.

1° Raviver ma crainte de Dieu en me mettant d'une façon saisissante en présence de ma fin, de la mort, des jugements de Dieu, de l'enfer, de l'éternité, du péché, etc.

2° Faire revivre ma componction par la science amoureuse de vos plaies, ô miséricordieux Rédempteur. En esprit au Calvaire, je me prosternerais à vos pieds sacrés afin que votre sang vivant, coulant sur ma tête et sur mon cœur, dissipe mon aveuglement, fonde la glace de mon âme et secoue l'engourdissement de ma volonté.

7e Vérité. Je dois craindre sérieusement de n'avoir pas le degré de vie intérieure que Jésus exige de moi :

---

l'autre mauvais ; l'un chaud, l'autre froid. D'un côté, elle veut le salut, c'est pourquoi elle évite les péchés mortels évidents ; d'un autre côté elle ne veut pas les exigences de l'amour de Dieu, elle veut, au contraire, les aisances d'une vie libre et facile ; et c'est pourquoi elle se permet des péchés véniels délibérés…
Quand cette tiédeur n'est pas combattue, par le fait même, il y a dans l'âme mauvaise volonté, non pas totale, mais partielle : c'est-à-dire qu'il y a une partie de la volonté qui dit à Dieu : « Sur tel ou tel point, je ne veux pas cesser de vous déplaire » (P. Desurmont, *Le retour continuel à Dieu*).

1° Si je cesse d'accroître ma soif de vivre de Jésus, soif qui me donne et le désir de plaire en tout à Dieu et la crainte de lui déplaire en quoi que ce soit. Or je cesse forcément, si je n'emploie plus les moyens, notamment : oraison du matin, messe, sacrements et office, examens particulier et général, lecture pieuse, ou si par ma faute ils ne me profitent pas.

2° Si je n'ai pas le minimum de recueillement qui me permette au cours de mes occupations, de garder mon cœur dans une pureté et une générosité assez grandes pour que ne soit pas étouffée la voix de Jésus me signalant les éléments de mort qui se présentent et m'invitant à les combattre. Or, ce minimum me fera défaut si je m'abstiens des moyens qui peuvent l'assurer : vie liturgique, oraisons jaculatoires surtout en forme de supplication, communions spirituelles, exercice de la présence de Dieu, etc.

Sans lui les péchés véniels arriveront à pulluler dans ma vie, et je pourrais même ne pas m'en douter. Pour lcs voiler et même me dérober un état plus lamentable, l'illusion utilisera apparence de piété plus spéculative que pratique, zèle pour les œuvres, etc. Mon aveuglement me sera cependant imputable, puisque par l'absence de ce recueillement indispensable, j'en aurai posé et entretenu la cause.

8e Vérité. Ma vie intérieure sera ce qu'est ma garde du cœur : « Garde ton cœur avant toute chose, car de lui jaillit la vie »[11].

Cette garde du cœur n'est autre chose que la sollicitude habituelle ou du moins fréquente pour préserver tous mes actes, à mesure qu'ils se présentent, de tout ce qui pourrait vicier leur mobile ou leur accomplissement.

Sollicitude calme, aisée, sans contention, mais forte cependant puisque basée sur le recours filial à Dieu.

C'est un travail du cœur et de la volonté plus que de l'esprit qui doit rester libre pour l'accomplissement de ses devoirs. Loin de gêner l'action, la garde du cœur la perfectionne en la réglant par l'esprit de Dieu et en l'ajustant aux devoirs d'état.

Cet exercice se pratique à toute heure. C'est une vue, par le cœur, des actions présentes et une attention modérée aux diverses parties d'une action à mesure qu'on la fait. C'est l'observation exacte de l'*Age quod agis*, « Fais ce que tu fais ». L'âme comme une sentinelle vigilante exerce sa sollicitude sur tous les mouvements de son cœur, sur tout ce qui se passe dans son intérieur : impressions, intentions, passions, inclinations, en un mot sur tous ses actes intérieurs et extérieurs, pensées, paroles, actions.

La garde du cœur exige un certain recueillement, elle ne peut se faire par une âme dissipée.

---

11. Prov, IV, 23.

Par la fréquence de cet exercice on en acquiert peu à peu l'habitude.

« Où irai-je et dans quel but ? » Que ferait Jésus ; comment se comporterait-il à ma place ? Que me conseillerait-il ? Que demande-t-il de moi en ce moment ? Telles sont les questions qui viennent spontanément à l'âme avide de vie intérieure.

Pour l'âme qui va à Jésus par Marie, cette garde du cœur revêt un caractère plus facilement affectif encore, et recourir à cette bonne Mère devient comme un besoin incessant pour son cœur.

9e Vérité. Jésus-Christ règne dans l'âme lorsque celle-ci aspire à l'imiter sérieusement, universellement, affectueusement. Deux degrés dans cette imitation : 1° L'âme s'efforce de devenir indifférente aux créatures prises en elles-mêmes, qu'elles soient conformes ou contraires à ses goûts. À l'exemple de Jésus, elle ne veut comme règle en tout que la volonté de Dieu : « Je suis descendu du ciel non pour faire ma volonté, mais la volonté de celui qui m'a envoyé »[12]. 2° « Le Christ n'a pas eu de complaisance pour lui-même »[13]. L'âme se porte plus volontiers à ce qui contrarie la nature et lui répugne. Elle réalise alors l'Agir contre dont parle saint Ignace dans sa célèbre méditation du Règne du Christ. C'est l'action contre la nature pour aller de préférence vers ce qui imite la

12. Joan, VI, 38.

13. Rom, XV, 3.

pauvreté du Sauveur et son amour des souffrances et des humiliations. Suivant l'expression de saint Paul, l'âme connaît alors vraiment le Christ[14].

10e Vérité. Quel que soit mon état, Jésus m'offre, si je veux prier et devenir fidèle à sa grâce, tous les moyens de revenir à une vie intérieure qui me rende son intimité et me permette de développer sa vie en moi. Alors, au cours de ses progrès, mon âme ne cessera de posséder la joie, même au sein des épreuves, et se réaliseront pour elle les paroles d'Isaïe : Alors ta lumière éclatera comme l'aurore, et ta guérison germera promptement ; ta justice marchera devant toi ; la gloire de Jéhovah répondra ; tu crieras et il dira : Me voici... Et Jéhovah sera ton guide continuel ; il rassasiera ton âme dans les lieux arides, et il donnera de la vigueur à tes os ; tu seras comme un jardin bien arrosé, comme une source dont les eaux ne tarissent jamais[15].

11e Vérité. Si Dieu me demande d'appliquer mon activité non seulement à ma sanctification, mais aussi aux œuvres, je formerai avant tout dans mon âme cette conviction ferme : Jésus doit être et veut être la vie de ces œuvres.

Mes efforts à eux seuls ne sont rien, absolument : « Sans moi vous ne pouvez rien faire »[16]. Ils ne

14. Ephes, IV, 20.
15. Is, LVIII, 8, 9, 11.
16.Joan, XV, 5.

seront utiles et bénis de Dieu que si, par une vraie vie intérieure, je les unis constamment à l'action vivifiante de Jésus. Ils deviendront alors tout puissants : « Je puis tout en celui qui me fortifie »[17]. S'ils provenaient d'une orgueilleuse suffisance, de la confiance en mes talents, du désir des succès, ils seraient rejetés de Dieu, car ne serait-ce pas sacrilège folie de ma part de ravir à Dieu, pour m'en parer, quelque chose de sa gloire ?

Loin d'engendrer en moi la pusillanimité, cette conviction sera ma force. Et quel besoin de prière elle me donnera pour obtenir cette humilité, trésor pour mon âme, assurance du secours de Dieu et gage de succès pour mes œuvres !

Pénétré de l'importance de ce principe, je m'examinerai sérieusement pendant mes retraites pour reconnaître – si ma conviction de la nullité de mon action lorsqu'elle est seule et de sa force lorsqu'elle est unie à celle de Jésus ne s'émousse point, – si j'exclus impitoyablement toute complaisance et vanité, tout retour sur moi dans ma vie d'apôtre, – si je me maintiens dans une défiance absolue de moi-même, – et si je prie Dieu de vivifier mes œuvres et de me préserver de l'orgueil, premier et principal obstacle à son concours.

17.Phil, IV, 13.

Ce credo de la vie intérieure, devenu pour l'âme la base de son existence, lui assure dès ici-bas une participation au bonheur céleste.

Vie intérieure, vie des prédestinés.

Elle répond à la fin que Dieu s'est proposé en nous créant[18].

Elle répond à la fin de l'Incarnation : « Dieu a envoyé son Fils unique dans le monde, afin que nous vivions par lui »[19].

État bienhcureux : « La fin de la créature humaine est de s'attacher à Dieu : toute sa félicité est là »[20]. Contrairement aux joies du monde, si des épines existent au-dehors, les roses subsistent au-dedans.

Qu'ils sont à plaindre les pauvres gens du monde ! dit le saint Curé d'Ars. Ils ont sur les épaules un manteau doublé d'épines ; ils ne peuvent pas faire un mouvement sans se piquer ; tandis que les vrais chrétiens ont un manteau doublé de peau de lapin. « On voit la croix, mais on ne voit pas l'onction »[21].

État céleste ! L'âme devient comme un ciel vivant[22].

---

18. « L'homme a été créé pour contempler son Créateur afin qu'il cherche sans cesse sa présence et vive dans la solidité de son amour » (S. Grég, *Moral*, I. VIII, c, XII).

19. I Joan, IV, 9.

20. S. Thom.

21. S. Bern.

22. « Souviens-toi toujours de Dieu, afin que ton âme devienne un paradis » (S. Eph.). « L'âme est un paradis lorsqu'elle médite les

Comme la bienheureuse Marguerite-Marie, elle chante :

Je possède en tout temps et je porte en tout lieu
Et le Dieu de mon cœur et le cœur de mon Dieu.
C'est le commencement de la béatitude[23].
La grâce, c'est le ciel en germe.

4. Combien cette vie intérieure est méconnue

Saint Grégoire le Grand, aussi habile administrateur et zélé apôtre que grand contemplatif, caractérise d'un mot : *Secum vivebat*, « Il vivait avec lui-même », l'état d'âme de saint Benoît, qui jetait à Subiaco le fondement de sa Règle devenue l'un des plus puissants leviers d'apostolat dont Dieu se soit servi sur la terre.

C'est bien le contraire qu'il faut prononcer de la grande majorité de nos contemporains. Vivre avec soi, en soi, vouloir se gouverner soi-même et ne pas se laisser gouverner par le dehors, réduire l'imagination, la sensibilité et même l'intelligence et la mémoire au rôle de servantes de la volonté et conformer sans cesse cette volonté à celle de Dieu est un programme que l'on accepte de moins en moins, en ce siècle d'agitation qui a vu naître un idéal nouveau : l'amour de l'action pour l'action.

---

choses célestes et se trouve ainsi dans un océan de délices » (Hug. a S. Vict.).

23. S. Thom, 2a 2ae q. 180, a. 4.

Pour éluder cette discipline des facultés, tous les prétextes sont jugés bons : affaires, sollicitudes de famille, hygiène, bonne renommée, amour de la patrie, prestige de la corporation, prétendue gloire de Dieu tentent à l'envi de nous empêcher de vivre en nous-mêmes. Cette sorte de délire de la vie hors de soi arrive même à exercer sur nous un attrait irrésistible.

Faut-il s'étonner dès lors que la vie intérieure soit méconnue ?

Méconnue, c'est trop peu dire ; elle est souvent méprisée et ridiculisée, et par ceux-là même qui devraient le plus en apprécier les avantages et la nécessité. Il a fallu la lettre mémorable adressée par Léon XIII au cardinal Gibbons, archevêque de Baltimore, pour protester contre les conséquences périlleuses d'une admiration exclusive pour les œuvres.

Afin d'éviter le labeur de la vie intérieure, l'homme d'Église en arrive à méconnaître l'excellence de la vie avec Jésus, en Jésus, par Jésus, à oublier que, dans le plan de la Rédemption, tout est non moins fondé sur la vie eucharistique que bâti sur le roc de Pierre. Reléguer au second plan l'essentiel, c'est à quoi travaillent inconsciemment les partisans de cette spiritualité moderne désignée par le mot : américanisme. Pour eux, l'église n'est pas encore un temple protestant. Le tabernacle n'est pas encore vide. Mais la vie eucharistique ne peut guère s'adapter, d'après eux, ni surtout suffire aux exigences de la civilisation moderne, et la vie intérieure qui découle forcément de la vie eucharistique a fait son temps.

Pour les personnes, et elles sont légion, imbues de ces théories, la communion a perdu le vrai sens que lui trouvaient les premiers chrétiens. Elles croient à l'Eucharistie, mais n'y voient plus un élément de vie aussi nécessaire pour elles que pour leurs œuvres. Il ne faut plus s'étonner que, le tête-à-tête intime avec Jésus-Hostie n'existant presque plus pour elles, la vie intérieure ne soit considérée que comme un souvenir du Moyen Âge.

En vérité, à entendre ces hommes d'œuvres parler de leurs exploits, on croirait que le Tout-Puissant qui a créé les mondes en se jouant et devant qui l'univers n'est que poussière et néant, ne peut se passer de leur concours ! Subtilement, nombre de fidèles, et même des prêtres et des religieux, en arrivent par le culte de l'action à s'en faire une sorte de dogme qui inspire leur attitude, leurs actes, et les fait se livrer sans frein à la vie hors de soi. L'Église, le diocèse, la paroisse, la congrégation, l'œuvre ont besoin de moi, serait-on heureux de pouvoir dire... Je suis plus qu'utile à Dieu. Et si on n'ose manifester une telle fatuité, cependant existent latentes au fond du cœur et la présomption qui en est la base et l'atténuation de foi qui l'a engendrée.

On ordonne souvent au neurasthénique de s'abstenir, et quelquefois assez longtemps, de tous travaux. Remède insupportable pour lui, car précisément sa maladie le jette dans une excitation fiévreuse, qui, devenue comme une seconde nature, le pousse à se procurer sans relâche de nouvelles dépenses de forces et d'émotions qui aggravent son mal.

Ainsi en est-il fréquemment de l'homme d'œuvres par rapport à la vie intérieure. Il la dédaigne d'autant plus, que dis-je ? Il a pour elle d'autant plus de répugnance que dans sa pratique seule se trouve le remède à son état morbide. Bien plutôt cherchant à s'étourdir de plus en plus sous l'avalanche de travaux croissants et mal dirigés, il écarte toute possibilité de guérison.

Le navire file à toute vapeur. Et tandis que celui qui le dirige admire la vitesse de la marche, Dieu juge que, faute de sage timonier, ce bateau va à l'aventure et risque d'échouer. Des adorateurs en esprit et en vérité, voilà ce que Notre-Seigneur réclame avant tout. L'américanisme, lui, se figure qu'il apporte une grande gloire à Dieu en visant principalement les résultats extérieurs.

Cet état d'esprit explique comment de nos jours, si écoles, dispensaires, missions, hôpitaux, sont encore appréciés, en revanche le dévouement dans sa forme intime, par la pénitence et la prière, est de moins en moins compris. Ne sachant plus croire à la vertu de l'immolation cachée, on ne se contentera pas de traiter de lâches et d'illuminés ceux qui s'y adonnent dans la solitude du cloître sans le céder en ardeur pour le salut des âmes aux plus infatigables missionnaires, mais on tournera en dérision les personnes d'œuvres qui jugent indispensable de dérober quelques instants aux occupations les plus utiles, pour aller purifier et réchauffer leur zèle auprès du tabernacle, et obtenir de l'Hôte divin de meilleurs résultats pour leurs travaux.

5. Réponse à une première objection : La vie intérieure est-elle oisive ?

Ce volume ne s'adresse qu'aux hommes d'œuvres animés d'un ardent désir de se dépenser, mais exposés à négliger les mesures nécessaires pour que leur dévouement soit fécond pour les âmes sans être pour eux-mêmes un dissolvant de vie intérieure.

Stimuler les prétendus apôtres qui ont le culte du repos, galvaniser les âmes que l'égoïsme illusionne parce qu'il leur montre dans l'oisiveté un moyen de favoriser la piété, secouer l'indifférence de ces indolents, de ces endormis qui dans l'espoir de quelques avantages ou honneurs accepteront certaines œuvres, pourvu qu'elles ne troublent en rien leur quiétude et leur idéal de tranquillité, tel n'est point notre but. Cette tâche exigerait un ouvrage spécial.

Laissant donc à d'autres le soin de faire comprendre à cette catégorie d'apathiques les responsabilités d'une existence que Dieu voulait active et que le démon d'accord avec la nature rend inféconde par manque d'activité et par défaut de zèle, revenons aux chers et vénérés confrères à qui nos pages sont réservées.

Aucune comparaison ne peut rendre l'intensité infinie de l'activité qu'il y a au sein de Dieu. La vie intérieure du Père est telle qu'elle engendre une Personne divine. De la vie intérieure du Père et du Fils procède le Saint-Esprit.

La vie intérieure communiquée aux apôtres au Cénacle a aussitôt enflammé leur zèle.

Pour toute personne instruite qui ne s'évertue pas à la défigurer, cette vie intérieure est un principe de dévouement.

Mais alors même qu'elle ne se révélerait point par des manifestations extérieures, la vie d'oraison est en soi et intimement une source d'activité à nulle autre comparable. Rien ne serait plus faux que de voir en elle une sorte d'oasis où l'on se réfugie pour couler paisiblement son existence. Il suffit qu'elle soit le chemin qui mène plus directement au royaume des cieux pour que le texte : « Le royaume des cieux est emporté de force et les violents s'en emparent »[24] lui doive être spécialement appliqué.

Dom Sébastien Wyart qui avait connu aussi bien les labeurs de l'ascète que les fatigues du métier militaire, le travail de l'étude et les soucis inhérents à la charge de supérieur, aimait à redire qu'il existe trois genres de travaux :

1° Le travail presque exclusivement physique de ceux qui exercent une profession manuelle, du laboureur, de l'artisan, du soldat. Ce travail, affirmait-il, est, quoi qu'on en pense, le moins rude des trois.

2° Le travail intellectuel du savant, du penseur, à la recherche si souvent ardue de la vérité, celui de l'écrivain, du professeur, qui mettent tout en œuvre pour la faire pénétrer dans d'autres intelligences, celui du diplomate, du négociant, de l'ingénieur, etc., les efforts de tête du général pendant le combat pour prévoir, diriger et décider. Ce labeur en soi, dit-il, est autrement pénible que le premier, et l'adage la lame use le fourreau exprime cette priorité.

3° Enfin le travail de la vie intérieure. Des trois (et il n'hésitait pas à le proclamer), c'est le plus assujettissant lorsqu'on le prend au sérieux[25]. Mais c'est

24. Matth. XI, 12.

25. « Il est plus difficile de résister aux vices et aux passions que d'effectuer un pénible travail corporel » (S. Grég.).

aussi celui qui offre le plus de consolations ici-bas. C'est également le plus important. Il fait non plus la profession de l'homme, mais l'homme lui-même. Combien qui se glorifient d'être courageux dans les deux premiers genres de travaux qui mènent à la fortune et au succès, ne sont plus qu'inertie, paresse et lâcheté quand il s'agit du travail pour la vertu !

S'efforcer de dominer sans cesse et soi-même et ce qui nous environne pour n'agir en toutes choses que pour la gloire de Dieu est l'idéal de l'homme décidé à acquérir la vie intérieure. Pour le réaliser, il s'efforce dans toutes les circonstances de rester uni à Jésus-Christ et ainsi d'avoir l'œil fixé sur le but à atteindre et de tout peser à la lumière de l'Évangile. « Où irai-je et dans quel but ? » répète-t-il avec saint Ignace. Tout en lui donc, intelligence et volonté aussi bien que mémoire, sensibilité, imagination et sens, relève d'un principe. Mais au prix de quel labeur arrive-t-il à ce résultat ! Qu'il se mortifie ou qu'il s'accorde quelque jouissance permise, qu'il réfléchisse ou qu'il exécute, qu'il travaille ou qu'il se repose, qu'il aime le bien ou qu'il éprouve de l'aversion pour le mal, qu'il désire ou qu'il craigne, qu'il accepte la joie ou la tristesse, plein d'espoir ou de crainte, indigné ou paisible, en toutes choses et toujours il s'efforce de maintenir avec opiniâtreté la barre du gouvernail dans la direction du bon plaisir divin. Dans la prière, près de l'Eucharistie surtout, plus complètement encore il s'isole des objets visibles, afin d'arriver à traiter avec Dieu invisible comme s'il le voyait[26]. Même au cours de ses travaux apostoliques, il tend à réaliser cet idéal que saint Paul admire en Moïse.

Adversités de la vie, orages soulevés par les passions, rien n'est capable de le faire dévier de la ligne de conduite qu'il s'est imposée. Par ailleurs, s'il faiblit un instant, il se ressaisit bientôt et reprend plus vigoureusement sa marche en avant.

Quel travail ! Et comme l'on comprend que Dieu récompense dès ici-bas par des joies spéciales celui qui ne recule pas devant l'effort que ce labeur exige.

Oisifs, concluait Dom Sébastien, oisifs les vrais religieux, les prêtres intérieurs et zélés ! Allons donc ! Qu'ils viennent donc analyser, les mondains les plus affairés, si leur travail est comparable au nôtre. Qui n'en a fait l'expérience ? On serait porté à préférer parfois de longues heures d'une occupation fatigante à une demi-heure d'oraison bien faite[27], à une assistance sérieuse à la messe, à la récitation suivie d'un office. Le P. Faber exprime sa désolation

---

26.Heb, XI, 27.

27. Quelles que soient les difficultés de la vie active, il n'y a que les inexpérimentés qui osent nier les épreuves de la vie intérieure. Beaucoup d'actifs, d'ailleurs sincèrement pieux, avouent que, bien souvent, ce qui leur coûte le plus dans leur vie, ce n'est pas l'action, c'est la part obligatoire de l'oraison. Ils sont comme soulagés quand l'heure de l'action sonne (D. Festugieres).

de constater que, pour certains, « le quart d'heure qui suit la communion est le quart d'heure le plus ennuyeux de la journée ». S'il s'agit d'une courte retraite de trois jours, que de répugnances pour certains ! S'abstraire pendant trois jours de la vie facile bien que très occupée et vivre dans le surnaturel en l'infiltrant pendant cette retraite dans tous les détails de l'existence ; forcer son esprit à tout voir durant ce temps aux seules lueurs de la foi, et son cœur à tout oublier pour ne respirer que Jésus et sa vie ; rester en tête à tête avec soi et mettre à nu ses infirmités et ses faiblesses d'âme ; jeter cette âme dans le creuset, sans pitié pour ses récriminations : c'est là une perspective qui fait reculer nombre de personnes prêtes cependant à toutes les fatigues, dès qu'il ne s'agit que d'une dépense d'activité purement naturelle.

Et si trois jours d'une semblable occupation paraissent déjà si pénibles, qu'éprouve la nature à l'idée d'une vie entière que l'on veut soumettre graduellement au régime de la vie intérieure ?

Sans doute, dans ce travail de dégagement, la grâce entre pour une large part, et rend le joug suave et le fardeau léger. Mais combien l'âme y trouve matière à efforts ! Il lui en coûte toujours pour se remettre dans le droit chemin et revenir à la parole de saint Paul : « Notre conversation est dans les cieux »[28]. Saint Thomas explique cela fort bien : l'homme, dit-il, est placé entre les objets d'ici-bas et les biens spirituels, dans lesquels réside l'éternelle béatitude. Plus il adhère aux uns, plus il s'éloigne des autres, et *vice versa*[29]. Dans la balance, si l'un des plateaux s'abaisse, l'autre s'élève d'autant.

Or, la catastrophe du péché originel ayant bouleversé l'économie de notre être, a rendu ce double mouvement d'adhérence et d'éloignement pénible à effectuer. Pour rétablir et garder par la vie intérieure l'ordre et l'équilibre dans ce « petit monde » qu'est l'homme, il faut depuis ce moment, travail, peine et sacrifice. Il y a un édifice écroulé à rebâtir et à préserver ensuite d'une ruine nouvelle.

Arracher constamment aux pensées de la terre, par la vigilance, le renoncement et la mortification, ce cœur pesant de tout le poids de la nature corrompue[30] ; réformer son caractère en particulier sur les points où il est le plus dissemblable à la physionomie d'âme de Notre-Seigneur, dissipation, emportement, complaisance en soi ou hors de soi, manifestations de l'orgueil ou du naturalisme, dureté, égoïsme, défaut de bonté, etc., résister à l'appât du plaisir présent et sensible par l'espérance d'un bonheur spirituel dont on ne jouira qu'après une

---

28. Philipp, III, 20.
29. 1a, 2ae, q. 108, a. 4.
30. Ps. IV.

longue attente; se détacher de tout ce qui peut faire aimer l'ici-bas; faire de l'ensemble des créatures, désirs, convoitises, concupiscence, biens extérieurs, volonté et jugement propres, un holocauste sans réserve…, quelle tâche!

Et ce n'est là pourtant que la partie négative de la vie intérieure. Après cette lutte corps à corps qui faisait gémir saint Paul[31] et que le Père de Ravignan exprimait par ce mot: « Vous me demandez ce que j'ai fait pendant mon noviciat? Nous étions deux, j'en ai jeté un par la fenêtre et je suis resté seul », après ce combat sans trêve contre un ennemi toujours prêt à renaître, il faut protéger des moindres retours de l'esprit naturel un cœur qui, purifié par la pénitence, est maintenant consumé du désir de réparer les outrages faits à Dieu, déployer toute son énergie pour le tenir uniquement attaché aux beautés invisibles des vertus à acquérir pour imiter celles de Jésus-Christ, s'efforcer de conserver jusque dans les moindres particularités de l'existence une confiance absolue dans la Providence; c'est le côté positif de la vie intérieure. Qui ne devine le champ illimité du travail qui se présente!

Travail intime, assidu et constant. Et cependant c'est précisément par ce travail que l'âme acquiert une facilité merveilleuse et une étonnante rapidité

31. Rom, VII, 22–24.

d'exécution pour les travaux apostoliques. Seule la vie intérieure possède ce secret.

Les œuvres immenses accomplies, malgré une santé précaire, par un Augustin, un Jean Chrysostome, un Bernard, un Thomas d'Aquin, un Vincent de Paul, nous jettent dans l'étonnement. Mais plus encore sommes-nous émerveillés de voir ces hommes, malgré leurs travaux presque incessants, se maintenir dans l'union la plus constante avec Dieu. Se désaltérant plus que d'autres par la contemplation à la source de la vie, ces saints y puisaient de plus vastes capacités de travail. C'est ce qu'exprimait un de nos grands évêques, surchargé de besogne, à un homme d'État accablé lui-même d'affaires, et qui lui demandait le secret de sa sérénité constante et des admirables résultats de ses œuvres. « À toutes vos occupations, cher ami, ajoutez encore une demi-heure de méditation chaque matin. Non seulement vos affaires seront expédiées mais vous trouverez encore le loisir d'en réaliser de nouvelles ».

Enfin, ne voyons-nous pas le saint roi Louis IX trouver, dans les huit ou neuf heures qu'il consacrait habituellement aux exercices de la vie intérieure, le secret et la force de s'appliquer avec tant de sollicitude aux affaires de l'État et au bien de ses sujets, que, de l'aveu d'un orateur socialiste, jamais, même à notre époque, il n'a été fait autant en faveur des classes ouvrières que sous le règne de ce prince médiéval et chrétien.

6. Réponse à une autre objection : La vie intérieure est-elle égoïste ?

NE PARLONS pas du paresseux ni du gourmand spirituel qui font consister la vie intérieure dans les joies d'une agréable oisiveté et cherchent beaucoup plus les consolations de Dieu que le Dieu des consolations. Ils n'ont qu'une fausse piété. Mais celui qui, à la légère ou de parti-pris, déclare égoïste la vie intérieure ne la comprend pas mieux.

Nous avons déjà dit que cette vie est la source pure et abondante des œuvres les plus généreuses de la charité envers les âmes et de la charité qui va au soulagement des souffrances d'ici-bas. Examinons l'utilité de cette vie d'un autre point de vue.

Égoïste et stérile la vie intérieure de Marie et de Joseph ? Quel blasphème et quelle absurdité ! Et pourtant nulle œuvre extérieure ne leur est attribuée. La seule irradiation sur le monde d'une vie intérieure intensive, les mérites des prières et des sacrifices appliqués à l'extension des bienfaits de la Rédemption ont suffi à constituer Marie, reine des apôtres, et Joseph, patron de l'Église universelle[32].

32. Dans un autre chapitre, nous verrons que c'est cette vie intérieure qui donne aux œuvres leur fécondité.

« Ma sœur me laisse servir seule »[33], dit en empruntant les paroles de Marthe le sot présomptueux qui ne voit que ses propres œuvres extérieures et leurs résultats.

Sa fatuité et son peu d'intelligence des voies divines ne vont pas jusqu'à lui faire supposer que Dieu ne saurait guère se passer de lui. Volontiers il répète cependant encore avec Marthe incapable d'apprécier l'excellence de la contemplation de Madeleine : « Dites-lui donc de m'aider »[34] et va jusqu'à s'écrier : « À quoi bon cette perte ? »[35] en reprochant comme un gaspillage de temps les moments que ses confrères en apostolat plus intérieurs que lui se réservent afin d'assurer leur vie intime avec Dieu.

Je me sacrifie moi-même pour eux afin qu'eux aussi soient sanctifiés en vérité[36], répond l'âme qui a senti toute la portée de ce mot du Maître « afin que », et qui, connaissant la valeur de la prière et du sacrifice, unit aux larmes et au sang du Rédempteur les larmes de ses yeux et le sang d'un cœur se purifiant de jour en jour davantage.

Avec Jésus, l'âme intérieure entend la voix des crimes du monde monter vers le ciel et appeler sur leurs auteurs un châtiment dont elle retarde la

33. Luc, X, 40.
34. Luc, X, 40.
35. Matth, XXIV, 8.
36. Joan, XVII, 19.

sentence par la toute-puissance de la supplication, capable d'arrêter la main de Dieu prête à lancer la foudre.

Ceux qui prient, disait après sa conversion l'éminent homme d'État, Donoso Cortès, font plus pour le monde que ceux qui combattent, et si le monde va de mal en pis, c'est qu'il y a plus de batailles que de prières.

« Les mains levées, dit Bossuet, enfoncent plus de bataillons que celles qui frappent ». Et au milieu de leurs déserts, les solitaires de la Thébaïde avaient souvent au cœur le feu qui animait saint François-Xavier. Ils semblaient, dit saint Augustin, avoir abandonné le monde plus qu'il ne fallait. Mais on ne fait pas réflexion, ajoute-t-il, que leurs prières rendues plus pures par ce grand éloignement du monde n'en étaient que plus influentes et plus nécessaires pour ce monde corrompu.

Une courte mais fervente prière avancera d'ordinaire bien plus une conversion que de longues discussions et de beaux discours. Celui qui prie, traite avec la cause premiere. Il agit directement sur elle. Il a ainsi en main toutes les causes secondes, puisque celles-ci ne reçoivent que de ce Principe supérieur leur efficacité. Aussi l'effet désiré est-il alors obtenu et plus sûrement et plus promptement.

Dix mille hérétiques, au dire d'une respectable révélation, furent convertis par une seule prière enflammée de la séraphique sainte Thérèse, dont l'âme de feu pour le Christ ne pouvait comprendre une vie contemplative, une vie intérieure qui se désintéressât des sollicitudes passionnées du Sauveur pour le rachat des âmes. « J'accepterais, dit-elle, le purgatoire jusqu'au jugement dernier pour délivrer une seule d'entre elles. Et que m'importent les longueurs de mes souffrances, si je puis ainsi affranchir une seule âme, et surtout plusieurs pour la plus grande gloire de Dieu ! » Et s'adressant à ses religieuses : « Rapportez à ce but tout apostolique, mes filles, vos oraisons, vos disciplines, vos jeûnes, vos désirs ».

Telle est bien l'œuvre, en effet, des Carmélites, des Trappistines, des Clarisses. Voyez-les suivre la marche des apôtres, les alimenter de la surabondance de leurs oraisons et de leurs pénitences. Leurs prières s'abattent de haut, aussi loin que marche la croix et que brille l'Évangile, sur les âmes, ces proies divines ! Ou mieux, c'est leur amour caché, mais agissant, qui réveille partout dans le monde des pécheurs les voix de la miséricorde.

Nul ne sait ici-bas le pourquoi de ces lointaines conversions de païens, de l'endurance héroïque de ces chrétiens persécutés, de la joie céleste de ces missionnaires martyrisés. Tout cela est invisiblement relié à la prière de cette humble cloîtrée. Le doigt sur le clavier des pardons divins et des lumières éternelles, son âme silencieuse et solitaire préside au salut des âmes et aux conquêtes de l'Église[37].

« Je veux des Trappistes dans ce vicariat apostolique, disait Mgr Favier, évêque de Pékin. Je désire même qu'ils s'abstiennent de tout ministère extérieur, afin que rien ne les distraie du travail de la prière, de la pénitence et des saintes études. Car je sais quel secours apportera aux missionnaires l'existence d'un monastère fervent de contemplatifs au milieu dc nos pauvres Chinois ». Et plus tard : « Nous avons enfin réussi à pénétrer dans une région jusqu'à ce jour inabordable. J'attribue ce fait à nos chers Trappistes ».

« Dix Carmélites priant, disait un évêque de Cochinchine au gouverneur de Saïgon, me seront d'un plus grand secours que vingt missionnaires prêchant ».

Prêtres séculiers, religieux et religieuses voués à la vie active, mais aussi à la vie intérieure, participent à la même puissance que les âmes du cloître sur le cœur de Dieu. Un Père Chevrier, un Dom Bosco, un Père Marie-Antoine en sont de frappants exemples. La vénérable Anne-Marie était apôtre, tout comme saint Benoît-Joseph Labre fuyant les chemins battus. M. Dupont, le saint homme de Tours, le colonel Paqueron, etc., dévorés de la même ardeur, étaient puissants dans leurs œuvres parce qu'intérieurs. Et

37. P. Léon, *Lumière et flamme*.

le général de Sonis entre deux batailles trouvait dans l'union à Dieu le secret de son apostolat.

Égoïste et stérile la vie d'un Curé d'Ars ! Le silence est tout ce que mériterait une pareille affirmation. Tout esprit judicieux attribue précisément à la perfection de son intimité avec Dieu le zèle et les succès de ce prêtre dépourvu de talents, mais qui, aussi contemplatif qu'un Chartreux, éprouvait une soif des âmes que ses progrès dans la vie intérieure avaient rendue inextinguible, et recevait de Notre-Seigneur, dont il vivait, comme une participation à la puissance divine pour opérer les conversions.

Inféconde, sa vie intime ! Mais supposons un saint Jean-Marie Vianney dans chacun de nos diocèses. Avant dix ans, la France serait régénérée, et bien plus profondément que par des multitudes d'œuvres insuffisamment édifiées sur la vie intérieure et à l'organisation desquelles viendraient concourir, avec force ressources pécuniaires, le talent et l'activité de milliers d'apôtres.

N'en doutons pas, la principale raison d'espérer la résurrection de notre France, c'est qu'à nulle autre époque peut-être, il n'y a eu, ce que l'on constate depuis quelques années, même parmi les simples fidèles, une proportion d'âmes aussi ardemment désireuses de vivre unies au cœur de Jésus et d'étendre son règne en faisant germer autour d'elles la vie intérieure. Infime minorité, ces âmes d'élite, soit. Mais qu'importe le nombre, s'il y a l'intensité. Le relèvement de notre patrie, après la Révolution, doit s'attribuer à ce groupe de prêtres mûris dans la *vie intérieure* par la persécution. Par eux, un courant de vie divine vint réchauffer une génération que l'apostasie et l'indifférence semblaient avoir vouée à une mort qu'aucun effort humain n'était capable de conjurer.

Après cinquante ans de liberté d'enseignement en France, après ce demi-siècle qui a vu l'éclosion d'œuvres sans nombre et pendant lequel nous avons eu entre nos mains toute la jeunesse du pays et l'appui presque complet des gouvernants, comment, malgré des résultats en apparence glorieux, n'avons-nous pu former dans la nation une majorité assez profondément chrétienne pour lutter contre la coalition des suppôts de Satan ?

Sans doute l'abandon de la vie liturgique et la cessation de son rayonnement sur les fidèles ont contribué à cette impuissance. Notre spiritualité est devenue étroite, sèche, superficielle, extérieure ou toute sentimentale, et n'a plus cette pénétration et cet entraînement d'âme que donne la liturgie, cette grande force de vitalité chrétienne.

Mais n'y a-t-il pas une autre cause dans ce fait que, manquant de vie intérieure intensive, nous n'avons pu, prêtres, éducateurs, engendrer que des âmes d'une piété de surface, sans idéal puissant et sans convictions fortes ? Professeurs, n'avons-nous pas été plus zélés pour obtenir le succès des diplômes et le prestige de l'œuvre que pour donner aux âmes une très solide instruction religieuse ? Ne nous sommes-nous pas dépensés sans viser surtout la formation des volontés, pour frapper sur des caractères trempés l'empreinte de Jésus-Christ ? Et cette médiocrité n'a-t-elle pas eu souvent pour cause la banalité de notre vie intérieure ?

À prêtre saint, a-t-on dit, correspond peuple fervent ; à prêtre fervent, peuple pieux ; à prêtre pieux, peuple honnête ; à prêtre honnête, peuple impie. Toujours un degré de moins de vie dans ceux qui sont engendrés.

Nous n'irions pas jusqu'à admettre cette proposition, mais nous considérons que les paroles suivantes de saint Alphonse expriment suffisamment à quelle cause il faut rattacher les responsabilités de notre situation actuelle :

« Les bonnes mœurs et le salut des peuples dépendent des bons pasteurs. Si à la tête d'une paroisse il y a un bon curé, on y verra bientôt la dévotion fleurir, les sacrements fréquentés, l'oraison mentale en honneur. D'où le proverbe : *Tel pasteur telle paroisse*, suivant ce mot de l'Écclésiastique (X, 2) : *Tel est le chef de la cité, tels sont les habitants en elle*[38] ».

---

38. *Homo apost,* VII, 16.

7. Objection tirée de l'importance du salut des âmes.

MAIS, DIRA l'âme extérieure en quête de prétextes contre la vie intérieure, comment oser limiter mes œuvres de zèle ? Puis-je jamais trop me dépenser surtout lorsqu'il s'agit de sauver les âmes ? Mon activité ne remplace-t-elle pas tout, et avantageusement par le sublime exercice du dévouement ? Qui travaille prie. Le sacrifice prime l'oraison. Et saint Grégoire n'appelle-t-il pas le zèle des âmes le sacrifice le plus agréable qu'on puisse offrir à Dieu[39] ?

Précisons d'abord le vrai sens de cette parole de saint Grégoire, en empruntant la voix du Docteur angélique. Offrir spirituellement à Dieu un sacrifice, dit-il, c'est lui offrir quelque chose qui le glorifie. Or, de tous les biens le plus agréable que l'homme puisse offrir au Seigneur, c'est, sans contredit, le salut d'une âme. Mais chacun doit d'abord offrir son âme propre, selon ce que dit l'Écriture : « Voulez-vous plaire à Dieu, ayez pitié de votre âme. » Ce premier sacrifice accompli, il nous sera alors permis de procurer aux autres un bonheur semblable. Plus l'homme unit Étroitement à Dieu son âme d'abord, puis celle d'un autre, mieux son sacrifice est agréé. Mais cette union intime et généreuse autant qu'humble ne peut se

39 S. Grég, Homilia 12 in Ezech.

contracter que par l'oraison. S'appliquer soi-même ou appliquer les autres à la vie d'oraison, à la contemplation, plaît donc davantage au Seigneur que de se livrer ou d'engager les autres à l'action, aux œuvres. Ainsi donc, conclut-il, quand saint Grégoire affirme que le sacrifice le plus agréable à Dieu, c'est le salut des âmes, il n'entend pas donner à la vie active la préférence sur la contemplation, mais il veut dire qu'offrir à Dieu une seule âme lui est infiniment plus glorieux et pour nous beaucoup plus méritoire, que de lui présenter tout ce que la terre renferme de plus précieux[40].

La nécessité de la vie intérieure doit tellement peu détourner des œuvres de zèle les âmes généreuses, si la volonté clairement connue de Dieu leur fait un devoir d'en accepter la charge, que se soustraire à ce labeur ou ne s'y adonner qu'avec négligence, déserter le champ de bataille sous prétexte de mieux cultiver son âme et d'arriver à une union plus parfaite avec Dieu, serait pure illusion et dans certains cas source de vrais dangers. « Malheur à moi, dit saint Paul, si je n'annonce pas l'Évangile »[41].

Cette réserve faite, hâtons-nous de dire que se dévouer à la conversion des âmes en s'oubliant soi-même engendre une illusion plus grave. Dieu veut que nous aimions le prochain comme nous-mêmes,

---

40. S. Thom, 2a 2ae, q. 182, a. 2, ad. 3.
41. 1 Cor, IX, 16.

mais jamais plus que nous-mêmes, c'est-à-dire jamais jusqu'au point de nous nuire personnellement, ce qui en pratique équivaut à exiger plus de soin de notre âme que de celle d'autrui, puisque notre zèle doit être réglé par la charité. Or, « Charité bien ordonnée commence par soi-même » reste un adage théologique.

« J'aime Jésus-Christ, disait saint Alphonse de Liguori, et c'est pourquoi je brûle du désir de lui donner des âmes, d'abord la mienne, puis un nombre incalculable d'autres ». C'est la mise en acte du « Sois à toi-même partout »[42] de saint Bernard : « Il n'est pas sage celui qui n'est pas à lui-même ».

Le saint abbé de Clairvaux, vrai phénomène de zèle apostolique, suivait cet ordre. Godefroi, son secrétaire, nous le dépeint : « Tout à lui-même d'abord, et ainsi tout aux autres »[43].

Je ne vous dis pas, écrit ce même saint au pape Eugène III, de vous soustraire complètement aux occupations séculières. Je vous exhorte seulement à ne pas vous y livrer tout entier. Si vous êtes l'homme de tout le monde, soyez donc aussi à vous-même. Autrement, que vous servirait de gagner tous les autres si vous veniez à vous perdre ? Réservez-vous donc quelque chose pour vous-même, et si tout le monde vient boire à votre fontaine, ne vous privez

42. S. Bern, I. II. *de Consid*, c. III

43.Godefroi, *Vita S. Bernardi*.

pas d'y boire aussi. Quoi, vous seul demeureriez altéré ? Commencez toujours par vous considérer vous-même. C'est en vain que vous vous donneriez à d'autres soins, si vous veniez à vous négliger. Que toutes vos réflexions commencent donc par vous et finissent de même. Soyez pour vous le premier et le dernier, et souvenez-vous que, dans l'affaire de votre salut, personne ne vous est plus proche que le fils unique de votre mère[44].

Bien suggestive cette *Note de retraite* de Mgr Dupanloup : « J'ai une activité terrible qui ruine ma santé, trouble ma piété et ne sert point à ma science. Cela est à régler. Dieu m'a fait la grâce de reconnaître que ce qui s'oppose surtout en moi à l'établissement d'une vie intérieure, paisible et fructueuse, c'est l'activité naturelle et l'entraînement des occupations. J'ai reconnu, en outre, que ce défaut de vie intérieure est la source de toutes mes fautes, de mes troubles, de mes sécheresses, de mes dégoûts, de ma mauvaise santé.

« J'ai donc résolu de tourner tous mes efforts à l'acquisition de cette vie intérieure qui me manque et, pour cela, j'ai, avec la grâce de Dieu, réglé les points suivants : 1° Je prendrai toujours plus de temps qu'il n'en faut pour faire chaque chose, c'est le moyen de n'être jamais pressé et entraîné ; 2° Comme j'ai toujours plus de choses à faire que de

44. S. Bern, I. II *de Consid*, c. III

temps pour les faire, et que cette vue me préoccupe et m'entraîne, je ne considérerai plus les choses que j'ai à faire, mais le temps que j'ai à employer. Je l'emploierai sans rien perdre, en commençant par les choses les plus importantes, et pour celles qui ne seront point faites, je ne m'en inquiéterai pas, etc. ».

À plusieurs saphirs, le joaillier préfère le moindre fragment de diamant. Ainsi, de par l'ordre établi par Dieu, notre intimité avec lui le glorifie-t-elle davantage que tout le bien possible procuré par nous à un grand nombre d'âmes, mais au détriment de notre progrès. Notre Père céleste qui s'applique davantage au gouvernement d'un cœur où il règne, qu'au gouvernement naturel de tout l'univers et au gouvernement civil de tous les empires[45], veut cette harmonie dans notre zèle.

Il préfère quelquefois laisser disparaître une œuvre s'il la voit devenir un obstacle au développement de la charité de l'âme qui s'en occupe.

Satan, lui, tout au contraire, n'hésite pas à favoriser des succès tout superficiels s'il peut, à la faveur de cette réussite, empêcher l'apôtre de progresser dans la vie intérieure, tant sa rage devine où sont les vrais trésors aux yeux de Jésus-Christ. Pour supprimer un diamant, volontiers il accorde quelques saphirs.

45. P. Lallemant *Doct. Spirit.*

DEUXIÈME PARTIE

UNION DE LA VIE ACTIVE ET DE LA VIE INTÉRIEURE

1. Priorité au regard de Dieu de la vie intérieure sur la vie active.

En Dieu est la vie, toute la vie, il est la vie même. Or, ce n'est point dans ses œuvres extérieures, par exemple dans la création, que l'Être infini manifeste cette vie de la façon la plus intense, mais bien dans ce que la théologie appelle opérations *ad intra,* « à l'intérieur de lui-même », dans cette activité ineffable dont le terme est la génération perpétuelle du Fils et l'incessante procession du Saint-Esprit. Là est, par excellence, son œuvre essentielle, éternelle.

Considérons la vie mortelle de Notre-Seigneur, réalisation parfaite du plan divin. Trente années de recueillement et de solitude, puis quarante jours de retraite et de pénitence préludent à sa courte carrière évangélique; et que de fois encore, durant ses courses apostoliques, le voyons-nous se retirer sur les montagnes ou au désert, pour prier: « Il se retirait dans le désert et priait »[1], ou passer la nuit dans l'oraison: « Il se retira sur la montagne pour

1. Luc, V, 16.

prier, et il passa toute la nuit à prier Dieu »[2]. Trait plus significatif encore : Marthe désire que le Seigneur, en condamnant la prétendue oisiveté de sa sœur, proclame la supériorité de la vie active ; la réponse de Jésus : « Marie a choisi la meilleure part »[3], consacre la prééminence de la vie intérieure. Qu'en conclure, sinon le dessein bien arrêté de nous faire sentir la prépondérance de la vie d'oraison sur la vie active ?

Après le Maître, les apôtres, fidèles à ses exemples, se réserveront tout d'abord l'office de la prière puis, pour s'adonner au ministère de la parole, laisseront aux diacres les occupations plus extérieures : « Pour nous, nous serons tout entiers à la prière et au ministère de la parole »[4]. Les papes, à leur tour, les saints docteurs, les théologiens affirment la vie intérieure supérieure en soi à la vie active.

Il y a quelques années, une femme de foi, de vertu et de grand caractère, Supérieure générale d'une des plus importantes Congrégations enseignantes de l'Aveyron, était invitée par ses supérieurs ecclésiastiques à favoriser la sécularisation de ses religieuses, afin de préserver les écoles malgré la persécution anticléricale.

Fallait-il sacrifier les œuvres à la vie religieuse, ou abandonner celle-ci pour conserver celles-là ?

2. Luc, VI, 12.
3. Luc, X, 42.
4. Actes, VI, 4.

Perplexe, ne sachant comment connaître la volonté de Dieu, elle part secrètement pour Rome, obtient une audience de Léon XIII, lui expose son doute et la pression que l'on exerce sur elle en faveur des œuvres.

L'auguste vieillard, après s'être recueilli quelques instants, lui fait cette réponse catégorique : « Avant toutes choses, avant toutes œuvres, gardez la vie religieuse à celles de vos filles qui ont vraiment l'esprit de leur saint état et l'amour de la vie d'oraison. Et si vous ne pouvez conserver et cela et les œuvres, Dieu saura susciter en France d'autres ouvrières, s'il le faut. Pour vous, par votre vie intérieure, surtout par vos prières, par vos sacrifices, vous serez plus utiles à la France, en restant vraiment religieuses, même loin d'elle, qu'en demeurant sur le sol de votre patrie, privées des trésors de votre consécration à Dieu ».

Dans une lettre adressée à un grand Institut exclusivement enseignant, Pie X déclara nettement sa pensée par les paroles que voici :

« Nous apprenons qu'une opinion est en train de se répandre, d'après laquelle vous devriez mettre au premier rang l'éducation des enfants, et la profession religieuse seulement au second : ainsi l'exigeraient l'esprit et les besoins du temps.

Nous ne voulons absolument pas que cette opinion trouve tant soit peu de crédit auprès de vous et des autres Instituts religieux, qui, comme le vôtre, ont pour but l'éducation.

Qu'il soit donc bien établi, en ce qui vous concerne, que la vie religieuse l'emporte de beaucoup sur la vie commune et que si vous êtes gravement obligés à l'égard du prochain par le devoir d'enseigner, bien plus graves encore sont les obligations qui vous lient envers Dieu »[5]. Mais la raison d'être de la vie religieuse, son but principal, n'est-ce pas l'acquisition de la vie intérieure ?

« La vie contemplative, dit le Docteur angélique, en tant que telle est meilleure que la vie active et lui est préférable ».

Saint Bonaventure accumule les comparatifs de supériorité pour montrer l'excellence de cette vie intérieure : « Vie plus sublime, plus riche, plus sûre, plus suave, plus stable ».

Vie plus sublime.

La vie active s'occupe des hommes, la vie contemplative nous fait entrer dans le domaine des plus hautes vérités, sans détourner ses regards du principe même de toute vie. On y recherche Dieu, principe de toutes choses. Plus sublime, elle a un horizon et un champ d'action beaucoup plus étendus : « Marthe en un seul lieu se livrait corporellement à de rares

5. Laisser provisoirement l'habit religieux pour continuer une œuvre n'est cependant pas blâmé par Pie X, pourvu que subsistent les moyens de garder en tout l'esprit religieux.

travaux. Marie par la charité travaille en plusieurs lieux et à des ouvrages nombreux. En contemplant et en aimant Dieu, elle voit tout, elle s'étend à tout, elle comprend et embrasse tout. On peut donc dire que comparée à Marie, Marthe s'inquiète pour peu de choses »[6].

Vie plus sûre.

En elle moins de dangers. Dans la vie presque uniquement active, l'âme s'agite, s'enfièvre, éparpille ses énergies, et par-là même s'affaiblit. Il y a triple défaut : Vous vous inquiétez[7] : ce sont les soucis de la pensée ; Vous vous agitez : voici les troubles que font naître les affections ; enfin, Pour beaucoup de choses : multiplication d'occupations, d'où division dans l'effort, dans les actes.

Une seule chose s'impose au contraire pour constituer la vie intérieure : l'union à Dieu : Pourtant, une seule chose est nécessaire. Le reste n'est, ne peut être que secondaire, accompli seulement en vertu de cette union et pour la fortifier davantage.

Vie plus riche.

Avec la contemplation, tous les biens : « Tous les biens me sont venus avec elle »[8]. Elle est la part

---

6.Richard de s. Vict, *in Cant*, 8.

7. Marthe, Marthe, vous vous inquiétez et vous vous agitez pour beaucoup de choses, une seule chose est nécessaire (Luc, X, 41, 42).

8. Sap, vii, 11.

excellente entre toutes : « Elle a choisi la meilleure part »[9]. En elle, affluent plus de mérites. Pourquoi ? Parce qu'elle augmente à la fois l'élan de la volonté et le degré de grâce sanctifiante et fait agir l'âme par un principe de charité.

Vie plus suave.

L'âme vraiment intérieure s'abandonne au bon plaisir divin, accepte d'un même cœur patient les choses agréables comme les pénibles, ira même jusqu'à se montrer joyeuse dans les afflictions, heureuse de porter sa croix.

Vie plus stable.

Si intense qu'elle soit, la vie active a son terme ici-bas ; prédications, enseignements, travaux de toutes sortes, tout cela cesse au seuil de l'éternité. La vie intérieure, elle, est sans déclin : La meilleure part, qui ne lui sera pas enlevée. Par elle le séjour ici-bas n'est qu'une continuelle ascension vers la lumière, ascension que la mort vient rendre incomparablement plus radieuse et plus rapide.

Pour résumer les excellences de la vie intérieure, on peut lui appliquer ces mots de saint Bernard :

« En elle l'homme vit plus purement, tombe plus rarement, se relève plus promptement, marche plus sûrement, reçoit plus de grâces, repose plus

9. Luc, X, 42.

tranquille, meurt plus rassuré, est plus vite purifié et obtient une plus grande récompense »[10].

2. Les œuvres ne doivent être que le débordement de la vie intérieure.

Soyez parfaits comme votre Père céleste est parfait[11]. Toutes proportions gardées, le mode d'agir divin doit être le critère, la règle de notre vie intérieure et extérieure.

Or, nous le savons déjà, il est de la nature de Dieu de donner, et c'est un fait d'expérience qu'ici-bas, il répand à profusion ses bienfaits sur tous les êtres et plus particulièrement encore sur la créature humaine. Ainsi, depuis des milliers, sinon des millions de siècles, l'univers entier est l'objet de cette intarissable prodigalité s'épanchant sans cesse en bienfaits. Dieu pourtant ne s'appauvrit jamais, et cette inépuisable munificence ne peut, en quoi que ce soit, amoindrir ses ressources infinies.

À l'homme, Dieu fait plus que d'accorder des biens extérieurs, Il lui envoie son Verbe. Mais là encore, dans cet acte de générosité suprême, qui n'est autre que le don de soi, Dieu n'abandonne rien, ne peut rien abandonner de l'intégrité de sa nature. Nous livrant son Fils, il le conserve toujours en lui-

10. S. Bernard, *Hom. Simile est… hom. neg.*
11. Matth, V, 48.

même. « Prenez pour exemple le souverain Maître de toutes choses, envoyant à la fois son Verbe et le retenant avec lui »[12].

Par les sacrements et spécialement par l'Eucharistie, Jésus-Christ vient nous enrichir de ses grâces. Il nous les verse sans mesure, car lui aussi est un océan qui n'a point de limites et dont le débordement s'écoule sur nous sans que jamais il puisse s'épuiser : « Nous avons tous reçu de sa plénitude »[13].

Ainsi devons-nous être, en quelque façon, hommes apostoliques qui assumons la noble tâche de sanctifier autrui : « Votre verbe, c'est votre considération ; qu'elle s'éloigne de vous sans en sortir »[14] ; notre verbe à nous, c'est l'esprit intérieur que la grâce a formé en nos âmes. Que cet esprit donc vivifie toutes les manifestations de notre zèle, mais dépensé sans cesse au profit du prochain, qu'il soit aussi renouvelé sans relâche par les moyens que nous offre Jésus. Que notre vie intérieure constitue la tige remplie d'une sève robuste dont nos œuvres ne soient que l'efflorescence.

Une âme d'apôtre ! mais la lumière doit l'inonder et l'amour l'enflammer la première, afin que réfléchissant cette lumière et cette chaleur, elle éclaire et échauffe ensuite les autres âmes. « Ce qu'ils ont

---

12. S. Bern, I. ii. *de Consid*. c. III

13. Joan, I, 16.

14. S. Bern, I. ii. *de Consid*, c. III.

vu, ce qu'ils ont considéré de leurs yeux, ce qu'ils ont presque touché de leurs mains, ils l'enseigneront aux hommes[15]. » Leur bouche déversera dans les cœurs l'abondance des douceurs célestes, dit saint Grégoire.

Nous pouvons maintenant déduire ce principe : la vie active doit procéder de la vie contemplative, la traduire et la continuer au dehors en s'en détachant le moins possible.

Les Pères, les docteurs proclament à l'envi cette doctrine.

« Avant de permettre à sa langue de parler, dit saint Augustin, l'apôtre doit élever jusqu'à Dieu son âme avide, afin d'exhaler ce qu'il aura bu et de répandre ce dont il sera rempli »[16].

Il faut recevoir, dit Denys l'Aréopagite[17], avant que de communiquer, et les anges supérieurs ne transmettent aux inférieurs que les lumières dont ils ont reçu la plénitude. Le Créateur a établi cet ordre universel vis-à-vis des choses divines : celui qui a mission de les distribuer y doit participer le premier et se remplir tout d'abord et abondamment des grâces que Dieu veut accorder aux âmes, par son entremise. Alors, mais alors seulement, il lui sera permis d'en faire part aux autres.

15.I Joan, I, 1.

16.S. Aug. *Doct. christ,* I. IV.

17. Pseudo Dion, *Cœl. hier,* c. III.

Qui ne connaît cette parole de saint Bernard aux apôtres : « Si vous êtes sages, soyez des réservoirs et non des canaux »[18]. Le canal laisse écouler l'eau qu'il reçoit sans en garder une goutte. Le réservoir au contraire se remplit d'abord, puis, sans se vider verse un trop-plein toujours renouvelé dans les champs qu'il fertilise. Combien qui, adonnés aux œuvres, ne sont jamais que des canaux et restent eux-mêmes à sec alors qu'ils s'efforcent de féconder les cœurs ! « Il y a aujourd'hui dans l'Église beaucoup de canaux, mais bien peu de réservoirs »[19], ajoutait tristement l'abbé de Clairvaux.

Toute cause est supérieure à son effet, il faut donc plus de perfection pour perfectionner les autres que pour se perfectionner simplement soi-même[20].

Comme la mère ne peut allaiter son enfant que dans la mesure où elle s'alimente elle-même, ainsi confesseurs, directeurs d'âmes, prédicateurs, catéchistes, professeurs doivent d'abord s'assimiler la substance dont ils nourriront ensuite les enfants de l'Église[21]. La vérité et l'amour divins sont les éléments de cette substance. Seule la vie intérieure traduit la vérité et la charité divines de façon à les rendre vraiment une nourriture capable d'engendrer la vie.

---

18. S. Bern, *Serm. 18.* in Cant.
19. S. Bern, *Serm. 18,* in Cant.
20. S. Thom. *Opusc. de perf.* vit. spir.
21. S. Bonav, *Illus. Eccl,* serm. 17.

3. Base, fin et moyens d'une œuvre doivent être imprégnés de vie intérieure.

Œuvre digne de ce nom, devons-nous dire. Car certaines, de nos jours, ne méritent pas ce titre. Sortes d'entreprises organisées sous le dehors de la piété, dans le but réel de procurer à leurs fondateurs, avec les applaudissements du public, un renom d'habileté peu commune, et pour la réussite desquelles tous les moyens, même les moins justifiables, seront, s'il le faut, employés.

D'autres œuvres méritent, certes, plus d'estime. Elles veulent le bien. But et moyens chez elles sont irréprochables. Pourtant, parce que les organisateurs n'avaient qu'une foi chancelante dans la puissance d'action de la vie surnaturelle sur les âmes, malgré mille efforts, les résultats ont été nuls ou presque nuls.

Pour préciser ce que doit être une œuvre, il sera mieux de laisser la parole à un homme qui a illustré toute une région par son apostolat et de rappeler la leçon que nous recevions de lui aux débuts de notre ministère sacerdotal. Nous voulions établir un patronage de jeunes gens. Après avoir visité les Cercles catholiques de Paris et de quelques villes de France, les œuvres du Val-des-Bois, etc., nous allâmes étudier à Marseille les œuvres de jeunesse du saint abbé Allemand et du vénérable chanoine

Timon-David. Nous aimons à nous rappeler avec quelle émotion notre cœur de jeune prêtre recueillit les paroles de ce dernier.

« Fanfare, théâtre, projection, cinéma, etc., je ne blâme point tout cela. Au début, moi aussi, je les avais crus indispensables ; ce ne sont que des béquilles qui s'emploient faute de mieux. Mais plus je vais, plus mon but et mes moyens se surnaturalisent, car je vois de plus en plus clairement que toute œuvre bâtie sur l'humain est appelée à périr et que seule l'œuvre qui vise le rapprochement de Dieu et des hommes par la vie intérieure est bénie par la Providence.

« Les instruments de musique sont au grenier depuis longtemps, le théâtre m'est devenu inutile, cependant l'œuvre prospère plus que jamais. Pourquoi ? C'est que mes prêtres et moi voyons, Dieu merci, bien plus juste qu'au début, et que notre foi dans l'action de Jésus et de la grâce s'est centuplée.

« Croyez-moi, n'hésitez pas à viser le plus haut possible, et vous serez étonné des résultats. Je m'explique : N'ayez pas seulement comme idéal d'offrir aux jeunes gens un choix de distractions honnêtes qui détournent des plaisirs défendus et des relations dangereuses, ni de simplement les vernir de christianisme par une assistance machinale à la messe ou par la réception très distancée et à peine passable des sacrements. »

« *Duc in altum*[22]. Ayez d'abord la noble ambition d'obtenir à tout prix qu'un certain nombre d'entre eux prennent l'énergique résolution de vivre en chrétiens fervents, c'est-à-dire avec la pratique de l'oraison du matin, l'habitude quotidienne de la messe si cela se peut, une courte lecture spirituelle et, cela va de soi, de fréquentes et fructueuses communions. Appliquez toutes vos sollicitudes à donner à ce troupeau choisi un grand amour de Jésus-Christ, l'esprit de prière, d'abnégation, de vigilance sur soi-même, de solides vertus en un mot. Développez avec non moins de soin dans leurs âmes la faim de l'Eucharistie. Puis excitez peu à peu ces jeunes gens à l'action sur leurs compagnons. Façonnez des apôtres francs, dévoués, bons, ardents, virils, sans étroite dévotion, pleins de tact, ne donnant jamais, sous prétexte de zèle, dans le triste travers d'épier leurs camarades. Avant deux ans, vous me direz s'il est encore besoin de cuivres ou de décors de théâtre pour obtenir une pêche fructueuse.

« – J'entends, répondis-je ; cette minorité doit être le ferment. Mais pour les autres que l'on ne pourra amener à ce niveau, pour l'ensemble, pour ces jeunes gens de tout âge, ces hommes mariés même que comptera le Cercle projeté, que faire ?

« – Leur donner une foi robuste par des séries de conférences sérieusement préparées et qui occuperont

22. Avancez en pleine mer (Luc, V, 4).

plusieurs de leurs soirées d'hiver. Vos chrétiens en sortiront suffisamment armés, non seulement pour riposter victorieusement aux camarades de bureau et d'atelier, mais aussi pour résister à l'action plus perfide du journal ou du livre. Faire naître chez des hommes d'inébranlables convictions, qu'au besoin ils savent affirmer sans respect humain, constituera un résultat déjà très appréciable ; il faudra cependant les conduire plus loin, jusqu'à la piété, une piété vraie, chaude, convaincue, éclairée.

« – Dois-je dès le début ouvrir la porte à tout venant ?

« – Le nombre n'est à souhaiter que si les éléments recrutés sont bien choisis. Que l'accroissement de votre Cercle résulte surtout de l'influence exercée par le noyau d'apôtres, dont Jésus, Marie, et vous comme leur instrument, serez le centre.

« – Le local sera modeste, dois-je attendre que nos ressources nous permettent de faire mieux ?

« – Mon Dieu ! au début, des salles spacieuses et commodes peuvent, comme un tambour de ville, servir de réclame pour attirer l'attention sur une œuvre naissante. Mais, je le répète, si vous savez mettre à la base de votre association la vie chrétienne, ardente, intégrale, apostolique, le local strictement nécessaire suffira toujours pour qu'y trouve place tout ce que le fonctionnement normal d'un Cercle réclame d'accessoires. Oh ! que vous pourrez juger alors que le bruit fait peu de bien, et le bien peu de bruit ! et comme vous constaterez que l'Évangile bien compris fait diminuer le budget des dépenses sans porter préjudice aux résultats, tout au contraire ! Mais avant tout, il faudra payer de votre personne, et cela, bien moins pour préparer laborieusement des pièces de théâtre, des séances de gymnastique, que pour accumuler en vous la vie d'oraison ; car sachez-le : dans la mesure où vous, le premier, vivrez d'amour de Notre-Seigneur, dans cette proportion aussi vous serez capable d'en allumer les ardeurs dans autrui.

« – En somme, vous basez tout sur la vie intérieure ?

« – Oui, mille fois, car ainsi, au lieu d'alliage, on obtient de l'or pur. D'ailleurs, croyez-en ma vieille expérience, on peut appliquer à toute œuvre : paroisse, séminaire, catéchisme, école, cercle militaire, etc., ce que je dis pour les œuvres de jeunesse. Quel bien une association chrétienne vivant vraiment dans le surnaturel produit dans une grande ville ! Elle y agit comme un levain puissant, et les anges seuls peuvent dire combien elle y est féconde en fruits de salut.

« Ah ! si l'ensemble des prêtres, des religieux, des personnes d'œuvres même, connaissaient la puissance du levier qu'ils ont en main, et prenaient davantage pour point d'appui le cœur de Jésus et la vie en union avec ce divin cœur, ils relèveraient notre France. C'est certain, ils la relèveraient en dépit des efforts de Satan et de ses suppôts »[23].

4. Vie intérieure et vie active s'appellent mutuellement.

De même que l'amour de Dieu se révèle par les actes de la vie intérieure, ainsi l'amour du prochain se manifeste par les opérations de la vie extérieure, et par conséquent l'amour de Dieu et l'amour du prochain ne pouvant se séparer, il en résulte que ces deux formes de vie ne sauraient non plus subsister l'une sans l'autre[24].

Aussi, dit Suarez, il ne peut exister d'état correctement et normalement ordonné pour arriver à la perfection qui ne participe dans une certaine mesure de l'action et de la contemplation[25].

L'illustre jésuite ne fait que commenter l'enseignement de saint Thomas. Ceux qui sont appelés aux œuvres de la vie active, dit le Docteur angélique, auraient tort de croire que ce devoir les dispense de

23. Le zélé chanoine qui nous parlait ainsi et de l'entretien duquel nous avons tenu à garder un très précis souvenir, a du reste développé sa pensée dans quelques-uns de ses admirables ouvrages : *Méthode de direction des œuvres de jeunesse*, 2 vol. – *Traité de la confession des enfants et des jeunes gens*, 3 vol. – *Souvenirs de l'œuvre ou vie et mort de quelques Congréganistes.*

24. S. ISID, *Différent*, lib. II, XXXIV, n. 135.

25. Suarez, I. De Relig. tract. I. I, c. v, n. 5.

la vie contemplative. Ce devoir s'y ajoute et n'en diminue pas la nécessité. Ainsi les deux vies, loin de s'exclure, s'appellent, se supposent, se mêlent, se complètent ; et s'il est une part plus considérable à faire à l'une des deux, c'est la vie contemplative qui est la plus parfaite et la plus nécessaire[26].

L'action, pour être féconde, a besoin de la contemplation ; celle-ci, lorsqu'elle atteint à un certain degré d'intensité, répand sur la première quelque chose de son excédent, et par elle l'âme va puiser directement dans le cœur de Dieu les grâces que l'action a charge de distribuer.

C'est pourquoi, dans l'âme d'un saint, l'action et la contemplation se fondant en une harmonie parfaite donnent à sa vie une merveilleuse unité.

Tel, par exemple, saint Bernard, l'homme le plus contemplatif et en même temps le plus actif de son siècle, et dont un de ses contemporains fait cette admirable peinture :

« En lui, la contemplation et l'action s'accordaient à un tel point que ce saint paraissait à la fois tout adonné aux œuvres extérieures et cependant tout absorbé dans la présence et l'amour de son Dieu »[27].

Commentant ce texte de la sainte Écriture : « Mets-moi comme un sceau sur ton cœur, comme

---

26. S. Thom. 2a, 2ae q. 182, a. 1, a d 3.
27. God, *Vita S. Bern*, 1. I, c. v et I. III.

un sceau sur ton bras »[28], le Père Saint-Jure décrit admirablement les rapports des deux vies entre elles. Résumons ses réflexions :

Le cœur signifie la vie intérieure, contemplative. Le bras, la vie extérieure, active.

Le saint texte nomme le cœur et le bras pour montrer que les deux vies peuvent s'allier et s'accorder parfaitement dans la même personne.

Le cœur est nommé le premier, car il est un organe bien autrement noble et nécessaire que le bras. De même la contemplation est beaucoup plus excellente et plus parfaite, et mérite bien plus l'estime que l'action.

Nuit et jour, le cœur bat. Un instant d'arrêt de cet organe essentiel amènerait immédiatement la mort. Le bras, lui, partie seulement intégrante du corps humain, ne se meut que par intervalle. Ainsi devons-nous donner parfois quelque trêve à nos travaux extérieurs, mais au contraire ne jamais nous relâcher dans notre application aux choses spirituelles.

Le cœur donne la vie et la force au bras par le moyen du sang qu'il lui envoie ; sans quoi ce membre se dessécherait. Ainsi la vie contemplative, vie d'union à Dieu, grâce aux lumières et à la perpétuelle assistance que l'âme reçoit de cette intimité, vivifie les occupations extérieures et seule est capable de leur communiquer, en même temps qu'un

28. Cant, VIII, 6.

caractère surnaturel, une réelle utilité. Sans elle, tout est languissant, stérile, plein d'imperfections.

L'homme, hélas ! sépare trop souvent ce que Dieu a uni ; aussi cette union parfaite est-elle bien rare. Elle exige, du reste, pour être réalisée, un ensemble de précautions fréquemment négligées. Ne rien entreprendre au-dessus de ses forces. Voir en tout habituellement, mais simplement, la volonté de Dieu. Ne s'engager dans les œuvres que lorsque Dieu le veut, et dans la mesure exacte où il lui plaît de nous y voir adonnés, et par le seul désir d'exercer la charité. Dès le début, lui offrir notre travail et, dans le cours de nos labeurs, ranimer fréquemment par de saintes pensées, de brûlantes oraisons jaculatoires, notre résolution de n'agir que pour lui et par lui. Au demeurant, quelque attention que nous devions apporter à nos travaux, nous conserver toujours dans la paix, parfaitement maîtres de nous-mêmes. Pour le succès, nous en remettre uniquement à Dieu et n'aspirer à être délivrés de tout souci que pour nous retrouver seuls avec Jésus-Christ. Tels sont les conseils très sages des maîtres de la vie spirituelle pour arriver à cette union.

Cette constance de vie intérieure, unie dans l'abbé de Clairvaux à un apostolat très actif, avait frappé saint François de Sales : « Saint Bernard, dit-il, ne perdait rien du progrès qu'il désirait faire au saint amour… Il changeait de lieu, mais il ne changeait point de cœur, ni son cœur d'amour, ni son amour d'objet… ne recevant pas la couleur des affaires et des conversations, comme le caméléon celle des lieux où il se trouve ; mais demeurant toujours uni à Dieu, toujours blanc en pureté, toujours vermeil de charité et toujours plein d'humilité » [29].

Parfois, les occupations se multiplieront au point d'exiger que nous y dépensions toutes nos énergies, sans que nous puissions d'ailleurs nous débarrasser du fardeau, ni même l'alléger. La conséquence pourra être la privation pour un temps plus ou moins long de la jouissance de l'union à Dieu, mais cette union n'en souffrira que si nous le permettons. Si cet état se prolonge, il faut en souffrir, en gémir, et craindre par-dessus tout de s'y habituer.

L'homme est faible, inconstant. Sa vie spirituelle négligée, il en perd bientôt le goût. Absorbé par les occupations matérielles, il finit par s'y complaire. Au contraire, si l'esprit intérieur exprime sa vitalité latente par des soupirs et des gémissements, ces plaintes continuelles provenant d'une blessure qui ne se ferme pas au sein même d'une activité débordante, constituent le mérite de la contemplation sacrifiée, ou plutôt l'âme réalise cette admirable et féconde union de la vie intérieure et de la vie active. Pressée par cette soif de vie intérieure qu'elle ne peut étancher à loisir, elle revient avec ardeur, dès

---

29. *Esprit de S. François de Sales*, 17e partie, chap. II.

qu'elle le peut, à la vie d'oraison. Notre-Seigneur lui ménage Toujours quelques instants d'entretien. Il exige qu'elle y soit fidèle et il lui donne de compenser par la ferveur la brièveté de ces heureux moments.

Dans un texte dont tous les mots sont à méditer, saint Thomas résume admirablement cette doctrine : « La vie contemplative est en soi d'un plus grand mérite que la vie active. Il peut néanmoins arriver qu'un homme mérite davantage en faisant un acte extérieur : par exemple, si à cause de l'abondance du divin amour, pour accomplir la volonté de Dieu, pour sa gloire, on supporte parfois d'être privé pour un temps de la douceur de la divine contemplation »[30].

Remarquons le luxe de conditions que le saint docteur suppose pour que l'action devienne plus méritoirc que la contemplation.

Le ressort intime qui pousse l'âme à l'action n'est autre que le débordement de sa charité : à cause de l'abondance du divin amour. Donc, ni l'agitation, ni le caprice, ni le besoin de sortir de soi ne sont en jeu. C'est, en effet, une souffrance à l'âme : on supporte d'être privé des douceurs de la vie d'oraison[31]. Aussi ne sacrifie-t-elle que provisoirement : Il peut arriver ... parfois... pour un temps, et pour une fin

30. 2a 2ae q. 18, a. 2.

31. Douceur qui, résidant surtout dans le sommet de l'âme, ne supprime point les aridités. La logique de la foi pure, sèche et froide en soi, suffit à la volonté pour enflammer le cœur d'une flamme surnaturelle avec le secours de la grâce.

tout à fait surnaturelle : Pour accomplir la volonté de Dieu, pour sa gloire, une partie du temps réservée à l'oraison[32].

Combien les voies de Dieu sont empreintes de sagesse et de bonté ! Quelle merveilleuse direction il donne à l'âme par la vie intérieure ! Conservée au sein de l'action et cependant généreusement offerte, cette peine profonde d'avoir à consacrer tant de temps aux œuvres de Dieu et si peu au Dieu des œuvres, a son dédommagement. Grâce à elle, s'évanouissent tous les dangers de dissipation, d'amour-propre, d'affections naturelles. Loin de nuire à la liberté d'esprit et à l'activité, cette disposition d'âme leur donne un caractère plus réfléchi. Elle est la forme pratique de l'exercice de la présence de Dieu, car l'âme trouve dans la grace du moment présent Jésus vivant qui s'offre à elle caché sous l'œuvre à réaliser. Jésus travaille avec elle et la soutient. Combien de personnes en charge devront à cette peine salutaire bien comprise, à ce désir sacrifié mais entretenu d'avoir plus de loisirs pour aller près du Tabernacle, à ces communions spirituelles dès lors presque incessantes, devront, disons-nous, la fécondité de

32. Sur son lit de mort, à Moulins, sainte Jeanne de Chantal, l'une des âmes les plus éprouvées dans l'oraison, laissait à ses filles, comme un testament, le principe dont elle avait vécu par logique de foi : le plus grand bonheur ici-bas est de pouvoir s'entretenir avec Dieu.

leur action en même temps que la sauvegarde de leur âme et le progrès dans la vertu.

5. Excellence de cette union.

L'UNION des deux vies, contemplative et active, constitue le véritable apostolat, œuvre principale du christianisme, dit saint Thomas[33].

L'apostolat suppose des âmes capables de s'éprendre d'enthousiasme pour une idée, de se consacrer au triomphe d'un principe. Que la réalisation de cet idéal soit surnaturalisée par l'esprit intérieur, que notre zèle, dans son but, son foyer et ses moyens, soit animé par l'esprit de Jésus, nous aurons la vie en soi la plus parfaite, la vie par excellence, puisque les théologiens la préfèrent même à la simple contemplation[34].

L'apostolat de l'homme d'oraison, c'est la parole conquérante avec le mandat de Dieu, le zèle des âmes, la fructification des conversions[35]. C'est la vapeur de la foi aux salutaires émanations[36].

L'apostolat du saint, c'est l'ensemencement du monde. L'apôtre jette aux âmes le froment de Dieu[37]. C'est l'amour en feu qui dévore la terre, l'incendie

33. 3a p, q, 67, a. 2, ad 1um.
34. S. Thom.
35. S. Bonav.
36.S. Ambr.
37.. P. Léon, passim, op. cit.

de la Pentecôte irrésistiblement propagé à travers les peuples : « Je suis venu jeter le feu sur la terre »[38].

La sublimité de ce ministère consiste en ce qu'il pourvoit, sans préjudice pour l'apôtre, au salut d'autrui. Transmettre les vérités divines à des intelligences humaines ! N'est-ce pas un ministère digne des anges ?

Contempler la vérité, c'est bien. La communiquer aux autres, c'est mieux encore. Réfléchir la lumière est quelque chose de plus que de la recevoir. Éclairer vaut mieux que luire sous le boisseau. Par la contemplation, l'âme se nourrit ; par l'apostolat, elle se donne : « De même qu'il est meilleur d'illuminer que de luire simplement, de même il est meilleur de transmettre aux autres ce qu'on a contemplé que de contempler simplement », *majus est contemplata aliis tradere quam solum contemplare*[39].

Contemplata aliis tradere, « transmettre aux autres ce qu'on a contemplé » : dans cet idéal de l'apostolat la vie d'oraison reste la source ; telle est la pensée évidente de saint Thomas.

Ce texte, comme aussi les paroles du même saint docteur citées à la fin du chapitre précédent, condamne clairement l'américanisme dont les partisans rêvent d'une vie mixte où l'action étoufferait la contemplation.

38.. Luc, XII, 49.

39. S. Thom, 2a 2ae, q. 188, a. 6.

Il suppose en effet deux choses :

1° que l'âme vit déjà habituellement de l'oraison, et en vit assez pour n'avoir à donner que son surplus ;

2° que l'action ne doit pas supprimer la vie d'oraison, et que, tout en se dépensant, l'âme doit si bien pratiquer la garde du cœur qu'elle ne coure aucun danger sérieux de soustraire à l'influence de Jésus-Christ l'exercice de son activité.

La charmante parole du R. P. Mateo Crawley, l'apôtre de l'intronisation familiale du Sacré-Cœur, traduit exactement la pensée de saint Thomas : « L'apôtre est un calice plein jusqu'aux bords de la vie de Jésus-Christ et dont le trop plein se déverse sur les âmes ».

C'est ce mélange de l'action avec toutes les dépenses de son zèle et de la contemplation avec ses élévations sublimes qui a produit les plus grands saints : saint Denis, saint Martin, saint Bernard, saint Dominique, saint François d'Assise, saint François-Xavier, saint Philippe de Néri, saint Alphonse, tous aussi ardents contemplatifs que puissants apôtres.

Vie intérieure et vie active ! Sainteté dans les œuvres ! Union puissante, union féconde ! Quels prodiges de conversion vous opérez ! Ô Dieu, donnez à votre Église de nombreux apôtres, mais ravivez, dans leurs cœurs dévorés du désir de se donner, une soif ardente de la vie d'oraison. Donnez à vos ouvriers cette action contemplative et cette contemplation active; votre œuvre alors s'accomplira, vos ouvriers évangéliques remporteront ces victoires que vous leur annonciez avant votre glorieuse Ascension.

TROISIÈME PARTIE

LA VIE ACTIVE, DANGEREUSE SANS LA VIE INTÉRIEURE, ASSURE AVEC ELLE LE PROGRÈS DANS LA VERTU

1. Les œuvres, moyen de sainteté pour les âmes intérieures, deviennent pour les autres un danger pour leur salut.

A – Moyen de sainteté

Notre-Seigneur demande d'une façon formelle, à celles de ses créatures qu'il associe à son apostolat, que non seulement elles se conservent dans la vertu, mais encore y progressent. La preuve existe à chaque page des Épîtres de saint Paul à Tite et à Timothée, et dans les apostrophes de l'Apocalypse aux évêques d'Asie.

D'autre part, nous l'avons établi en commençant, les œuvres sont voulues par Dieu.

Donc, voir dans les œuvres, prises en elles-mêmes, un obstacle à la sanctification, et affirmer que, bien qu'émanant de la volonté divine, elles ralentiront forcément notre marche vers la perfection, serait une injure, un blasphème à l'adresse de la sagesse, de la bonté et de la Providence divines.

Dilemme inévitable : ou bien l'apostolat, sous quelque forme qu'il se présente, s'il est voulu par Dieu, non seulement n'a pas en soi, comme effet, d'altérer l'atmosphère de solide vertu dans laquelle doit être une âme soucieuse de son salut et de son progrès spirituel, mais même constitue toujours pour l'apôtre un moyen de sanctification s'il est exercé dans les conditions requises.

Ou bien, la personne choisie par Dieu comme coopératrice et tenue par conséquent de répondre à l'appel divin, aurait le droit d'alléguer l'activité, les peines et les soucis dépensés en faveur de l'œuvre commandée, comme des excuses légitimes de sa négligence à se sanctifier.

Or, conséquence de l'économie du plan divin, Dieu se doit à lui-même d'accorder à l'apôtre de son choix les grâces nécessaires pour réaliser l'union d'occupations absorbantes non seulement avec la sécurité du salut, mais encore avec l'acquisition des vertus poursuivies jusqu'à la sainteté.

Les secours qu'il a accordés aux Bernard, aux François-Xavier, il les doit, dans la mesure nécessaire, au plus modeste des ouvriers évangéliques, au plus humble des frères enseignants, à la plus ignorée des sœurs gardes-malades. C'est là une véritable dette du cœur de Dieu envers l'instrument qu'il choisit, ne craignons pas de le répéter. Et tout apôtre, s'il remplit les conditions voulues, doit avoir une confiance absolue dans son droit rigoureux aux grâces exigées par un genre de travaux qui lui donnent hypothèque sur le trésor infini des secours divins.

Celui qui s'adonne aux œuvres de charité, dit Alvarez de Paz, ne doit pas penser qu'elles lui fermeront la porte de la contemplation et le rendront moins capable de s'y livrer. Il doit au contraire tenir pour assuré qu'elles l'y disposent d'une manière admirable. Non seulement la raison et l'autorité des Pères nous apprennent cette vérité, mais aussi l'expérience journalière, car nous voyons certaines âmes qui se livrent aux œuvres de charité envers le prochain, confessions, prédication, catéchismes, visite des malades, etc., élevées par Dieu à un si haut degré de contemplation qu'on peut les comparer à bon droit aux anciens anachorètes[1].

Par ce mot « degré de contemplation », l'éminent Jésuite, comme du reste les maîtres de la vie spirituelle, désigne le don d'esprit d'oraison qui caractérise la surabondance de la charité dans une âme.

Les sacrifices exigés par les œuvres puisent dans la gloire de Dieu et la sanctification des âmes une telle valeur surnaturelle, une telle fécondité de mérites, que, s'il le veut, l'homme voué à la vie active peut chaque jour s'élever à un degré de plus

1. Tom. III, liv. V.

dans la charité et l'union à Dieu, en un mot, dans la sainteté.

Sans doute, dans certains cas où il y a danger grave et prochain de péché formel, en particulier contre la foi et la vertu angélique, Dieu veut que l'on s'éloigne des œuvres. Mais cette réserve faite, il fournit par la vie intérieure à ses ouvriers le moyen de s'immuniser et de progresser dans la vertu. Distinguons bien cependant en quoi consiste le progrès. Un mot paradoxal de la si judicieuse et si spirituelle sainte Thérèse nous permettra de préciser notre pensée : « Depuis que je suis prieure, chargée de nombreux travaux et obligée à de fréquents voyages, je fais beaucoup plus de fautes. Et cependant, comme je combats généreusement, et ne me dépense que pour Dieu, je sens que je me rapproche de lui et de plus en plus ». Sa faiblesse se manifeste plus souvent que dans le repos et le silence claustral. La sainte le constate, mais sans se troubler. La générosité toute surnaturelle de son dévouement et ses efforts plus accentués qu'auparavant pour le combat spirituel fournissent en revanche des occasions de victoires qui contrebalancent largement les surprises d'une fragilité qui existait auparavant, mais à l'état latent. Notre union avec Dieu, dit saint Jean de la Croix, réside dans l'union de notre volonté avec la sienne et se mesure uniquement d'après elle. Au lieu de ne voir, par un faux concept de la spiritualité, la possibilité de progrès dans l'union avec Dieu que dans la tranquillité et la solitude, sainte Thérèse juge que c'est au contraire l'activité imposée vraiment par Dieu et exercée dans les conditions voulues par lui, qui, en alimentant son esprit de sacrifice, son humilité, son abnégation, son ardeur et son dévouement pour le règne de Dieu, vient accroître l'union intime de son âme avec Notre-Seigneur vivant en elle et animant ses travaux, et l'acheminer ainsi vers la sainteté.

La sainteté, en effet, réside avant tout dans la charité, et une œuvre d'apostolat digne de ce nom, c'est la charité en acte. La preuve de l'amour, dit saint Grégoire, c'est la réalité des œuvres. L'amour se prouve par les œuvres d'abnégation, et Dieu exige de ses ouvriers cette preuve de dévouement.

Pais mes agneaux, pais mes brebis, c'est la forme de charité que Notre-Seigneur demande à l'apôtre comme preuve de la sincérité des protestations réitérées de son amour.

Saint François d'Assise ne croit pas pouvoir être l'ami de Jésus-Christ si sa charité ne se dévoue pas au salut des âmes[2].

Et si Notre-Seigneur considère comme faites à Lui-même les œuvres de miséricorde, même corporelle, c'est qu'il découvre en chacune d'elles une irradiation de cette même charité[3] qui anime le

---

2. S. Bonav. *Vit. S. Franc,* c. IX.
3. Matth, XXV, 40.

missionnaire ou soutient l'anachorète dans les privations, les combats et les prières du désert.

La vie active s'emploie aux œuvres de dévouement. Elle marche par les sentiers du sacrifice à la suite de Jésus ouvrier et pasteur, missionnaire, thaumaturge, guérisseur et médecin universel, pourvoyeur tendre et infatigable de tous les besogneux d'ici-bas.

La vie active se souvient et vit de cette parole du Maître : « Je suis au milieu de vous comme un serviteur »[4]. « Le Fils de l'homme n'est pas venu pour être servi, mais pour servir »[5].

Elle va par les routes de la misère humaine, disant le verbe qui éclaire, semant autour d'elle une moisson de grâces qui lèvent en bienfaits de toute sorte.

Grâce aux clairvoyances de sa foi, grâce aux intuitions de son amour, elle découvre dans le pire des miséreux, dans les plus chétifs des souffre-douleurs, le Dieu nu, plaintif, méprisé de tous, le grand lépreux, le mystérieux condamné que la justice éternelle poursuit et accable de ses coups, l'homme de souffrance qu'Isaïe a vu se dresser dans le luxe effrayant de ses plaies, dans la pourpre tragique de son sang, tellement défait et raviné par les clous et les instruments de flagellation, qu'il se tordait comme un ver qu'on écrase.

---

4. Luc, XXIII, 27.
5. Matth, XX, 28.

Aussi, nous l'avons regardé, et nous ne l'avons pas reconnu, s'écrie le prophète[6].

Ô vie active, tu le reconnais bien, toi; et à deux genoux, les yeux noyés de larmes, tu le sers dans les pauvres.

La vie active améliore l'humanité. En fécondant le monde de ses générosités, de ses travaux, de ses sueurs, elle ensemence le ciel de ses mérites.

Vie sainte que Dieu récompense, car il donne le paradis au verre d'eau du pauvre, comme aux *in-folio* du docteur, comme aux sueurs de l'apôtre. Il canonise au dernier jour, devant la terre et le ciel réunis, toutes les œuvres de charité[7].

B – Danger pour le salut

Combien de fois, hélas! dans les retraites privées que nous avons dirigées, avons-nous constaté que les œuvres qui devaient être pour leurs organisateurs des moyens de progrès devenaient des instruments de ruine de l'édifice spirituel.

Un homme d'œuvres invité, à l'ouverture d'une retraite, à scruter sa conscience et à rechercher la cause dominante de son état malheureux, se jugeait exactement en nous faisant cette réponse à première

6. Is, LIII, 2 et 3.

7. *Lumière et flamme*, par le père Léon. Qu'on remarque bien qu'il s'agit dans cette citation d'une vie active pleine d'esprit de foi, fécondée par la charité et dès lors provenant d'une vie intérieure intense.

vue incompréhensible : « C'est le dévouement qui m'a perdu ! Mes dispositions naturelles me faisaient éprouver de la joie à me dépenser, du bonheur à rendre service. Le succès apparent de mes entreprises aidant, Satan a tout su mettre en œuvre, durant de longues années, pour m'illusionner, exciter en moi le délire de l'action, me dégoûter de tout travail intérieur, et finalement m'attirer dans le précipice ».

Cet état d'âme anormal, pour ne pas dire monstrueux, va s'expliquer d'un mot. L'ouvrier de Dieu, tout à la satisfaction de donner cours à son activité naturelle, avait laissé s'évanouir la vie divine, cette énergie divine qui, amassée en lui, rendait son apostolat fécond et protégeait son âme contre le froid glacial de l'esprit naturel. Il avait travaillé mais loin du soleil vivifiant : « Déploiement de force, course très rapide mais en dehors de la voie »[8]. Du même coup, les œuvres, saintes en elles-mêmes, s'étaient retournées contre l'apôtre comme une arme dangereuse à manier, arme à deux tranchants, qui blesse celui qui ne sait plus s'en servir.

N'est-ce pas contre un pareil danger que saint Bernard mettait en garde le pape Eugène III, lorsqu'il lui écrivait : « Je crains qu'au milieu de vos occupations qui sont innombrables, désespérant d'en voir jamais la fin, vous ne laissiez s'endurcir votre âme.

---

8. S. Aug, *in Psalm*. XXXI0

Vous feriez bien plus prudemment de vous soustraire à ces occupations, ne fût-ce que pour un temps, que de permettre qu'elles vous dominent et que peu à peu elles vous mènent infailliblement là où vous ne voulez point aller. Où donc ? direz-vous peut-être. À l'endurcissement du cœur.

Voilà où peuvent vous entraîner ces occupations maudites, si toutefois vous continuez comme vous l'avez fait d'abord à vous y livrer tout entier, ne vous réservant rien de vous pour vous-même[9]. »

Quoi de plus auguste, de plus saint que le gouvernement de l'Église ! N'y a-t-il rien de plus utile pour la gloire de Dieu et pour le bien des âmes ? Et cependant, occupations maudites, s'écrie saint Bernard, si elles doivent empêcher la vie intérieure de celui qui s'y adonne.

Quelle expression : « occupations maudites » ! Elle vaut un livre, tant elle effraye et force à réfléchir. Et elle appellerait une protestation, si elle ne tombait pas de la plume si exacte d'un docteur de l'Église, d'un saint Bernard.

2. De l'homme d'œuvres sans la vie intérieure.

Un mot le caractérise : peut-être n'est-il pas encore tiède, fatalement il va le devenir. Or, être tiède, et d'une tiédeur, non de sentiment ou

9. S. Bern. *De Consid,* 1. II, c. II.

de fragilité, mais de volonté, c'est faire un pacte avec la dissipation et la négligence habituellement consenties ou non combattues, pacte avec le péché véniel délibéré, et du même coup, c'est enlever à l'âme l'assurance du salut éternel, la disposer, la conduire même au péché mortel[10]. Telle est sur la tiédeur la doctrine de saint Alphonse si bien mise en lumière par son disciple, le P. Desurmont[11].

Or, comment sans vie intérieure, l'homme d'œuvre glisse-t-il nécessairement dans la tiédeur ? Nécessairement, disons-nous, et nous n'en voulons pour preuve que cette parole d'un évêque missionnaire à ses prêtres, parole d'autant plus terrible de vérité qu'elle émane d'un cœur dévoré de zèle pour les œuvres et d'un esprit dont les tendances allaient directement à l'encontre de tout ce qui rappelle le quiétisme. « Il faut, dit le cardinal Lavigerie, il faut

---

10. De l'enseignement de S. Thomas, il résulte que lorsque l'âme en état de grâce pose un acte bon en soi, mais sans le degré de ferveur que Dieu est en droit d'attendre d'elle dans l'état où elle se trouve, cet acte dispose en un sens à diminuer le degré qu'elle a de charité. Les textes *Maudit celui qui fait l'œuvre de Dieu avec négligence et Parce que tu es tiède… je commence à te vomir de ma bouche* s'expliquent ainsi.

De plus, chaque péché véniel, sans diminuer l'état de grâce, en diminue cependant la ferveur. Et c'est ainsi qu'il dispose au péché mortel.

On trouve ainsi dans S. Thomas l'explication du mot : « Occupations maudites » du chapitre précédent, et de tout ce que développe la suite du présent chapitre (Cf. S. Thom. 1a 2ae q. lii a. 3).

11. Cf. *Le retour continuel à Dieu.*

en être bien persuadé : pour un apôtre, il n'y a pas de milieu entre la sainteté complète au moins désirée et poursuivie avec fidélité et courage, ou la perversion absolue ».

Rappelons-nous d'abord le germe de corruption que la concupiscence entretient dans notre nature, la guerre sans trêve que nous font nos ennemis au-dedans comme au-dehors, les dangers qui nous menacent de toutes parts.

Ceci dit, essayons de nous représenter ce qu'il advient d'une âme qui s'adonne à l'apostolat sans être suffisamment prémunie et armée contre ses dangers.

Tel homme sent s'éveiller en lui le désir de se consacrer aux œuvres. Il est d'ailleurs inexpérimenté. Ses goûts d'apôtre nous donnent le droit de lui croire de l'ardeur, quelque fougue dans le caractère, de l'imaginer se plaisant à l'action, peut-être au combat. Nous le supposons correct dans sa conduite, avec de la piété et même de la dévotion, mais piété plutôt de sentiment que de volonté, dévotion qui n'est pas le reflet d'une âme résolue à ne chercher que le bon plaisir de Dieu, mais pieuse routine, reste de louables habitudes. L'oraison, si tant est qu'il pratique l'oraison, n'est qu'une sorte de rêverie et les lectures spirituelles un exercice de curiosité, sans réelle influence sur sa conduite. Peut-être même Satan le porte-t-il à goûter, par l'illusion d'un sens artistique que la pauvre âme prend pour de la vie intérieure, les lectures qui traitent des voies élevées et extraordinaires de l'union avec Dieu et à les admirer avec enthousiasme. Au total, peu, sinon point du tout, de vraie vie intérieure dans cette âme à qui restent, accordons-le, nombre de bonnes habitudes, beaucoup de qualités naturelles et un certain désir loyal mais trop vague de rester fidèle à Dieu. Voilà donc notre apôtre qui, rempli du désir de travailler aux œuvres, va se livrer avec zèle à ce ministère nouveau pour lui. Bientôt, en vertu même des circonstances que font naître ces nouvelles occupations (et toute personne habituée aux œuvres nous comprendra), bientôt, disons-nous, surgissent pour lui mille circonstances pour le faire vivre de plus en plus hors de lui, mille appâts pour sa naïve curiosité, mille occasions de chute, dont il est permis de croire que jusqu'alors l'avait en partie protégé l'atmosphère tranquille du foyer familial, du séminaire, de la communauté, du noviciat, ou au moins la tutelle d'un sage mentor.

Non seulement dissipation croissante ou curiosité dangereuse de tout connaître, impatiences ou susceptibilités, vanité ou jalousie, présomption ou abattement, partialité ou dénigrement, mais invasion progressive des faiblesses de cœur et de toutes les formes plus ou moins subtiles de la sensualité, vont forcer à un combat sans relâche cette âme mal préparée à de si rudes et si continuels assauts. Aussi, fréquentes sont les blessures.

Du reste, songe-t-elle seulement à résister, cette âme à la piété superficielle, alors qu'elle est toute à la satisfaction déjà trop naturelle, de dépenser son activité, ses talents, au profit d'une cause excellente ? Satan d'ailleurs est aux aguets, car déjà il flaire une proie. Et bien loin de contrarier cette satisfaction, il l'excite de tout son pouvoir.

Un jour pourtant arrive où l'on entrevoit le danger : l'ange gardien a parlé, la conscience réclame. Il faudrait se ressaisir, s'examiner dans le calme d'une retraite, prendre la résolution de s'attacher énergiquement à un règlement qu'on ne quittera point, dût-on pour cela négliger des occupations devenues si chères. Hélas ! il est déjà bien trop tard ! L'âme maintenant a savouré le plaisir de voir ses efforts couronnés des plus encourageants succès : demain, demain, s'écrie-t-elle. Aujourd'hui, impossible ; le temps manque, car je dois continuer cette série de sermons, écrire cet article, organiser ce syndicat, cette société charitable, préparer cette représentation, faire ce voyage, mettre à jour ma correspondance, etc. Qu'elle est heureuse de se rassurer par tous ces prétextes ! Car la seule pensée de se mettre en face de sa conscience lui est devenue insupportable. Le moment est venu où Satan peut tout à son aise travailler à son œuvre de ruine dans un cœur qui se fait si bien son complice. Le terrain est préparé pour cela. Agir était devenu pour sa victime une passion, il lui en donne la fièvre. Oublier le tumulte des affaires, se recueillir paraissait insupportable, le démon en souffle l'horreur et ne manque point au surplus de griser l'âme de nouveaux projets qu'il colore habilement du beau motif de la gloire de Dieu, du grand bien des âmes.

Et voilà cet homme, il y a si peu de temps encore plein d'habitudes vertueuses, qui va arriver de faiblesses en faiblesses de plus en plus accentuées à mettre le pied sur une pente trop glissante pour qu'il puisse se retenir dans sa chute. Malheureux au fond, ayant une vague conscience que toute cette agitation n'est pas selon le cœur de Dieu, il se lance plus éperdument que jamais dans le tourbillon pour étouffer ses remords. Les fautes s'accumulent fatalement. Ce qui autrefois troublait la conscience droite de cette âme n'est plus qu'un vain scrupule à mépriser. Volontiers elle proclame qu'il faut savoir être de son temps, lutter avec les ennemis à armes égales et pour cela elle préconise *les vertus actives*, n'ayant que du mépris pour ce qu'elle appelle dédaigneusement piété d'un autre âge. Les œuvres, du reste, prospèrent plus que jamais, le public les vante. Chaque jour voit éclore de nouveaux succès. « Dieu bénit notre œuvre », s'écrie l'âme abusée, sur laquelle demain peut-être, à cause de fautes graves, pleureront les anges du ciel.

Comment cette âme est-elle tombée dans un état si lamentable ? Inexpérience, présomption, vanité, imprévoyance et lâcheté. À l'aventure, sans considérer son peu de ressources spirituelles, elle s'est lancée à travers les périls. Ses provisions de vie intérieure épuisées, elle se voit dans la situation du nageur téméraire qui n'a plus la force de lutter contre le courant, et qui se laisse emporter vers l'abîme.

Arrêtons-nous un instant pour mesurer du regard le chemin parcouru et la profondeur du précipice. Procédons par ordre et comptons les étapes.

Première étape. L'âme d'abord a progressivement perdu (si jamais elle les a eues !) la netteté et la force des convictions sur la vie surnaturelle, le monde spirituel et l'économie du plan et de l'action de Notre-Seigneur quant au rapport de la vie intime de l'ouvrier évangélique avec les œuvres. Elle ne voit plus ces œuvres qu'à travers un mirage trompeur. La vanité elle-même sert subtilement de piédestal à la prétendue bonne intention : « Que voulez-vous, Dieu m'a accordé la parole, je l'en remercie », répondait aux flatteurs un prédicateur gonflé de vaine complaisance et tout extériorisé. L'âme se recherche bien plus que Dieu. Réputation, gloire, intérêts personnels sont au premier plan. Le mot de saint Paul : « Si je plaisais encore aux hommes, je ne serais pas serviteur du Christ »[12] devient pour elle un mot vide de sens. En dehors de l'ignorance des principes, l'absence de base surnaturelle qui caractérise cette étape a tantôt pour cause, tantôt pour suite immédiate la dissipation, l'oubli de la présence de Dieu, l'abandon des oraisons jaculatoires et de la garde du cœur, le manque de délicatesse de conscience et de régularité de vie. La tiédeur est proche si déjà elle n'a pas commencé.

Deuxième étape. L'homme surnaturel est esclave du devoir, et c'est pourquoi, avare de son temps, il en ordonne l'emploi et vit d'un règlement. Il comprend que, hors de là, c'est le naturalisme, la vie commode et le caprice, depuis le lever jusqu'au coucher.

L'homme d'œuvres sans base surnaturelle ne tarde pas à en faire l'expérience. Le manque d'esprit de foi dans l'emploi du temps le conduit à cesser sa lecture spirituelle. D'autre part, s'il lit encore, il n'étudie plus. C'était bon pour les Pères de l'Église de préparer toute la semaine l'homélie du dimanche. Il préfère, à moins que la vanité ne soit en jeu, improviser, et toujours, il le croit du moins, le fait avec un rare bonheur… Il donne la préférence aux revues sur les livres. Plus d'esprit de suite. Il papillonne. La loi du travail, cette grande loi de préservation, de moralisation et de pénitence, il s'y dérobe par le

12. Gal, I, 10.

gaspillage des heures libres, et le soin démesuré de se procurer des distractions.

Il trouve fatigant et de pure théorie ce qui emprisonnerait sa liberté d'allures. Son temps ne lui suffit pas pour tant d'œuvres et de devoirs sociaux, et même pour ce qu'il considère comme nécessaire pour sa santé et ses récréations. Vraiment, lui dit Satan, il y a trop d'instants consacrés aux exercices de piété : méditation, office, messe, actes du ministère. Il faut élaguer. Et invariablement il commence par écourter la méditation, à la faire irrégulièrement et peut-être, hélas ! il en vient peu à peu à la supprimer tout à fait. Le point indispensable pour rester fidèle à l'oraison, le lever à l'heure fixe, est d'autant plus logiquement abandonné qu'il ne se couche plus qu'assez tard, et pour cause.

Or, dans la vie active, abandonner la méditation équivaut à jeter bas les armes devant l'ennemi. « À moins d'un miracle, dit saint Alphonse, sans oraison, on finit par tomber dans le péché mortel ». Et saint Vincent de Paul : « Un homme sans oraison n'est capable de rien, pas même de se renoncer en quoi que ce soit : c'est la vie animale toute pure ». Certains auteurs citent de sainte Thérèse ces mots : « Sans oraison, on devient bientôt une brute ou un démon. Si vous ne faites pas oraison, vous n'avez pas besoin du démon pour vous jeter en enfer, vous vous y jetez de vous-même. Au contraire, donnez-moi le plus grand pécheur, s'il fait oraison seulement un quart d'heure par jour, il se convertira; s'il persévère, il est sûr de son salut éternel ». L'expérience des âmes sacerdotales ou religieuses vouées aux œuvres suffit pour établir qu'un ouvrier apostolique qui, sous prétexte d'occupation ou de fatigue, ou par dégoût, paresse, illusion, réduit facilement son oraison à dix ou quinze minutes, au lieu de s'astreindre à une demi-heure d'oraison sérieuse pour y puiser l'élan et la force nécessaires à la journée, tombe fatalement dans la tiédeur de volonté.

Il ne s'agit plus évidemment d'imperfections à éviter. Ce sont les péchés véniels qui fourmillent. L'impossibilité dans laquelle on s'enfonce de veiller à la garde du cœur dérobe la plupart de ces fautes à la conscience : l'âme s'est mise en état de ne plus voir. Comment combattrait-elle ce qu'elle ne discerne plus comme défectueux ? La maladie de langueur est déjà bien avancée. Elle est la conséquence de cette deuxième étape qui se caractérise par l'abandon de l'oraison et de tout règlement.

Tout est mûr pour la troisième étape dont le symptôme est la négligence dans la récitation du bréviaire. La prière de l'Église qui devait donner au soldat du Christ joie et force pour se relever de loin en loin et prendre en Dieu le moyen de planer sur le monde visible devient un pensum à subir. La vie liturgique, source de lumière, de joie, de force, de mérites et de grâces pour lui et pour les fidèles, n'est plus que l'occasion d'un devoir désagréable dont on s'acquitte à contre-cœur. La vertu intime de religion est plus qu'atteinte. La fièvre des œuvres a contribué à la dessécher. L'âme ne voit plus le culte de Dieu que lié à d'éclatantes manifestations extérieures. Le sacrifice personnel et obscur, mais cordial, de la louange, de la supplication, de l'action de grâces, de la réparation ne lui dit plus rien. Naguère, pendant la récitation de ses prières vocales, elle redisait avec une légitime fierté, comme si elle eût voulu rivaliser avec un chœur de moines : moi aussi, « je vous chanterai en présence des anges »[13]. Le sanctuaire de cette âme, autrefois embaumé de vie liturgique, est devenu une place publique où règnent le bruit et le désordre. La sollicitude exagérée des œuvres et la dissipation habituelle se chargent de décupler les distractions, que, du reste, l'on combat de moins en moins. Pourtant, « Dieu n'est pas dans le bruit »[14]. La prière véritable n'est plus là. Précipitation, interruptions non justifiées, négligences, somnolence, retards, renvoi à la dernière heure au risque d'être vaincu par le sommeil..., et peut-être omissions de loin en loin, changent le remède en poison et le sacrifice de louange en litanies de péchés, qui peut-être arriveront à n'être plus simplement véniels !

13. Ps, CXXXII, 2.
14. III Reg, XIX, 11.

Quatrième étape. Tout s'enchaîne. L'abîme appelle l'abîme. Les sacrements ! Ils sont reçus ou administrés comme une chose respectable sans doute, mais on ne sent plus palpiter la vie qu'ils contiennent. La présence de Jésus dans le tabernacle ou au saint tribunal n'est plus capable de faire vibrer jusqu'à la moelle de l'âme tous les ressorts de la foi. La messe elle-même, le sacrifice du Calvaire est un jardin fermé. L'âme, certes, est encore loin du sacrilège, nous voulons le croire. Mais elle ne ressent plus la chaleur du sang divin. Ses consécrations restent froides et ses communions tièdes, distraites, superficielles. Familiarité irrespectueuse, routine et peut-être même dégoût la guettent déjà.

L'apôtre ainsi déformé vit hors de Jésus, et ces paroles intimes que Jésus ne veut dire qu'à ses vrais amis, il n'en est plus favorisé.

De loin en loin cependant, l'Ami céleste fait arriver un remords, une lumière, un appel. Il attend, il frappe, il demande à entrer : Viens à moi, pauvre âme blessée, mais viens donc, je te guérirai[15] ; car je suis ton salut[16]. Je suis venu sauver ce qui périssait[17]. Cette voix si douce, si tendre, si discrète, si pressante, procure des moments d'émotion, des velléités de mieux faire. Mais la porte du cœur n'étant que

15. Matth, XI, 28.
16.Ps, XXXIV.
17. Luc, XIX, 10.

faiblement entrouverte, Jésus ne peut entrer, et ces bons mouvements de l'âme tiède restent sans lendemain. La grâce passe en vain et va se retourner contre l'âme. Peut-être même, dans sa miséricorde, pour ne pas amasser des trésors de colère, Jésus cessera-t-il de parler : « Crains Jésus qui passe et ne repassera peut-être plus ».

Maintenant, allons plus loin, pénétrons jusque dans l'intime de cette âme dont nous esquissons la physionomie.

Le rôle des pensées est prépondérant dans la vie surnaturelle aussi bien que dans la vie morale et intellectuelle. Quelles sont les pensées qui l'occupent et à quel courant obéissent-elles ? Humaines, terrestres, vaines, superficielles, égoïstes, elles convergent de plus en plus vers le *moi* ou les créatures, et cela souvent avec l'apparence du dévouement et du sacrifice.

À ce désordre dans l'intelligence correspond le dérèglement dans l'imagination. Aucune puissance plus que celle-là n'a besoin de répression. On n'a même pas l'idée de la réfréner. Aussi, la bride sur le cou, se donne-t-elle libre carrière. Elle court à tous les écarts, à toutes les folies. La suppression progressive de la mortification de la vue permet à la folle du logis de trouver large pâture un peu partout.

Le désordre suit son cours. De l'intelligence et de l'imagination, il descend dans les affections. Le cœur ne se repaît plus que de chimères. Que va devenir ce cœur dissipé qui ne s'inquiète presque plus du règne de Dieu en lui et qui est devenu insensible au tête à tête avec Jésus, à la sublime poésie des mystères, aux sévères beautés de la liturgie, aux appels et aux attraits du Dieu de l'Eucharistie, insensible en un mot aux influences du monde surnaturel ? Va-t-il se concentrer en lui-même ? Ce serait un suicide. Non ! il a besoin d'affection. Ne trouvant plus le bonheur en Dieu, il aimera la créature. Il est à la merci de la première occasion. Il s'y jette imprudemment, éperdument, sans nul souci peut-être des vœux les plus sacrés, ni de l'intérêt majeur de l'Église ni même de sa propre réputation. Supposons cependant que la perspective de l'apostasie le bouleverse encore et profondément, mais déjà le scandale des âmes l'effraie moins.

Sans doute, aller ainsi jusqu'au bout est, grâce à Dieu, une rare exception. Mais qui ne voit que le dégoût de Dieu et l'acceptation du plaisir défendu peut entraîner le cœur aux pires malheurs. De « l'homme animal ne perçoit pas les choses qui sont de l'esprit de Dieu »[18], on arrive forcément au « ceux qui étaient nourris dans la pourpre, ont embrassé le fumier »[19]. L'illusion obstinée, l'aveuglement de l'esprit, l'endurcissement du cœur vont en progressant. On peut s'attendre à tout.

18. I Cor, II, 14.
19. Jérémie, IV, 5.

Pour comble de malheur, la volonté se trouve non pas détruite, mais réduite à un état d'affaiblissement, d'amollissement, qui équivaut presque à l'impuissance. Demandez-lui non pas de réagir énergiquement, ce serait inutile, mais d'essayer un simple effort, vous n'obtiendrez plus que cette réponse désespérante : « Je ne puis pas ». Or ici, ne plus être capable d'effort, c'est aller aux pires catastrophes.

Un illustre impie a osé dire qu'il ne pouvait croire à la fidélité à leurs vœux et obligations chez certaines âmes, mêlées par leurs œuvres à la vie du siècle. « Elles marchent, ajoutait-il, sur une corde tendue. Leurs chutes sont forcées ». À cette injure à Dieu et à l'Église, il faut répondre sans hésiter que ces chutes, on les évite sûrement lorsqu'on sait se servir du précieux balancier de la vie intérieure ; et qu'au seul abandon de ce moyen infaillible il faut attribuer le vertige et les faux pas scandaleux vers le précipice.

L'admirable Jésuite, le P. Lallemant, remonte à la cause initiale de ces catastrophes lorsqu'il dit : nombre d'hommes apostoliques ne font rien purement pour Dieu. Ils se cherchent en tout et mêlent toujours secrètement leur propre intérêt avec la gloire de Dieu dans leurs meilleures entreprises. Ils passent ainsi leur vie dans ce mélange de nature et de grâce. Enfin la mort vient et alors seulement ils ouvrent les yeux, voient leurs illusions, et tremblent à l'approche du redoutable tribunal de Dieu[20].

Certes, loin de nous la pensée de ranger parmi les apôtres se prêchant eux-mêmes le zélé et puissant missionnaire que fut le célèbre abbé Combalot. Mais est-il hors de propos de citer ses paroles à l'approche de la mort ? « Ayez confiance, mon cher ami, lui dit le prêtre, après lui avoir administré les derniers sacrements. Vous avez gardé intègre votre vie sacerdotale, et vos milliers de sermons plaideront devant Dieu l'excuse pour l'insuffisance de vie intérieure dont vous parlez – Mes sermons ! Oh ! à quelle lumière je les aperçois maintenant ! Mes sermons ! Ah ! si Notre-Seigneur ne m'en parle pas le premier, ce n'est pas moi qui commencerai ». À la lueur de l'éternité, ce vénéré prêtre voyait dans ses meilleures œuvres de zèle des imperfections dont s'alarmait sa conscience et qu'il attribuait à un manque de vie intérieure.

Le cardinal du Perron, à l'heure de la mort, témoigna son repentir de s'être plus attaché pendant la vie à perfectionner son intelligence par les sciences que sa volonté par les exercices de la vie intérieure[21].

Ô Jésus, apôtre par excellence, quelqu'un s'est-il jamais prodigué autant que vous, alors que vous habitiez parmi nous ? Aujourd'hui, vous vous donnez

---

20. *Doct. spirit.*

21. P. Lallemant *Doct. spirit.*

plus abondamment encore par votre vie eucharistique, sans pour cela jamais quitter le sein de votre Père ! Puissions-nous ne jamais oublier que vous ne voudrez connaître nos travaux que s'ils sont animés d'un principe vraiment surnaturel et plongent leurs racines dans votre cœur adorable.

3. La vie intérieure, base de la sainteté de l'ouvrier apostolique.

LA SAINTETÉ n'étant autre chose que la vie intérieure poussée jusqu'à l'union très étroite de la volonté avec celle de Dieu, d'ordinaire et sauf un miracle de la grâce, l'âme n'arrive à ce terme qu'après avoir parcouru, au milieu de multiples et pénibles efforts, toutes les étapes de la vie purgative et illuminative. Notons comme une loi de la vie spirituelle qu'au cours de la sanctification, l'action de Dieu et celle de l'âme suivent une marche inverse : les opérations de Dieu prenant de jour en jour un rôle plus considérable, l'âme agissant toujours de moins en moins.

Autre est l'action de Dieu dans les parfaits, autre dans les débutants. Moins apparente en ceux-ci, elle y provoque surtout et soutient la vigilance et la supplication, leur offrant ainsi le moyen d'obtenir la grâce pour de nouveaux efforts. Dans les parfaits, Dieu agit d'une manière plus complète et parfois même n'exige qu'un simple consentement qui unit l'âme à son action souveraine.

Le commençant et même le tiède et le pécheur que le Seigneur veut rapprocher de lui se sentent d'abord portés à rechercher Dieu, puis à lui prouver de plus en plus leur désir de lui plaire, enfin à se réjouir de toutes les occasions providentielles qui leur permettent de détrôner l'amour-propre pour établir à sa place le règne de Jésus seul. Dans ce cas, l'action divine se borne à des incitations, à des secours.

Chez le saint, cette action est bien plus puissante, bien plus entière. Au milieu des fatigues et des souffrances, abreuvé d'humiliations ou écrasé par la maladie, le saint n'a pour ainsi dire qu'à s'abandonner à l'action divine, sans quoi il serait incapable de supporter les agonies qui, selon les desseins de Dieu, doivent achever de le mûrir. En lui se réalise pleinement ce texte : « Dieu lui a soumis toutes choses, afin que Dieu soit tout en tout »[22]. Il vit tellement de Jésus qu'il semble ne plus vivre par lui-même. C'est ce témoignage que se rendit l'Apôtre : « Je vis, mais ce n'est plus moi qui vis, c'est le Christ qui vit en moi »[23]. Seul l'esprit de Jésus pense, décide et agit. Sans doute la divinisation est loin d'atteindre l'intensité qu'elle obtiendra dans la

---

22. I Cor, XV, 28.
23. Gal. II, 20.

gloire et pourtant cet état reflète déjà les caractères de l'union béatifique.

Est-il utile de dire qu'il est loin d'en aller ainsi chez le débutant ou le tiède et même chez le simple fervent ? À leurs états s'adapte toute une série de moyens qui, d'ailleurs, peuvent également servir à l'un comme à l'autre. Mais le commençant, pareil à l'apprenti, peinera beaucoup, avancera lentement et, en résumé, fera médiocre besogne. Le fervent, lui, artisan déjà habile, exécutera vite et bien, et avec peu de difficulté réalisera plus de profit.

De quelque catégorie d'apôtres qu'il s'agisse, les intentions de la Providence à leur égard restent invariables. Dieu veut que, toujours et pour tous, les œuvres soient un moyen de sanctification. Mais tandis que, pour l'âme parvenue à la sainteté, l'apostolat ne provoque aucun danger sérieux, n'épuise pas ses forces et lui fournit d'abondantes occasions de croître en vertus et en mérites, nous avons vu avec quelle facilité il cause l'anémie spirituelle et, par conséquent, le recul sur le chemin de la perfection pour les personnes faiblement unies à Dieu, et chez qui le goût de l'oraison, l'esprit de sacrifice et surtout l'habitude de la garde du cœur ne sont que peu développés.

Cette habitude, Dieu ne la refuse jamais à une prière instante et à des preuves réitérées de fidélité. Il la répand sans mesure dans l'âme généreuse qui, par de perpétuels recommencements, a transformé peu à peu ses facultés, les a rendues souples aux inspirations d'en-haut et capables d'accepter joyeusement contradictions et insuccès, pertes et déceptions.

Voyons par six traits principaux comment cette vie intérieure s'infiltrant dans une âme l'assoit dans la vraie vertu.

◆ *Elle le prémunit contre les dangers du ministère extérieur.*

« Il est plus difficile de bien vivre quand on a charge d'âmes à cause des dangers extérieurs »[24]. Nous avons parlé de ce danger au chapitre précédent. Tandis que l'ouvrier évangélique dépourvu d'esprit intérieur ignore les périls que font naître les œuvres et ressemble ainsi au voyageur sans armes traversant une forêt infestée par les brigands, l'apôtre vrai les redoute, lui, et chaque jour se précautionne contre eux par un sérieux examen de conscience qui lui découvre ses points faibles.

Se rendre compte d'un péril incessant, la vie intérieure ne procurerait-elle que cet avantage que déjà elle contribuerait puissamment à préserver des surprises de la route, car un danger prévu est à demi

24. S. Thom, 2a 2ae, q. 184, a. 8. « Plus est vaste et large l'action d'un prêtre ayant charge d'âmes, plus elle est dangereuse et pernicieuse, à moins qu'il ne possède l'esprit de contemplation » (Card. Fischer, Opusc. de Vit. contempl.).

écarté. Mais bien autre est son utilité. Elle devient pour l'homme d'œuvres une armure complète : « Revêtez-vous de l'armure de Dieu afin de pouvoir résister aux embûches du diable »[25], armure divine qui lui permet non seulement de résister aux tentations et d'éviter les pièges du démon : « afin de pouvoir résister aux jours mauvais », mais encore de sanctifier tous ses actes : « et, après avoir tout surmonté, rester debout ».

Elle le ceint de la pureté d'intention qui concentre sur Dieu pensées, désirs et affections, et l'empêche de s'égarer dans la recherche des aises, des plaisirs et des distractions : « les reins ceints de la vérité ».

Elle le revêt de la cuirasse de la charité qui lui donne un cœur viril et le défend contre les séductions de la créature et de l'esprit du siècle aussi bien que contre les assauts du démon : « revêtus de la cuirasse de justice ».

Elle le chausse de la discrétion et de la retenue, afin que dans toutes ses démarches, il sache allier la simplicité de la colombe à la prudence du serpent : « les sandales aux pieds, prêts à annoncer l'Évangile de paix ».

Satan et le monde chercheront à abuser son intelligence par les sophismes des fausses doctrines, à énerver son énergie par l'appât des maximes relâchées. À ces mensonges la vie intérieure oppose

25. Eph, VI, 11 à 17.

le bouclier de la foi qui fait briller aux yeux de l'âme la splendeur de l'idéal divin : « Et surtout, prenez le bouclier de la foi par lequel vous pourrez éteindre tous les traits enflammés du Malin ».

Connaissance de son néant, sollicitude pour son propre salut, conviction qu'elle ne peut absolument rien sans le secours de la grâce, et dès lors, prière instante, suppliante et fréquente, d'autant plus efficace qu'elle est plus confiante, sont à l'âme un casque d'airain sur lequel viendront s'émousser les coups de l'orgueil : « Prenez aussi le casque du salut ».

Ainsi armé de pied en cap, l'apôtre peut sans crainte se donner aux œuvres, et son zèle enflammé par la méditation de l'Évangile, fortifié par le pain eucharistique, devient un glaive qui lui sert tout à la fois à combattre les ennemis de son âme et à conquérir une foule d'âmes au Christ : « le glaive de l'Esprit, qui est la parole de Dieu ».

◆ *Elle répare les forces de l'apôtre.*

Seul le saint, avons-nous dit, au milieu de l'embarras des affaires et malgré un contact habituel avec le monde, sait sauvegarder son esprit intérieur et diriger toujours ses pensées et ses intentions vers Dieu seul. Chez lui, toute dépense d'activité extérieure se trouve tellement surnaturalisée et enflammée de charité, que, loin d'amener une diminution de forces, elle occasionne nécessairement un accroissement de grâce.

Chez les autres personnes, même ferventes, au bout d'un temps plus ou moins long donné aux occupations extérieures, la vie surnaturelle paraît subir des déperditions. Trop préoccupé du bien à faire au prochain, trop absorbé par une compassion insuffisamment surnaturelle pour les misères à soulager, leur cœur imparfait semble lancer vers Dieu des flammes moins pures, obscurcies par la fumée de nombreuses imperfections.

Dieu ne punit point cette faiblesse par une diminution de sa grâce, et il ne tient pas rigueur de ces défaillances, pourvu qu'il y ait eu efforts sérieux de vigilance et de prière pendant l'action, et que l'âme se dispose, le travail achevé, à revenir près de lui se reposer et réparer ses forces. Ces perpétuels recommencements occasionnés par l'entrelacement de vie active et de vie intérieure réjouissent son cœur paternel.

D'ailleurs, chez ceux qui luttent, ces imperfections deviennent de moins en moins profondes et fréquentes, à mesure que l'âme apprend à recourir, sans se lasser, à Jésus, qu'elle trouve toujours prêt à lui dire : Reviens à moi, pauvre cerf haletant, altéré par la longueur du chemin. Viens trouver dans les eaux vives le secret d'une nouvelle agilité pour des courses nouvelles. Retire-toi un instant de la foule qui ne saurait t'offrir l'aliment dont tes forces épuisées ont besoin : « Venez à l'écart, dans un lieu désert, et prenez un peu de repos »[26]. Dans le calme, dans la paix que tu goûteras près de moi, non seulement tu retrouveras bientôt ta première vigueur, mais encore tu apprendras le moyen de faire davantage en te dépensant moins. Élie, accablé, découragé, vit ses énergies ranimées en un instant par un pain mystérieux. Ainsi, mon apôtre, dans cette tâche enviable de corédempteur qu'il m'a plu de t'imposer, je t'offre, et par ma parole qui est toute vie, et par ma grâce c'est-à-dire par mon sang, d'orienter à nouveau ton esprit vers les horizons éternels, de renouveler entre ton cœur et le mien un pacte d'intimité. Viens, je te consolerai des tristesses et des déceptions du voyage. Et dans le foyer de mon amour tu retremperas l'acier de tes résolutions : « Venez à moi, vous tous qui êtes fatigués et ployez sous le fardeau et je vous soulagerai »[27].

◆ *Elle décuple ses énergies et ses mérites*

« Pour toi, mon fils, affermis-toi dans la grâce »[28]. La grâce est une participation à la vie de l'Homme-Dieu. La créature possède une certaine mesure de

26. Marc, VI, 31.
27. Matth, XI, 28. À l'occasion de ces appels de Notre-Seigneur aux âmes de bonne volonté, nous attirons spécialement leur attention sur ce qui est dit plus loin sur l'*Apprentissage de la garde du cœur*.
28. Tim, II, 1.

force et en un sens peut même se qualifier, se définir une force. Jésus, lui, est la force par essence. En lui réside dans sa plénitude la force du Père, l'omnipotence de l'action divine, et son Esprit se nomme l'Esprit de force.

Ô Jésus, s'écrie saint Grégoire de Naziance, en vous seul réside toute ma force. En dehors du Christ, dit à son tour saint Jérôme, je ne suis qu'impuissance.

Le Docteur séraphique dans le quatrième livre de son *Compendium theologiæ* énumère les cinq caractères principaux que revêt en nous la force de Jésus.

Le premier, c'est d'entreprendre des choses difficiles et d'affronter résolument les obstacles : « Ayez courage, et que votre cœur s'affermisse »[29].

Le second est le mépris des choses de la terre : « Pour son amour, j'ai voulu tout perdre, regardant toutes choses comme de la balayure »[30].

Le troisième, la patience dans les tribulations : « L'amour est fort comme la mort »[31].

La quatrième, la résistance aux tentations : « Le diable comme un lion rugissant rôde autour de vous… résistez-lui, fermes dans la foi »[32].

Le cinquième, c'est le martyre intérieur, c'est le témoignage non du sang mais de la vie même qui

29. Ps, XXX.
30. Philipp, III, 8.
31. Cant, VIII, 6.
32. I Petr, V, 8 et 9.

crie à Jésus : Je veux être tout à vous. Il consiste à combattre les concupiscences, à dompter les vices et à travailler énergiquement à l'acquisition des vertus : « J'ai combattu le bon combat »[33].

Tandis que l'homme extérieur compte sur ses forces naturelles, l'homme intérieur, lui, ne voit en elles que des auxiliaires, utiles sans doute, mais insuffisants. Le sentiment de sa faiblesse et sa foi en la puissance de Dieu lui donnent comme à saint Paul l'exacte mesure de sa force. À la vue des obstacles qui tour à tour se dressent devant lui : « Lorsque je suis faible, c'est alors que je suis fort »[34], s'écrie-t-il avec humble fierté.

Sans vie intérieure, dit Pie X, les forces manqueront pour supporter avec persévérance les ennuis qu'entraîne avec lui tout apostolat, la froideur et le peu de concours des hommes de bien eux-mêmes, les calomnies des adversaires, parfois même les jalousies des amis, des compagnons d'armes… Seule, une vertu patiente, affermie dans le bien et en même temps suave et délicate, est capable d'écarter ou de diminuer ces difficultés[35].

Par la vie d'oraison, semblable à la sève découlant du cep dans les sarments, la force divine descend dans l'apôtre pour y affermir l'intelligence en l'éta-

33. II Tim, IV, 7.
34. II Cor, XII, 10.
35. Encycl. de Pie X du 11 juin 1905 aux évêques d'Italie.

blissant davantage dans la foi. Il progresse parce que cette vertu éclaire son chemin des plus vives lumières. Il avance résolument parce qu'il sait où il veut aller et comment il doit atteindre son but.

Cette illumination s'accompagne d'une telle énergie surnaturelle de volonté, que même le caractère faible et versatile devient capable d'actes héroïques.

C'est ainsi que le « Demeurez en moi »[36], l'union avec l'Immuable, avec celui qui est le Lion de Juda et le Pain des forts, explique la merveille de la constance invincible et de la fermeté si parfaite qui, dans l'admirable apôtre que fut saint François de Sales, s'unissaient à une douceur et à une humilité sans pareilles. L'esprit, la volonté se fortifient par la vie intérieure parce que se fortifie l'amour. Jésus le purifie, le dirige et l'augmente progressivement. Il lui donne part aux sentiments de compassion, de dévouement, d'abnégation et de désintéressement de son cœur adorable. Si cet amour croît jusqu'à la passion, alors il exalte jusqu'à leur maximum et utilise à son profit toutes les forces naturelles et surnaturelles de l'homme.

Il est aisé de juger ainsi l'accroissement de mérites résultant du décuplement des énergies que donne la vie d'oraison, si l'on se rappelle que le mérite consiste moins dans la difficulté qu'il peut y avoir

---

36. Joan, XV, 4.

à accomplir un acte, que dans l'intensité de charité apportée à son accomplissement.

◆ *Elle lui donne joie et consolation.*

Seul un amour ardent et inébranlable est capable d'ensoleiller une existence, car l'amour possède le secret d'épanouir le cœur au milieu même des grandes douleurs, des fatigues écrasantes.

La vie de l'homme apostolique est une trame de souffrances et de labeurs. Si l'apôtre n'a pas la conviction d'être aimé de Jésus, que d'heures tristes, inquiètes et sombres pour lui, quelque enjoué que soit son caractère, à moins que l'infernal oiseleur ne fasse briller le miroir des consolations humaines et des succès apparents pour mieux attirer la naïve alouette dans ses inextricables filets. L'Homme-Dieu seul peut faire pousser à l'âme ce cri surhumain : « Je surabonde de joie au milieu de toutes nos tribulations »[37]. Au milieu de mes épreuves intimes, dit l'apôtre, le sommet de mon être, comme celui de Jésus à Gethsémani, jouit d'un bonheur qui n'a rien de sensible sans doute, mais dont la réalité est telle que, malgré l'agonie de la partie inférieure, je ne l'échangerais pas contre toutes les joies humaines.

Viennent l'épreuve, la contradiction, l'humiliation, la souffrance, la perte des biens, même celle

---

37. II Cor, VII, 4.

des êtres aimés, l'âme acceptera ces croix d'une tout autre façon qu'au début de sa conversion.

De jour en jour elle croît dans la charité. Son amour peut être sans éclat, le Maître peut la traiter en âme forte, la conduisant dans les voies d'un anéantissement de plus en plus profond ou dans le sentier ardu de l'expiation pour elle et pour le monde, peu importe ! Favorisé par le recueillement, alimenté par l'Eucharistie, l'amour ne cesse de grandir, et la preuve en est dans cette générosité avec laquelle l'âme se sacrifie et s'abandonne ; dans ce dévouement qui la pousse à courir, sans se soucier de la peine, à la recherche des âmes auprès desquelles son apostolat s'exerce avec une patience, une prudence, un tact, une compassion, une ardeur que seule explique la pénétration de la vie de Jésus en elle : « C'est le Christ qui vit en moi ».

Le sacrement de l'amour doit être celui de la joie. L'âme ne peut être intérieure sans être eucharistique et dès lors sans goûter intimement le don de Dieu, sans jouir de la présence, sans savourer la douceur de l'être aimé qu'elle possède et qu'elle adore.

La vie de l'homme apostolique est une vie de prière. « La vie de prière, dit le bienheureux Curé d'Ars, voilà le grand bonheur ici-bas. Ô belle vie ! belle union de l'âme avec Notre-Seigneur ! L'éternité ne sera pas assez longue pour comprendre ce bonheur… La vie intérieure est un bain d'amour dans lequel l'âme se plonge… Elle est comme noyée dans l'amour… Dieu tient l'âme intérieure comme une mère tient la tête de son enfant dans sa main pour la couvrir de baisers et de caresses ».

C'est encore un aliment de joie que de contribuer à faire servir et honorer l'objet de son amour. L'homme apostolique connaît tous ces bonheurs.

Se servant des œuvres pour augmenter son amour, il sent grandir du même coup sa joie et sa consolation. « Chasseur d'âmes », il a la joie de contribuer à sauver des êtres qui auraient été damnés et par conséquent la joie de consoler Dieu en lui donnant des cœurs dont il aurait été éternellement séparé, la joie enfin de savoir qu'il se procure ainsi à lui-même une des plus solides assurances de progrès dans le bien et de gloire éternelle.

◆ *Elle affine sa pureté d'intention.*

L'homme de foi juge les œuvres sous un tout autre jour que celui qui vit extérieurement. C'est moins l'aspect apparent que le rôle qu'elles jouent dans le plan divin et leurs résultats surnaturels qu'il aperçoit.

Aussi, se considérant comme un simple instrument, entretient-il d'autant plus dans son âme l'horreur pour toute complaisance en ses propres aptitudes, qu'il fonde sur la persuasion de sa propre impuissance et sur la confiance en Dieu seul l'attente de ses succès.

Il s'affermit ainsi dans l'état d'abandon. Au cours des difficultés, quelle différence entre son attitude et celle de l'homme apostolique qui ne connaît pas l'intimité avec Jésus.

Cet abandon, d'ailleurs, ne diminue en rien son ardeur pour l'entreprise. Il agit comme si le succès dépendait uniquement de son activité, mais en fait il ne l'attend que de Dieu seul[38]. Nulle peine à subordonner tous ses projets et ses espérances aux desseins incompréhensibles de ce Dieu qui utilise souvent pour le bien des âmes les revers mieux encore que les triomphes.

De là résulte dans cette âme un état de sainte indifférence pour l'insuccès ou pour la réussite. Ô mon Dieu, est-elle toujours prête à dire, vous ne voulez pas que l'œuvre commencée s'achève. Il vous plaît que je me borne à agir généreusement, mais toujours en paix, à faire des efforts pour atteindre le résultat, mais en laissant à vous seul le soin de décider si le succès vous procurera plus de gloire que l'acte de vertu qu'un échec me donnerait l'occasion d'accomplir. Que votre sainte et adorable volonté soit mille fois bénie et qu'avec l'aide de votre grâce, je sache aussi bien refouler les moindres symptômes de vaine complaisance, si vous bénissez mes projets,

---

38. S. Ignace.

que m'humilier et adorer, si votre Providence juge à propos d'anéantir le fruit de mes fatigues.

À la vérité, le cœur de l'apôtre saigne lorsqu'il voit les tribulations de l'Église, mais rien de commun entre sa façon de souffrir et celle de l'homme que n'anime point l'esprit surnaturel. La preuve en est dans l'allure et l'activité fébrile de celui-ci, lorsque surviennent les difficultés, dans ses impatiences et son abattement, son désespoir, quelquefois son anéantissement devant des ruines irréparables. L'apôtre véritable utilise tout, triomphes et revers, pour accroître son espérance et dilater son âme dans l'abandon confiant à la Providence. Pas une particularité de son apostolat qui ne devienne le sujet d'un acte de foi. Pas un instant de son labeur persévérant qui ne lui donne occasion de faire preuve de charité, car, par l'exercice de la garde du cœur, il en arrive à tout accomplir avec une pureté d'intention de plus en plus parfaite, et, par l'abandon, à rendre son ministère chaque jour plus impersonnel.

Aussi, chacune de ses actions s'imprègne toujours davantage des caractères de la sainteté, et son amour des âmes, d'abord mélangé de beaucoup d'imperfections, allant toujours s'épurant, il finit par ne plus voir ces âmes qu'en Jésus, par ne plus les aimer qu'en Jésus, et ainsi par Jésus il les enfante à Dieu : « Mes petits enfants, pour qui j'éprouve de nouveau les douleurs de l'enfantement jusqu'à ce que le Christ soit formé en vous »[39].

◆ *Elle est le bouclier contre le découragement.*

Cette phrase de Bossuet : « Lorsque Dieu veut qu'une œuvre soit toute de sa main, il réduit tout à l'impuissance et au néant, puis il agit », est incompréhensible pour l'apôtre qui ne saisit pas ce que doit être l'âme de son apostolat.

Rien ne blesse Dieu comme l'orgueil. Or, dans la recherche du succès, nous pouvons, faute de pureté d'intention, en arriver à nous ériger en une sorte de divinité, principe et fin de nos œuvres. Dieu a en horreur cette idolâtrie. Aussi lorsqu'il voit l'activité de l'apôtre manquer de cette impersonnalité que sa gloire exige de la créature, il laisse parfois le champ libre aux causes secondes, et l'édifice ne tarde pas à s'écrouler.

Actif, intelligent, dévoué, l'ouvrier s'est mis à l'œuvre avec toute l'ardeur de sa nature. Il a connu peut-être de brillants succès, il en a même joui et s'y est complu. C'est son œuvre ! La sienne ! *Veni, vidi, vici*. Il s'est presque approprié cette parole célèbre. Attendons un peu. Tel événement permis par Dieu, une action directe de Satan ou du monde viennent atteindre l'œuvre ou la personne même de l'apôtre :

39. Gal, IV, 19.

ruine totale ! Mais plus lamentable encore est le ravage intérieur, résultat de la tristesse et du découragement de ce vaillant d'hier. Plus la joie avait été exubérante, plus l'abattement est profond.

Seul Notre-Seigneur pourrait relever ces débris : « Lève-toi, dit-il au découragé, au lieu d'agir seul, reprends avec moi, par moi et en moi, ton labeur ». Mais cette voix, le malheureux ne l'entend plus. Il est si extériorisé qu'il faudrait pour qu'il la perçoive, un vrai miracle de la grâce, sur lequel, à cause de ses infidélités accumulées, il n'a pas le droit de compter. Une vague conviction de la puissance de Dieu et de sa Providence plane seule sur la désolation de cet infortuné et ne peut suffire pour dissiper les flots de tristesse qui continuent de l'assaillir.

Quel spectacle différent dans le vrai prêtre dont l'idéal est de reproduire Notre-Seigneur !

Pour lui, la prière et la sainteté de vie restent les deux grands moyens d'action et sur le cœur de Dieu et sur le cœur des hommes. Il s'est dépensé et, certes, généreusement. Mais le mirage du succès lui a paru une perspective indigne d'un apôtre vrai. Arrivent les bourrasques, peu importe la cause seconde qui les a produites. Au milieu des débris amoncelés, comme il n'a travaillé qu'avec Notre-Seigneur, il entend retentir au fond de son cœur le même « N'ayez pas peur » qui, pendant la tempête, rendait aux disciples tremblants la paix et l'assurance.

Un nouvel élan vers l'Eucharistie, un renouveau de dévotion intime envers Notre-Dame des Sept Douleurs est le premier résultat de l'épreuve.

Son âme, au lieu d'être écrasée par l'insuccès, sort du pressoir rajeunie : « Ta jeunesse renouvelée a la vigueur de l'aigle »[40]. D'où lui vient cette attitude d'humble triomphateur au milieu de la défaite ? N'en cherchez pas le secret ailleurs que dans cette union avec Jésus et cette confiance inébranlable en sa toute-puissance, qui faisaient dire à saint Ignace : Si la Compagnie venait à être supprimée sans faute de ma part, un quart d'heure d'entretien avec Dieu me suffirait pour recouvrer le calme et la paix.

« Le cœur des âmes intérieures est au milieu des humiliations et des souffrances comme un rocher au milieu de la mer »[41].

---

40. Ps, CII.

41. Curé d'Ars.

La plupart des hommes d'œuvres sont-ils capables de s'approprier les sentiments que le général de Sonis exprime dans cette admirable prière quotidienne que relate l'auteur de sa *Vie* ?

« Mon Dieu ! me voici devant vous, pauvre, petit, dénué de tout.

Je suis là à vos pieds, plongé dans mon néant.

Je voudrais avoir quelque chose à vous offrir, mais je ne suis rien que misère ! Vous, vous êtes mon tout, vous êtes ma richesse.

Mon Dieu, je vous remercie d'avoir voulu que je ne fusse rien devant vous. J'aime mon humiliation, mon néant. Je vous remercie d'avoir éloigné de moi quelques satisfactions d'amour-propre, quelques consolations de cœur. Je vous remercie des déceptions, des ingratitudes, des humiliations. Je reconnais que j'en avais besoin et que ces biens auraient pu me tenir loin de vous.

Certes, l'apôtre souffre. La perte de plusieurs de ses ouailles va résulter peut-être de ce qui vient de stériliser ses efforts et de ruiner son œuvre. Pour ce vrai pasteur, tristesse amère mais incapable de ralentir l'ardeur qui va le faire recommencer encore. Il sait que toute rédemption, s'appliquât-elle à une seule âme, est une grande œuvre qui s'opère surtout par la souffrance. La certitude que les épreuves généreusement supportées augmentent ses progrès dans la vertu et procurent à Dieu une gloire plus abondante, suffit à le soutenir.

Du reste, il sait que souvent Dieu ne veut de lui que des germes de succès. D'autres viendront qui récolteront d'abondantes moissons et peut-être croiront pouvoir se les attribuer. Mais le ciel en saura discerner la cause dans le labeur ingrat et en

---

Ô mon Dieu, soyez béni quand vous m'éprouvez. J'aime à être consumé, brisé, détruit par vous. Anéantissez-moi de plus en plus. Que je sois à l'édifice, non pas comme la pierre travaillée et polie par la main de l'ouvrier, mais comme le grain de sable obscur, dérobé à la poussière du chemin.

Mon Dieu, je vous remercie de m'avoir laissé entrevoir la douceur de vos consolations, je vous remercie de m'en avoir privé ; tout ce que vous faites est juste et bon. Je vous bénis dans mon indigence, je ne regrette rien, sinon de ne vous avoir pas assez aimé. Je ne désire rien, sinon que votre volonté soit faite.

Vous êtes mon Maître, et je suis votre propriété. Tournez et retournez-moi. Détruisez et travaillez-moi. Je veux être réduit à rien pour l'amour de vous.

Ô Jésus, que votre main est bonne, même au plus fort de l'épreuve. Que je sois crucifié par vous. Ainsi soit-il. »

apparence stérile qui les a précédées. « Je vous ai envoyés moissonner ce que vous n'avez pas semé, d'autres ont travaillé et vous êtes entrés dans leur travail »[42].

Notre-Seigneur, auteur des succès de ses apôtres après la Pentecôte, ne voulut au cours de sa vie publique que poser des germes, des leçons, des exemples, et il prédisait à ses apôtres qu'il leur serait donné de faire des œuvres plus grandes que les siennes[43].

Le vrai apôtre se décourager ? Lui, se laisser influencer par les propos des pusillanimes ? Lui, se condamner au repos après l'insuccès ? Mais c'est ne pas comprendre et sa vie intime et sa foi dans le Christ. Abeille infatigable, il va gaiement reconstruire de nouveaux rayons dans la ruche dévastée.

42.Joan, IV, 38.

43. Joan, XIV, 12.

QUATRIÈME PARTIE

FÉCONDITÉ DES ŒUVRES PAR LA VIE INTÉRIEURE

1. La vie intérieure est pour les œuvres la condition de leur fécondité.

NOUS FAISONS abstraction de la raison de fécondité que les théologiens dénomment *ex opere operato,* « à partir de l'œuvre produite elle-même » (c'est le cas des sacrements). Ne regardant que celle qui résulte *ex opere operantis,* « à partir des dispositions de celui qui agit », nous rappelons que si l'apôtre réalise le : « Celui qui demeure en moi et en qui je demeure », la fécondité de son œuvre voulue par Dieu est assurée : « Celui-là porte beaucoup de fruit »[1]. C'est la logique évidente de ce texte. Il est superflu après cette autorité de prouver la thèse. Bornons-nous à la confirmer par des faits.

Nous avons pu suivre de loin pendant plus de trente ans la marche de deux orphelinats de jeunes filles tenus par des Congrégations distinctes. Chacun eut à subir une période d'affaissement manifeste. Pourquoi ne pas le dire ? Sur seize orphelines recrutées dans les mêmes conditions et ayant quitté

1. Joan, XV, 5.

ces établissements à leur majorité, trois sortant de la première maison et deux de la seconde, avaient passé en huit à quinze mois de la communion fréquente à l'état le plus dégradant de l'échelle sociale. Une seule sur les onze autres est restée foncièrement chrétienne ; et cependant toutes avaient été sérieusement placées à leur sortie.

Dans l'un de ces orphelinats, la supérieure fut seule changée il y a onze ans. Six mois après, on constatait déjà une transformation radicale dans l'esprit de la maison.

Même transformation fut observée trois ans après dans l'autre orphelinat, parce que, mêmes supérieures et mêmes religieuses restant, on avait changé l'aumônier. Or, depuis cette époque, pas une seule de ces pauvres enfants sorties à leur majorité n'a été jetée par Satan dans la boue du fossé. Toutes, toutes sans exception, sont restées bonnes chrétiennes.

La raison de ces résultats est bien simple. À la tête de la maison ou au confessionnal il n'y avait pas une direction intérieure assez fortement surnaturelle : c'était assez pour paralyser ou du moins atténuer l'action de la grâce. L'ancienne supérieure dans un cas et l'ancien aumônier dans l'autre, sincèrement pieux, mais sans vie intérieure sérieuse, n'avaient dès lors aucune action profonde et durable. Piété de sentiment, de milieu, d'entraînement, faite exclusivement de pratiques et d'habitudes, ne donnant que des croyances vagues, un amour sans chaleur et des vertus sans racines. Piété flasque, toute de devanture, de mièvrerie ou de routine. « Pieuseté » formant de bonnes enfants incapables de causer de la peine, des maniérées sachant faire la révérence, mais sans force de caractère, à la remorque de leur sensibilité et de leur imagination. Piété impuissante à donner un grand horizon de vie chrétienne et à faire des femmes fortes, préparées à la lutte, propre tout au plus à retenir de malheureuses enfants languissant dans leurs cages et aspirant au jour où elles pourront en sortir. Voilà tout ce qu'avaient pu faire germer de vie chrétienne des ouvriers évangéliques pour lesquels la vie intérieure était presque inconnue. Au sein de ces deux communautés, une supérieure, un aumônier, sont remplacés. Aussitôt tout change de face. Comme la prière est autrement comprise et les sacrements plus féconds ! Quelle attitude différente à la chapelle et même au travail et en récréation ! Changements radicaux que l'analyse démontre et que traduisent la joie sereine, l'entrain, l'acquisition des vertus et dans quelques âmes un désir intense de vocation religieuse. À quoi attribuer une pareille transformation ? La nouvelle supérieure, le nouvel aumônier, étaient des âmes intérieures. Nul doute que dans nombre de pensionnats, externats, hôpitaux, patronages, et même paroisses, communautés et séminaires, l'observateur attentif n'ait rattaché des effets identiques aux mêmes causes.

Écoutons saint Jean de la Croix : Que les hommes dévorés d'activité, dit-il, qui se figurent pouvoir remuer le monde par leurs prédications et leurs autres œuvres extérieures, réfléchissent ici un instant. Ils comprendront, sans peine, qu'ils seraient beaucoup plus utiles à l'Église et plus agréables au Seigneur, sans parler du bon exemple qu'ils donneraient autour d'eux, s'ils consacraient plus de temps à l'oraison et aux exercices de la vie intérieure.

Dans ces conditions, ils feraient, par une seule œuvre, un plus grand bien et avec beaucoup moins de peine, qu'ils n'en font par mille autres, auxquelles ils dépensent leur vie. L'oraison leur mériterait cette grâce, et leur obtiendrait les forces spirituelles dont ils ont besoin pour produire de tels fruits. Sans elle, tout se réduit à un grand fracas ; c'est le marteau qui, en tombant sur l'enclume fait résonner tous les échos d'alentour. On fait un peu plus que rien, souvent absolument rien, ou même du mal. Que Dieu nous préserve d'une âme comme celle-là, si elle vient à se gonfler d'orgueil ! Vainement les apparences seraient en sa faveur ; la vérité est qu'elle ne fera rien, car il est absolument certain qu'aucune bonne œuvre ne peut être accomplie sans la vertu de Dieu. Oh ! que de choses on pourrait écrire à ce sujet, à l'adresse de ceux qui délaissent l'exercice de la vie intérieure, et qui aspirent aux œuvres éclatantes, capables de les mettre en relief et de plaire à tous les yeux ! Ces gens-là n'ont aucune intelligence de la source d'eau vive, et de la fontaine mystérieuse qui fait tout fructifier[2].

Certaines paroles du saint sont aussi fortes que l'expression occupations maudites citée plus haut de saint Bernard. Impossible de les taxer d'exagération quand on se rappelle que les qualités admirées le plus par Bossuet dans saint Jean de la Croix sont le parfait bon sens, le zèle pour mettre en garde contre le désir des voies extraordinaires pour arriver à la sainteté, et une exacte précision pour exprimer des pensées d'une remarquable profondeur.

Essayons d'étudier quelques-unes des causes de fécondité de la vie intérieure.

◆ *La vie intérieure attire les bénédictions de Dieu.*

« J'enivrerai de graisse l'âme des prêtres et mon peuple se rassasiera de mes biens »[3]. Remarquons l'enchaînement des deux parties de ce texte : Dieu ne dit pas : Je donnerai à mes prêtres plus de zèle, plus de talent, mais : J'enivrerai leur âme. Qu'est-ce à dire ? Sinon : Je les comblerai de mon esprit, je leur communiquerai des grâces de choix, et ainsi mon peuple recevra la plénitude de mes biens.

---

2. *Cant. spirit,* str. XXIX.
3. Jér, XXXI, 14.

Dieu aurait pu distribuer sa grâce selon son bon plaisir, sans tenir compte ni de la piété du ministre ni des dispositions des fidèles. Il en agit ainsi au baptême des enfants. Mais selon la loi ordinaire de sa Providence, ces deux éléments deviennent la mesure des dons célestes.

« Sans moi, vous ne pouvez rien faire »[4]. Tel est le principe. Au Calvaire le sang rédempteur a coulé. Comment Dieu va-t-il assurer sa première fécondité ? Par un miracle de diffusion de vie intérieure. Rien de plus borné que l'idéal et le zèle des apôtres avant la Pentecôte. L'Esprit-Saint les transforme en hommes intérieurs et aussitôt leur prédication opère des merveilles. Dieu ne renouvellera plus ordinairement le prodige du Cénacle. Il laissera désormais les grâces de sanctification aux prises avec la libre et laborieuse correspondance de sa créature. Mais en faisant de la Pentecôte la date officielle de la naissance de l'Église, ne donne-t-il pas assez à entendre que ses ministres doivent préluder à leurs œuvres de corédempteur par la sanctification personnelle ?

Aussi tous les vrais ouvriers apostoliques attendent bien plus de leurs sacrifices et de leurs prières que de la mise en œuvre de leur activité. Le Père Lacordaire restait longtemps en oraison avant de gravir les degrés de la chaire, et rentré dans sa cellule, se faisait flageller.

---

4. Joan, XV, 5.

Le Père Monsabré, avant de prendre la parole à Notre-Dame, récitait son rosaire en entier à genoux. « Je prends ma dernière infusion », répondait-il plaisamment à un ami qui l'interrogeait sur cet exercice. Ces deux religieux vivaient l'un et l'autre de ce principe énoncé par saint Bonaventure : Les secrets d'un apostolat fécond se puisent bien plus au pied du crucifix que dans le déploiement de brillantes qualités. « Ces trois choses demeurent, la parole, l'exemple et la prière mais la plus grande des trois, c'est la prière », s'écrie saint Bernard. Parole très forte, qui n'est que le commentaire de la résolution prise par les apôtres de délaisser certaines œuvres, afin de pouvoir s'appliquer d'abord à la prière, et seulement ensuite au ministère de la parole[5].

Avons-nous assez remarqué, à ce sujet, l'importance primordiale que le Sauveur donne à cet esprit de prière ? Jetant un regard sur le monde et les siècles futurs et voyant la multitude des âmes appelées à bénéficier de l'Évangile, il s'écrie attristé : « La moisson est abondante, et rares les ouvriers ! »[6].

Que va-t-il proposer comme moyen le plus rapide de répandre sa doctrine ? Demandera-t-il à ses disciples de fréquenter les écoles d'Athènes ou d'aller étudier près des Césars de Rome comment se conquièrent et s'administrent les empires ?...

---

5. Act, VI, 4.
6. Matth, IX, 37.

Hommes de zèle, écoutez le Maître. C'est un programme, un principe lumineux qu'il va nous révéler : « Priez donc le maître de la moisson d'envoyer des ouvriers à sa moisson »[7]. Savantes organisations, ressources à se procurer, temples à édifier, écoles à bâtir : de tout cela nulle mention.

Priez donc. La prière, l'esprit d'oraison, le maître ne cesse de rappeler cette vérité fondamentale. Le reste, tout le reste en découle.

Priez donc ! Si le timide murmure de la supplication d'une âme sainte est plus capable de susciter des légions d'apôtres que la voix éloquente d'un recruteur de vocations moins rempli de l'esprit de Dieu, que conclure ? Sinon que l'esprit de prière, qui dans le vrai apôtre va de pair avec le zèle, sera la principale raison de la fécondité de son labeur.

Priez donc ! Priez donc d'abord ; après seulement Notre-Seigneur ajoute : « Allez donc, enseignez… prêchez »[8]. Sans doute, Dieu utilisera cet autre moyen ; mais les bénédictions qui donnent la fécondité au ministère sont réservées à la prière de l'homme d'oraison. Prière assez puissante pour faire sortir du sein de Dieu les effluves brûlants d'une action irrésistible sur les âmes.

La grande voix de Pie X met ainsi en relief la thèse de notre modeste ouvrage :

7. Matth, IX, 38.
8. Matth, X, 7.

« Pour restaurer toutes choses dans le Christ par l'apostolat des œuvres, il faut la grâce divine, et l'apôtre ne la reçoit que s'il est uni au Christ. C'est seulement lorsque nous aurons formé Jésus-Christ en nous que nous pourrons facilement le rendre aux familles et aux sociétés. Tous ceux qui participent à l'apostolat doivent donc avoir une piété véritable[9]. »

Et ce que nous disons de la prière s'applique à l'autre élément de vie intérieure, la souffrance, c'est-à-dire tout ce qui vient heurter la nature, soit au-dehors, soit au-dedans.

On souffre comme un païen, un damné, ou un saint. Pour souffrir vraiment avec le Christ, il faut tendre à souffrir en saint. La souffrance sert alors à notre profit personnel et à l'application du mystère de la Passion sur les âmes : « Ce qui manque aux souffrances du Christ, dans ma propre chair je l'achève pour son corps qui est l'Église »[10]. « Les souffrances du Christ étaient complètes, dit Saint Augustin en commentant ce texte, mais dans le chef seulement ; il manque encore les souffrances du Christ dans ses membres mystiques ». Le Christ a souffert, mais comme chef, ajoute-t-il, maintenant c'est à son corps mystique de souffrir. Chaque prêtre peut dire : ce corps, c'est moi, je suis un membre du

9. Encycl. de S. S. Pie X aux évêques d'Italie, 11 juin 1905.
10. Coloss, I, 24.

Christ, et ce qui manque aux souffrances du Christ, il me faut le compléter pour son corps qui est l'Église.

La souffrance, dit le P. Faber, est le plus grand des sacrements. Ce profond théologien en montre la nécessité et en déduit les gloires. Tous les arguments du célèbre oratorien peuvent s'appliquer à la fécondité des œuvres par l'union des sacrifices de l'ouvrier évangélique au sacrifice du Golgotha, et ainsi par leur participation à l'efficacité infinie du sang divin.

• *Elle rend l'apôtre sanctificateur par le bon exemple.*

Dans le sermon sur la montagne, le Maître appelle ses apôtres « le sel de la terre, la lumière du monde[11]. »

Sel de la terre, nous le sommes dans la mesure où nous sommes saints. Le sel affadi, à quoi peut-il servir ? « D'une source impure, que peut-il sortir de pur ? »[12]. Il n'est bon qu'à être jeté sur le chemin et foulé aux pieds.

Vrai sel de la terre, au contraire, l'apôtre pieux sera comme un véritable agent de conservation au milieu de cette mer de corruption qu'est la société humaine. Phare brillant dans la nuit, lumière du monde, l'éclat de son exemple, plus encore que de sa

---

11. Matth, V, 3.
12. Eccl, XXXIV, 4.

parole, dissipera les ténèbres accumulées par l'esprit du monde, et fera resplendir l'idéal du vrai bonheur que Jésus a tracé dans les huit béatitudes.

Ce qui est le plus capable d'amener les fidèles à une vie chrétienne, c'est précisément la vertu de celui qui a mission de l'enseigner. En revanche, ses faiblesses éloignent de Dieu d'une façon presque invincible : « Par vous, le nom de Dieu est blasphémé parmi les nations »[13]. C'est pourquoi l'apôtre doit avoir plus souvent encore le flambeau de l'exemple dans les mains que de belles paroles sur les lèvres et pratiquer excellemment lui-même le premier les vertus qu'il prêche. Celui qui a mission de dire de grandes choses est tenu par là même d'en faire de semblables, dit saint Grégoire[14].

On l'a justement remarqué, le médecin du corps peut soigner ses malades sans se bien porter. Mais pour guérir les âmes, il faut soi-même avoir l'âme saine, car dans ce cas, on donne quelque chose de soi. Les hommes ont droit d'être exigeants envers quiconque a la prétention de leur apprendre à se réformer. Et vite ils discernent s'il y a conformité entre les œuvres et la parole, ou si la morale dont on se pare n'est qu'une enveloppe mensongère. D'après

---

13. Rom, II, 24.

14. Celui qui, par la nécessité de son état, doit dire des choses élevées, doit également, et par la même nécessité, réaliser en lui-même des actions élevées (S. Grég, *Pastor*, 2 p, c. III).

le résultat de l'examen, ils accordent ou refusent leur confiance.

Quelle puissance le prêtre aura pour parler de la prière, si le peuple le voit fréquemment en tête à tête avec l'hôte trop souvent délaissé du tabernacle ! Combien sa parole sera écoutée si, prêchant le travail, la pénitence, il est lui-même laborieux et mortifié ! Apologiste de la charité fraternelle, il trouvera des cœurs attentifs si, vigilant à répandre dans le troupeau la bonne odeur de Jésus-Christ, la douceur et l'humilité de l'Exemplaire divin se reflètent dans sa propre conduite. « devenu le modèle du troupeau »[15].

Le professeur non intérieur croit avoir fait tout son devoir s'il reste exclusivement sur le terrain d'un programme d'examen.

S'il était intérieur, une phrase échappée à ses lèvres et à son cœur, une émotion manifestée sur son visage, un geste expressif, que dis-je ? Sa manière seule de faire le signe de la croix, de dire une prière avant ou après une classe, fût-ce une classe de mathématiques, pourrait avoir sur ses élèves plus d'action qu'un sermon.

La sœur d'hôpital ou d'orphelinat possède une puissance et des moyens efficaces pour faire germer dans les âmes, tout en restant prudemment sur son terrain, un amour profond de Jésus-Christ et de ses

15. I Petr, V, 3.

enseignements. Manque-t-elle de vie intérieure, elle ne soupçonnera pas même ce pouvoir, ou ne verra à promouvoir que des actes tout extérieurs de piété et rien au-delà.

C'est moins par de fréquentes et longues discussions que par le spectacle des mœurs chrétiennes si opposées à l'égoïsme, à l'injustice et à la corruption des païens, que s'est propagé le christianisme.

Dans son chef-d'œuvre *Fabiola*, le cardinal Wiseman met en relief ce que l'exemple des premiers chrétiens avait de puissant sur les âmes païennes les plus prévenues contre la nouvelle religion. Nous assistons dans ce récit à la marche progressive et presque irrésistible d'une âme vers la lumière. Les nobles sentiments, les vertus modestes ou héroïques que la fille de Fabius rencontre dans certaines personnes de toutes conditions et de toutes classes forcent son admiration. Mais quel changement s'opère en elle, quelle révélation pour son âme lorsqu'elle découvre successivement que tous ceux dont elle admire la charité, le dévouement, la modestie, la douceur, la modération, le culte de la justice et de la chasteté appartiennent à cette secte qu'on lui a toujours représentée comme exécrable. Dès ce moment elle est chrétienne.

Après avoir achevé le livre, qui pourrait s'empêcher de dire : Ah ! si les catholiques, si leurs hommes d'œuvres du moins avaient quelque chose de cette splendeur de vie chrétienne que dépeint l'illustre cardinal et qui pourtant n'est que la mise en pratique de l'Évangile ! Combien irrésistible serait alors leur apostolat sur ces païens modernes trop souvent prévenus contre le catholicisme par les calomnies des sectaires, le caractère acerbe de nos polémiques ou par une façon de revendiquer nos droits qui semble provenir d'un orgueil blessé bien plus que du désir de soutenir les intérêts de Jésus !

Ô irradiation extérieure d'une âme unie à Dieu, que tu es puissante ! C'est en voyant le Père Passerat célébrer la sainte messe que le jeune Desurmont se décide à entrer dans la congrégation du Très-Saint-Rédempteur, qu'il doit illustrer si grandement.

Le peuple a de ces intuitions que rien n'égare. Prêche un homme de Dieu, il accourt en foule.

Mais la conduite d'un homme d'œuvres cesse-t-elle de répondre à ce qu'on attend de lui, l'œuvre, pour habilement menée qu'elle soit, devient compromise et va peut-être à la ruine irrémédiable.

« Qu'ils voient vos bonnes œuvres et glorifient le Père »[16], disait Notre-Seigneur. Le bon exemple, saint Paul le recommande maintes fois à ses deux disciples Tite et Timothée : « Montre-toi à tous égards un modèle de bonnes œuvres »[17]. « Sois l'exemple des fidèles en parole, en conduite, en charité, en foi,

16. Matth, V, 16.
17. Tit, II, 7.

en chasteté »[18]. Lui-même s'écrie : « Ce que vous m'avez vu faire, pratiquez-le »[19]. « Soyez mes imitateurs, comme je le suis moi-même du Christ »[20]. Et son langage de vérité s'appuie sur cette assurance et ce zèle qui étaient loin d'exclure l'humilité et qui faisaient dire à Notre-Seigneur : « Qui de vous me convaincra de péché ? »[21]

À cette condition, en suivant les traces de celui dont il est écrit : « Jésus commença à faire et à enseigner »[22], l'apôtre deviendra « un ouvrier qui n'a point à rougir »[23].

« Par-dessus tout, nos très chers Fils, disait Léon XIII, rappelez-vous que la condition indispensable du vrai zèle et le meilleur gage de succès, c'est la pureté et la sainteté de vie »[24].

Un homme saint, parfait et vertueux, dit sainte Thérèse, fait plus de bien aux âmes qu'un grand nombre d'autres qui ne sont qu'instruits et mieux doués.

Si l'esprit n'est pas réglé d'après une conduite vraiment chrétienne et sainte, déclare Pie X, il sera difficile de promouvoir les autres au bien. Et

---

18. I Tim, IV, 12.
19 Philipp, IV, 9.
20. I Cor, XI, 1.
21. Joan, VIII, 46.
22. Act, I, 1.
23. II Tim, II, 15.
24. Encycl. de S. S. Léon XIII, 8 septembre 1899.

il ajoute : Tous ceux qui sont appelés aux œuvres catholiques, doivent être des hommes d'une vie tellement exempte de tache, qu'ils servent à tous d'exemple efficace[25].

• *Elle produit dans l'apôtre le rayonnement surnaturel. Combien ce rayonnement est efficace.*

Un des obstacles les plus sérieux à la conversion d'une âme, c'est que Dieu est un Dieu caché[26].

Mais, par un effet de sa bonté, Dieu se dévoile en quelque sorte par ses saints, et même par les âmes ferventes. Le surnaturel transpire ainsi aux yeux des fidèles qui perçoivent quelque chose du mystère de Dieu.

Qu'est-ce donc que cette diffusion du surnaturel ? Ne serait-ce pas l'éclat de la sainteté, la splendeur de l'influx divin que la théologie nomme couramment la grâce sanctifiante, mieux encore peut-être le résultat de l'ineffable présence des Personnes divines en ceux qu'elles sanctifient ?

Saint Basile ne l'expliquait pas autrement : lorsque l'Esprit-Saint s'unit aux âmes que sa grâce a purifiées, c'est, dit-il, pour les spiritualiser davantage. Pareil au soleil qui rend plus étincelant le cristal qu'il touche et pénètre de son rayon, l'Esprit sanctificateur rend plus lumineuses les âmes qu'il

---

25. Encycl. de S. S. Pie X aux évêques d'Italie, 11 juin 1905.
26. Is, XLV, 15.

habite, et, par l'effet de sa présence, elles deviennent comme autant de foyers qui répandent autour d'elles la grâce et la charité[27].

Cette manifestation du divin qui se trahissait dans tous les gestes et jusque dans le repos de l'Homme-Dieu, nous le percevons dans certaines âmes douées d'une vie intérieure plus intense. Les conversions merveilleuses qu'opéraient certains saints par la renommée de leurs vertus, les pléiades d'aspirants à la vie parfaite qui venaient demander à les suivre, disent assez haut le secret de leur silencieux apostolat. Ainsi, avec saint Antoine, les déserts de l'Orient se peuplent. Par saint Benoît surgit cette phalange innombrable de saints religieux qui civilisent l'Europe. Une influence sans pareille est exercée par saint Bernard dans l'Église et sur les rois et sur les peuples. Saint Vincent Ferrier excite sur son passage l'enthousiasme indescriptible de foules innombrables et plus encore détermine leur conversion. À la suite de saint Ignace se lève cette armée de vaillants dont un seul, Xavier, suffit à régénérer une quantité incroyable de païens. Le rayonnement de la puissance de Dieu lui-même à travers des instruments humains peut seul rendre raison de ces prodiges.

Quel malheur, quand parmi les personnes placées à la tête d'œuvres importantes il n'y en a point de

27. *De Sp. Sancto*, c. IX, n° 23.

vraiment intérieures ! Le surnaturel paraît éclipsé et la puissance de Dieu est comme enchaînée. C'est alors, les saints nous l'enseignent, qu'un pays décline et que la Providence semble laisser aux méchants tout pouvoir de nuire.

Les âmes, sachons-le bien, perçoivent comme d'instinct, et sans même définir clairement ce qu'elles éprouvent, cette irradiation du surnaturel. Aussi voyez comme il vient se prosterner volontiers aux pieds du prêtre et implorer son pardon, le pécheur qui reconnaît Dieu lui-même dans son représentant ! En revanche, n'est-ce pas du jour où le concept intégral de la sainteté cessa d'être l'idéal nécessaire du ministre de telle secte chrétienne, que celle-ci se vit amenée infailliblement à supprimer la confession ?

« Jean ne fit aucun miracle »[28]. Sans faire de miracle, Jean-Baptiste attire les foules. La voix de saint Jean-Marie Vianney était trop faible pour arriver à la foule qui se pressait autour de lui. Si on ne l'entendait guère, on le voyait, on voyait un porte-Dieu, et cette vue seule subjuguait les assistants et les convertissait. Un avocat revenait d'Ars. On lui demanda ce qui l'avait frappé : « J'ai vu Dieu dans un homme », répondit-il.

Qu'on nous permette de tout résumer par une comparaison un peu vulgaire. On connaît cette

28. Joan, X, 41.

expérience d'électricité : placée sur un isolant, une personne est mise en communication avec une machine électrique. Son corps se charge de fluide, et dès qu'on l'approche, une étincelle jaillit donnant une commotion à celui qui prend contact avec elle. Ainsi en est-il de l'homme intérieur. Une fois détaché des créatures, il s'établit entre Jésus et lui une commotion incessante, comme un courant continu. L'apôtre devenu un accumulateur de vie surnaturelle condense en lui un fluide divin qui se diversifie et s'adapte aux circonstances et à tous les besoins du milieu où il agit. « Il sortait de lui une vertu qui les guérissait tous »[29]. Paroles et actes ne sont plus chez lui que les effluves de cette force latente, mais souveraine pour renverser les obstacles, obtenir des conversions ou accroître la ferveur.

Plus les vertus théologales existent dans un cœur, plus ces effluves aident à faire naître ces mêmes vertus dans les âmes.

Par la vie intérieure l'apôtre rayonne de foi. La présence de Dieu en lui est manifeste aux personnes qui l'entendent.

À l'exemple de saint Bernard dont il est dit : « Portant en lui la solitude du cœur, il était seul en tous les lieux », il s'isole des autres et pour cela il se fait une solitude intérieure, mais on devine qu'il n'y est point seul, qu'il a dans son cœur un hôte

29. Luc, VI, 19.

mystérieux et intime avec lequel à tous instants il revient s'entretenir, et qu'il ne parle que d'après sa direction, ses conseils, ses ordres. On sent qu'il est soutenu et guidé par lui et que les paroles qui sortent de sa bouche ne sont que l'écho fidèle de celles de ce Verbe intérieur[30]. C'est moins alors la logique et la force des arguments qui apparaissent que le Verbe intérieur parlant par sa créature : « Les paroles que je vous dis, je ne les dis pas de moi-même, le Père qui demeure en moi fait lui-même ces œuvres »[31]. Influence profonde et durable, bien autrement profonde que l'admiration superficielle ou la dévotion passagère que peut faire naître l'homme sans esprit intérieur. Celui-ci peut déterminer l'auditeur à dire : cela semble vrai et intéressant. Ce n'est là qu'un sentiment tout à fait impuissant par lui-même à conduire à la foi surnaturelle et à faire vivre de cette foi.

Frère Gabriel, convers trappiste[32], exerçant ses fonctions de sous-hôtelier, ravivait la foi de nombreux visiteurs bien mieux que n'aurait su le faire un prêtre docte, mais dont le langage parle moins au cœur qu'à l'esprit. Le général de Miribel

30. I Petr, IV, 11.

31. Joan, XIV, 10.

32. La vie de ce capitaine de dragons qui, en 1870, à la bataille de Gravelotte, fit vœu de venir à la Trappe et n'y voulut être que frère convers, est racontée dans le beau livre : *Du champ de bataille à la Trappe*.

venait parfois s'entretenir avec l'humble frère et aimait à dire : Je viens me retremper dans la foi.

Jamais on n'a autant prêché, discuté, composé de savants traités d'apologétique que de nos jours et jamais peut-être, au moins à ne considérer que la masse des fidèles, la foi n'a été moins vivace. Trop souvent, ceux qui ont mission d'enseigner ne semblent voir dans l'acte de foi qu'un acte de l'intelligence, alors qu'il relève aussi de la volonté. Ils oublient que croire est un don surnaturel, et qu'entre la perception des motifs de crédibilité et l'acte de foi définitif, il y a un abîme. Dieu seul et la bonne volonté de celui qui est enseigné comblent cet abîme, mais combien aide à le combler la réflexion de la lumière divine produite par la sainteté de celui qui enseigne.

Il rayonne d'espérance. Comment l'homme d'oraison ne rayonnerait-il pas d'espérance ? Sa foi l'a pour jamais établi dans cette conviction que le bonheur ne se trouve qu'en Dieu et en Dieu seul. Avec quel accent convaincant, dès lors, il parle du ciel, et de quelles ressources il dispose pour consoler ! Le moyen par excellence de se faire écouter des hommes, c'est de leur offrir le secret de porter allègrement les croix, lot de tout mortel. Avec l'Eucharistie, l'espérance du ciel renferme ce secret.

Combien vivante est la parole de consolation de l'homme qui peut, sans mentir, s'appliquer le mot de saint Paul, « Notre conversation est dans les cieux »[33]. Un autre pourra, avec plus de phrases et de rhétorique, parler des joies de la patrie céleste ; ses discours seront sans fruit. Une parole du premier, parole convaincante et révélatrice de l'état d'âme de celui qui la prononce, viendra calmer ce trouble, bercer ce chagrin, faire accepter avec résignation une douleur poignante. De l'homme intérieur, la vertu d'espérance s'est communiquée irrésistiblement à une âme que jamais peut-être elle n'avait réchauffée et qui allait s'abîmer dans le désespoir.

Il rayonne de charité. Posséder la charité est ce qu'ambitionne par-dessus tout l'âme soucieuse de se sanctifier. La compénétration de Jésus et de l'âme, le mot « Il demeure en moi et moi en lui » est le but de tout homme intérieur.

Les prédicateurs expérimentés sont unanimes à le reconnaître : si les entretiens de début sur la mort, le jugement, l'enfer, sont indispensables et toujours salutaires dans une retraite ou dans une mission, l'instruction sur l'amour de Notre-Seigneur produit d'ordinaire une impression plus salutaire. Donnée par un vrai convertisseur, capable de faire partager à l'auditoire les sentiments qui l'animent, elle assure le succès et détermine les conversions.

S'agit-il de retirer une âme du péché ou de la mener de la ferveur à la perfection, l'amour de Jésus

33. Phil, III, 20.

reste le levier incomparable. Le chrétien plongé dans la fange, mais capable de deviner dans son semblable un amour brûlant, allumé aux réalités invisibles, et d'autre part, considérant les déceptions et le vide des amours terrestres, commence à éprouver le dégoût du péché. Il a compris quelque chose de Dieu, quelque chose de l'immense amour de Jésus pour sa créature. Il a senti en lui comme un tressaillement de la grâce latente de son baptême et de sa première communion. Jésus s'est présenté à lui, vivant, puisque les tendresses de son cœur ont transpiré à travers la physionomie et la voix de son ministre. Il a entrevu un autre amour, un amour noble, pur, ardent, et il s'est dit : Il est donc possible dès ici-bas d'aimer d'un amour qui domine celui des créatures.

Encore quelques manifestations plus intimes du Dieu-Amour par son héraut, et l'âme sortira de la boue où elle s'enlisait et ne s'effrayera plus des sacrifices nécessaires pour acquérir le trésor de l'amour divin, jusqu'alors presque inconnu d'elle.

Sans qu'il soit utile de développer ce point de vue, on devine quels accroissements d'amour et par-là quels progrès le vrai pasteur peut assurer dans les âmes déjà sorties du péché ou déjà ferventes. Même non revêtus du sacerdoce, les hommes d'œuvres eux aussi feront naître autour d'eux, par leur ardente charité, la plus excellente des vertus théologales.

Il rayonne de bonté. Un zèle qui n'est pas charitable, dirait saint François de Sales, vient d'une charité qui n'est pas véritable. En savourant, par l'oraison, la suavité de celui que l'Église appelle « Océan de bonté », une âme arrive à se transformer. Fût-elle naturellement portée à l'égoïsme et à la dureté, tous ces défauts disparaîtront peu à peu. En se nourrissant de celui en qui apparut la bénignité de Dieu sur le monde : « Dieu notre Sauveur a fait paraître sa bénignité et son amour »[34], de celui qui est l'image, l'expression adéquate de la bonté divine[35], l'apôtre participe à la bienfaisance de Dieu et éprouve le besoin d'être comme lui, répandant le bien.

Plus un cœur est uni à Jésus-Christ, plus il participe à la qualité maîtresse du cœur divin et humain du Rédempteur, à sa bonté. Indulgence, bienveillance, compassion, tout est décuplé en lui, sa générosité et son dévouement iront jusqu'à l'immolation joyeuse et magnanime.

Transfiguré par l'amour divin, l'apôtre s'attirera sans efforts la sympathie des âmes : « Il a plu à cause de sa foi et de sa mansuétude »[36]. Ses paroles et ses actes seront empreints de bonté, d'une bonté désin-

34. Tit, III, 4.
35. Sag, VII, 26.
36. Eccl, XLV, 29.

téressée, sans ressemblance avec celle qu'inspirent le désir de la popularité ou l'égoïsme subtil.

« Dieu a voulu, écrivait Lacordaire, qu'aucun bien ne se fît à l'homme qu'en l'aimant, et que l'insensibilité fût à jamais incapable, soit de lui donner de la lumière, soit de lui inspirer la vertu ». Et de fait, à la force qui veut s'imposer, on met sa gloire à résister, à la science qui prétend toujours convaincre, on se fait un point d'honneur d'opposer des objections ; mais parce qu'on n'éprouve aucune humiliation à être désarmé par la bonté, facilement on cède au charme de ses procédés.

La petite sœur des Pauvres, la petite sœur de l'Assomption, la fille de la Charité, pourraient citer une foule de conversions opérées sans discussion, par la seule vertu d'une bonté infatigable et souvent héroïque.

Dieu est là, s'écrie l'impie ou le pécheur devant ces dévouements. Je le vois, tel qu'il se définit : le « bon Dieu ». Et faut-il qu'il soit bon, pour que le commerce avec lui rende un être si délicat capable d'anéantir son amour-propre et de faire taire ses plus légitimes répugnances !

Ces anges terrestres réalisent cette définition du P. Faber : « La bonté, c'est le débordement de soi-même dans les autres. Etre bon, c'est mettre les autres à la place de soi. La bonté a converti plus de pécheurs que le zèle, l'éloquence ou l'instruction, et ces trois choses n'ont jamais converti personne sans que la bonté y ait été pour quelque chose. En un mot, la bonté nous rend comme des dieux les uns pour les autres. C'est la manifestation de ce sentiment dans les hommes apostoliques qui attire les pécheurs vers eux et qui les conduit ainsi à leur conversion. »

Et il ajoute : « Partout la bonté se montre le meilleur pionnier du Précieux Sang... Sans doute les terreurs du Seigneur sont fréquemment le principe de cette sagesse que l'on nomme conversion ; mais il faut effrayer les hommes avec bonté ; car autrement la crainte ne fera que des infidèles...[37] »

Ayez le cœur d'une mère, dit saint Vincent Ferrier. Que vous deviez encourager ou épouvanter, montrez à tous les entrailles d'une tendre charité, et que le pécheur sente qu'elle inspire votre langage. Si vous voulez être utile aux âmes, commencez par recourir à Dieu de tout votre cœur pour qu'il répande en vous cette charité en laquelle est l'abrégé de toutes les vertus, afin que, par elle, vous atteigniez efficacement le but que vous vous proposez[38].

Il y a toute la distance de l'humain au divin entre la bonté naturelle, simple fruit du tempérament, et la bonté surnaturelle d'une âme d'apôtre. La première pourra faire naître le respect, même la sympathie pour l'ouvrier évangélique et parfois faire dévier

37. *Conf. spirit*.

38. *Traité de la vie spirituelle*, IIe p, c. X.

vers la créature une affection qui ne devait aller qu'à Dieu. Jamais elle n'arrivera à déterminer les âmes à faire, et vraiment en vue de Dieu, le sacrifice nécessaire pour revenir à leur Créateur. Seule la bonté qui découle de l'intimité avec Jésus peut réaliser cet effet.

L'ardent amour pour Jésus et la vraie dilection pour les âmes donne à l'apôtre toutes les audaces compatibles avec le tact et la prudence. D'un laïc éminent nous tenons directement ce récit. S'entretenant avec Pie X, il avait, au cours de la conversation décoché quelques paroles mordantes à l'adresse d'un ennemi de l'Église.

« Mon fils, lui dit le pape, je n'approuve pas votre langage. En punition, écoutez cette histoire. Un prêtre que j'ai beaucoup connu arrivait dans sa première paroisse. Il crut de son devoir de visiter chaque famille. Juifs, protestants, francs-maçons même ne furent pas exclus, et il annonça en chaire que chaque année il renouvellerait sa visite. Grand émoi chez ses confrères qui se plaignent à l'évêque. Celui-ci mande aussitôt l'accusé et lui adresse une verte semonce. "Monseigneur, lui répond modestement le curé, Jésus, dans l'Évangile, ordonne au pasteur d'amener au bercail toutes ses brebis. Comment y réussir sans aller à leur recherche ? D'ailleurs je ne transige jamais sur les principes et me borne à témoigner mon intérêt et ma charité à toutes les âmes, même égarées, que Dieu m'a confiées. J'ai annoncé ces visites en chaire, si votre désir formel est que je m'en abstienne, daignez me donner cette défense par écrit, afin que l'on sache que je ne fais qu'obéir à vos ordres". Ébranlé par la justesse de ce langage, l'évêque n'insista pas. L'avenir, du reste, donna raison à ce prêtre qui eut la joie de convertir quelques-uns de ces égarés et força tous les autres à un grand respect pour notre sainte religion. L'humble curé est devenu par la volonté de Dieu, le pape qui vous donne, mon fils, cette leçon de charité. Soyez donc inébranlable sur les principes, mais que votre charité s'étende à tous les hommes, fussent-ils les pires ennemis de l'Église ».

Il rayonne d'humilité. On comprend aisément que la bonté et la douceur de Jésus aient attiré les foules. Peut-on assigner la même puissance à son humilité ? N'en doutons pas.

« Sans moi, vous ne pouvez rien faire »[39]. Élevé par le Créateur à la dignité de coopérateur, l'apôtre va devenir un agent d'opérations surnaturelles, mais à condition que Jésus seul paraisse. Plus il saura s'effacer et devenir impersonnel, plus Jésus aura soin de se manifester.

Sans cette impersonnalité, fruit de la vie intérieure, l'apôtre plantera et arrosera en vain, rien ne germera.

---

39. Joan, XV, 5.

L'humilité vraie a des charmes spéciaux dont Jésus même est la source. Elle respire le divin. Au zèle que met l'homme d'œuvres à s'effacer pour que Jésus seul semble agir : « Il faut qu'il croisse et que je diminue »[40], correspond de la part de Notre-Seigneur le don qu'il accorde à son ministre de gagner les cœurs de plus en plus.

Ainsi l'humilité devient un des plus grands moyens d'action sur les âmes. « Croyez-moi, disait saint Vincent de Paul à ses prêtres, nous ne serons jamais aptes à faire l'œuvre de Dieu, si nous n'avons pas la persuasion que de nous-mêmes nous sommes plus propres à tout gâter qu'à réussir. »

On s'étonnera peut-être que nous revenions souvent sur certaines pensées. C'est que, nous semble-t-il, leur répétition seule peut les graver dans l'esprit de nos bien-aimés lecteurs et leur en montrer l'importance. Procédés arrogants, airs de suffisance, n'entrent-ils pas souvent pour une part dans l'infécondité des œuvres ?

Le chrétien « moderne » entend garder son indépendance. Il acceptera d'obéir à Dieu, mais à Dieu seul. Du ministre de Dieu il n'acceptera ordres, directions, conseils même, que si vraiment il y voit la signature de Dieu. Pour cela il faut que l'apôtre sache tellement s'effacer et disparaître par le culte de l'humilité, fruit de la vie intérieure, qu'il arrive

---

40. Joan, III, 30.

à n'être plus aux yeux de ceux qui le considèrent que comme le Transparent de Dieu, et à réaliser la parole du Maître. « Pour vous, ne vous faites pas appeler Rabbi... qu'on ne vous appelle pas non plus Maître... Le plus grand parmi vous sera votre serviteur »[41].

L'aspect seul de l'homme intérieur devient un enseignement de la science de la vie, c'est-à-dire de la science de la prière[42]. Pourquoi ? Parce qu'avec l'humilité il respire la dépendance de Dieu. Et cette dépendance dans laquelle cette âme se tient sans cesse se manifeste par l'habitude du recours à Dieu en toute occasion, soit pour prendre une décision, soit pour se consoler dans chaque difficulté, soit surtout pour obtenir l'énergie suffisante pour en triompher.

Au Commun des confesseurs pontifes, le prêtre lit ces paroles par lesquelles saint Bède commente si remarquablement les mots « Petit troupeau ». « Le Sauveur, dit-il, appelle petit le troupeau des élus soit parce qu'il le compare à la multitude des réprouvés, soit plutôt à cause de son zèle passionné pour l'humilité, car quelque nombreuse et étendue que soit déjà son Église, il veut cependant qu'elle croisse

---

41. Matth, XXIII, 8 et 11.

42. S. Aug.

toujours jusqu'à la fin du monde en humilité et parvienne ainsi au royaume promis a l'humilité[43] ».

Ce texte s'inspire des fortes leçons que Notre-Seigneur donne à ses apôtres quand, par exemple, ils veulent faire tourner à des avantages personnels leur vocation à l'apostolat, et se montrent à cette occasion si pleins d'ambitions et de jalousie. « Vous le savez, leur dit-il, ceux qui paraissent régner sur les nations dominent sur elles et les grands commandent impérieusement au peuple. Il n'en sera pas ainsi parmi vous. Mais que celui d'entre vous qui est le plus grand soit comme le moindre, et que celui qui voudra être le premier devienne l'esclave de tous[44]. »

Mais, dit Bourdaloue, l'autorité par là n'est-elle point affaiblie? Il y aura toujours assez d'autorité parmi vous, s'il y a assez d'humilité, et si l'humilité s'en va, l'autorité devient onéreuse et insupportable.

Débonnaireté outrée, mais le plus souvent tendance au despotisme ; sans vraie humilité, l'apôtre versera dans l'un ou l'autre excès.

Mettons ici de côté la question de doctrine. Nous supposons l'apôtre suffisamment éclairé pour préserver son intelligence et d'une tolérance sans bornes et d'une âpreté de zèle dont les écarts seraient

---

43. Hom. du V. Bède, liv. IV, chap. LIV sur S. Luc XII.
44.Matth, XX. – Luc, XXII.

réprouvés par Dieu. Ses principes sont parfaitement sains et sa science exacte. Ceci posé, nous affirmons que sans l'humilité l'apôtre ne pourra tenir le juste milieu entre deux extrêmes et que la lâcheté ou le plus souvent l'orgueil se manifesteront dans sa conduite.

Ou bien, cédant à une fausse humilité, il sera pusillanime, laissera l'esprit de charité dégénérer en faiblesse, sera l'homme des concessions exagérées, des conciliations à tout prix, et son zèle pour le maintien des principes disparaîtra sous mille prétextes, raisons de prudence, calculs à courte vue.

Ou bien le naturalisme et la mauvaise direction de la volonté mettront en jeu l'orgueil, la susceptibilité, le *Moi*. De là, haines personnelles, « autoritarisme », rancunes, dépit, rivalités, antipathies, partialités, cupidité, représailles, ambition, jalousie, désir tout humain de préséance, calomnies, médisances, paroles acerbes, esprit de corps tout mondain, âpreté pour défendre les principes, etc.

Au lieu de rester la fin véritable à la poursuite de laquelle nos passions s'ennoblissent, la gloire de Dieu sera réduite par cet apôtre au rôle de moyen et de prétexte pour étayer, développer et faire excuser ces mêmes passions dans ce qu'elles ont de trop humain. Les moindres atteintes à la gloire de Dieu, à l'Église, détermineront des colères dans lesquelles le psychologue distinguera la mise en défense de la personnalité de l'ouvrier apostolique ou des privilèges de sa caste en tant que société purement humaine, bien plus que le dévouement à la cause de Dieu, seule raison d'être de l'Église en tant que société parfaite établie par Notre-Seigneur.

Sûreté de doctrine et jugement sain ne suffisent pas pour préserver de ces écarts, parce que l'apôtre sans vie intérieure, et par conséquent sans vraie humilité, sera influencé par ses passions. Seule l'humilité, en le maintenant dans la rectitude de jugement et en le détournant d'agir par impression, mettrait dans sa vie plus d'équilibre et de stabilité. En l'unissant à Dieu, elle le ferait participer, pour ainsi dire, à l'immutabilité divine. Tel le lierre fragile devient fort et stable de la force inébranlable du chêne quand par toutes ses fibres il s'attache au tronc robuste de ce roi des forêts.

N'hésitons donc pas à le reconnaître : sans humilité, si nous ne tombons pas dans le premier excès, notre nature nous emportera vers le second, ou bien encore nous irons flottant, suivant les circonstances ou les passions, tantôt vers l'un, tantôt vers l'autre. Et ainsi se réalisera ce que dit saint Thomas : L'homme est un être changeant ; il n'est constant que dans son inconstance.

Résultat logique d'un apostolat aussi défectueux : ou le mépris d'une autorité pusillanime, ou la défiance et souvent la haine contre une autorité qui ne reflète pas Dieu.

Il rayonne de fermeté et de douceur. Les saints ont été souvent très véhéments contre l'erreur, la contagion et l'hypocrisie. Saint Bernard, l'oracle de son siècle, peut être cité, semble-t-il, comme l'un des saints dont le zèle a rayonné le plus de fermeté. Mais en lisant attentivement sa vie, le lecteur saura distinguer à quel point la vie intérieure avait rendu impersonnel cet homme de Dieu. Il ne recourt à la fermeté qu'après avoir constaté avec évidence l'inefficacité des autres moyens. Souvent aussi il alterne et, dans son grand amour pour les âmes, après avoir, pour venger les principes, manifesté une sainte indignation et demandé des remèdes, des réparations, des gages, des promesses, on le voit se livrer aussitôt avec une douceur maternelle à la conversion de ceux que sa conscience l'avait forcé à combattre. Sans pitié pour les erreurs d'Abélard, il sait se faire un ami de celui qu'il a victorieusement réduit au silence.

S'agit-il de l'emploi des moyens, s'il voit que la cause des principes n'est pas en jeu, il s'érige en champion pour empêcher que des hommes d'Église ne recourent à des procédés violents. Il apprend qu'on veut ruiner et massacrer les juifs d'Allemagne. Sans hésiter il quitte son cloître pour courir à leur défense et prêcher une croisade de paix. Aussi, dans un document mémorable que le P. Ratisbonne rappelle dans sa *Vie de saint Bernard*, le grand rabbin du pays manifeste son admiration pour le moine de Clairvaux « sans lequel, dit-il, aucun de nous ne serait resté vivant en Allemagne ». Et il conjure les générations futures des Israélites de ne jamais oublier la dette de gratitude qu'ils doivent au saint abbé. « Nous sommes, disait saint Bernard à cette occasion, les soldats de la paix, nous sommes l'armée des pacifiques. La persuasion, l'exemple, le dévouement sont les seules armes dignes des fils de l'Évangile ».

Rien ne remplacera la vie intérieure pour obtenir cet esprit impersonnel qui caractérise le zèle de tous les saints.

Au Chablais tous les efforts échouent avant l'arrivée de saint François de Sales. Les chefs du protestantisme se préparent à une lutte acharnée. La secte ne veut rien moins que tuer le futur évêque de Genève. Celui-ci se présente rayonnant de douceur et d'humilité. On voit en lui un homme dans lequel l'effacement du *Moi* fait resplendir l'amour de Dieu et du prochain. L'histoire nous apprend les résultats rapides à peine vraisemblables produits par cet apostolat.

Mais lui aussi, le doux saint François de Sales, sut quand il le fallait montrer une fermeté inexorable. Il n'hésite pas à invoquer la force des lois humaines pour confirmer les résultats obtenus par la suavité de sa parole et l'exemple de ses vertus. C'est ainsi que le saint évêque conseille au duc de Savoie de sévères mesures contre la perfidie des hérétiques.

Les saints ne faisaient que copier le Maître. Dans l'Évangile, le Sauveur nous apparaît accueillant les pécheurs avec miséricorde, ami de Zachée et des publicains, plein de bonté pour les malades, les affligés et les petits. Et cependant, lui, la douceur et la mansuétude incarnée, n'hésite pas à prendre le fouet pour chasser les vendeurs du temple. Et quelle sévérité, quelle force dans ses expressions quand il parle d'Hérode ou stigmatise les vices des scribes et des pharisiens hypocrites.

Ce n'est que dans certains cas très rares, après avoir employé en vain tous autres moyens ou lorsqu'il est de toute évidence qu'ils seraient inutiles, qu'à contre-cœur, pour empêcher la contagion, donc par charité, on peut recourir à des procédés qui paraissent violents.

À part ces exceptions et quand les principes ne sont pas en cause, c'est la mansuétude qui doit dominer dans la conduite de l'ouvrier évangélique. On prend plus de mouches, dit saint François de Sales, avec un peu de miel qu'avec un tonneau de vinaigre.

Nous nous rappelons le blâme infligé par le Seigneur à ses apôtres lorsque, froissés et humiliés dans leur dignité humaine et non point conduits par un zèle pur et désintéressé, ils veulent recourir à la violence et demandent que le feu du ciel descende sur la bourgade de Samarie qui a refusé de les recevoir. « *Vous ne savez pas,* leur dit-il, *de quel esprit vous êtes*[45]. »

Un de nos évêques, dont la fermeté sur les principes est citée comme exemple, visitait récemment dans sa ville épiscopale les familles en deuil où la guerre avait fait quelques victimes. Se faisant tout à tous, il alla porter ses consolations à un calviniste qui pleurait son fils tombé au champ d'honneur et lui adressa quelques paroles cordiales et émues. Touché de cet acte d'humble charité, ce protestant s'écriait ensuite : « Est-il possible qu'un évêque si noble par sa naissance et si distingué par son instruction, ait daigné, malgré notre différence de religion, franchir le seuil de ma modeste demeure ? Sa démarche et ses paroles me sont allées au cœur ». L'industriel qui occupe cet employé ajoutait en nous racontant le fait : « Pour moi, ce protestant est à moitié converti, et en tous cas, l'évêque, par sa douceur, a bien plus avancé sa conversion que par d'interminables et vives discussions ». Ce pasteur d'âmes a manifesté la mansuétude de Notre-Seigneur. Le protestant a pour ainsi dire vu devant lui le Sauveur et forcément il s'est dit : Une Église qui a des pontifes qui reflètent

45. Luc, IX, 55.

si exceptionnellement celui que j'admire dans l'Évangile doit être la véritable Église.

La vie intérieure maintient à la fois l'esprit et la volonté au service de l'Évangile. Ni l'indolence, ni la violence injustifiée ne font dévier la direction de l'âme qui voit et agit selon le cœur de Jésus. Elle n'a de prudence et d'ardeur que poussée par ce cœur adorable. Là est le secret de ses succès. Par contre, défaut de vie intérieure et, par suite, manifestation des passions humaines donnent la raison de tant de défaites.

Il rayonne de mortification. L'esprit de mortification est un autre principe fécondant des œuvres. Tout se résume dans la croix. Et tant qu'on n'a pas fait pénétrer dans les âmes le mystère de la croix, on ne les a encore qu'effleurées. Mais qui donc pourra leur faire accepter un mystère qui répugne à cette horreur de la souffrance si naturelle à l'être humain ? Celui-là seul qui pourra dire avec le grand apôtre : « J'ai été crucifié avec le Christ »[46]. Ceux-là en seront capables qui portent en eux Jésus mortifié : « Portant toujours avec nous dans notre corps la mort de Jésus afin que la vie de Jésus soit aussi manifestée dans notre chair mortelle »[47]. Se mortifier, c'est reproduire ce programme : « Le Christ n'a pas eu de complai-

46. Gal, II, 19.

47. II Cor, IV, 10.

sance pour lui-même »[48], c'est se renoncer en toutes circonstances, c'est arriver à aimer ce qui ne plaît pas, c'est tendre enfin à cet idéal d'être une victime sans cesse immolée.

Or, il est impossible sans la vie intérieure d'arriver à ce renversement radical de nos instincts les plus tenaces.

Et tandis que le pauvre d'Assise, traversant en silence les rues de la cité, prêche par son seul aspect le mystère de la croix, en vain l'apôtre immortifié emprunterait-il à Bossuet ses grands accents sur le Calvaire.

Le monde est tellement retranché dans l'esprit de jouissance que, pour démolir sa citadelle, c'est trop peu des arguments communs, voire des aperçus grandioses. Il faut la Passion rendue comme sensible par la mortification et le détachement du ministre de Dieu.

Ennemis de la croix du Christ, redirait saint Paul, ces nombreux chrétiens qui ne voient dans la religion qu'une forme de « snobisme », qu'une habitude de pratiques extérieures léguées par la tradition et accomplies périodiquement avec respect, il est vrai, mais sans relation avec l'amendement de la vie, la lutte contre les passions et l'introduction dans les mœurs de l'esprit de l'Évangile. Ce peuple paraît

48. Rom, XV, 3.

m'honorer, pourrait dire le Seigneur, « il ne m'honore que des lèvres, son cœur est loin de moi[49]. »

Ennemis de la croix du Christ, ces chrétiens efféminés qui regardent comme indispensable de s'entourer de toutes les commodités, de se plier à toutes les exigences du monde, de se livrer à ses plaisirs désordonnés, de suivre passionnément toutes ses modes, et sont choqués de cette parole qu'ils ne comprennent plus et que pourtant Jésus-Christ a dite pour tous : « Si vous ne faites pénitence, vous périrez tous de même[50]. » La croix, suivant l'expression de saint Paul, leur est devenue un « scandale »[51].

Et cependant, sans vie intérieure, l'apôtre peut-il produire d'autres chrétiens ?

Une nombreuse assistance à certains offices satisfera sans doute le cœur du vrai prêtre, mais le laissera sans aucun enthousiasme s'il ne peut attribuer cette affluence qu'à la routine, qu'à une fidélité respectable à certains usages de famille, à certaines habitudes qui ne gênent en rien le cours de la vie, ou s'il en découvre la cause dans la joie de trouver de la bonne musique, une magnifique décoration ou d'assister à un exercice d'éloquence dont on ne vient admirer que la forme.

---

49. Matth, XV, 8.
50. Luc, XIII, 3, 5.
51. I Cor, I, 23.

Du moins, semble-t-il, on ne pourra retenir cet enthousiasme devant la communion fréquente. Un souvenir de mon voyage aux États-Unis me revient à la mémoire. Traversant certaines paroisses, j'étais ravi d'apprendre que bon nombre d'hommes y étaient fidèles à la communion du premier vendredi du mois. « L'homme voit le visage, mais Dieu voit le cœur[52], me dit un saint prêtre de New-York. N'oubliez pas que vous êtes dans le pays où le respect humain est inconnu et où le *bluff* se loge partout. Réservez votre admiration pour les paroisses où l'observateur judicieux peut constater que les communions fréquentes manifestent vraiment sinon l'amendement total de la vie, du moins des efforts sincères de vie chrétienne et un désir loyal de ne pas pactiser avec l'intempérance, la recherche effrénée de l'argent, etc. »

Loin de nous la pensée de mésestimer les moindres vestiges de vie chrétienne quels qu'ils soient. Bien plutôt le but de ces lignes est de déplorer la regrettable incapacité où nous pourrions être par manque de vie intérieure de produire autre chose que des résultats assez chétifs quoique non à dédaigner.

Notre-Seigneur ne veut que notre cœur. C'est pour le conquérir, pour posséder notre volonté et nous animer à marcher à sa suite dans la voie du

52. *Bréviaire.*

renoncement qu'il est venu révéler à l'homme les sublimes vérités de la foi.

Sera puissant pour faire naître ce renoncement, base de toute perfection morale, l'apôtre habitué à la vie intérieure toute fondée sur le mot : « Qu'il renonce à lui-même »[53]. Mais en sera incapable celui qui ne suit que de très loin le Sauveur portant sa croix. Personne ne donne ce qu'il n'a pas. Lâche lui-même à imiter Jésus crucifié, comment pourrait-il prêcher à son peuple cette guerre sainte contre les passions à laquelle Notre-Seigneur nous convie ?

L'apôtre désintéressé, humble, chaste, peut seul entraîner les âmes à lutter contre le flot toujours grossissant de la cupidité, de l'ambition et de l'impudicité. Celui-là seul qui connaît la science du crucifix sera assez puissant pour opposer une digue à cette recherche continuelle des aises, à ce culte de la jouissance qui menace de tout submerger et d'ébranler les familles et les nations.

Enseigner Jésus crucifié, saint Paul résume ainsi son apostolat. Et parce qu'il vit de Jésus et de Jésus crucifié, il est capable de faire goûter aux âmes le mystère de la croix et de leur apprendre à le vivre. Trop d'apôtres aujourd'hui n'ont plus assez de vie intérieure pour approfondir ce mystère vivifiant, s'en pénétrer et en rayonner. Ils considèrent trop exclusivement dans la religion les côtés philo-

---

53. Matth, XVI, 24.

sophiques, sociaux, voire esthétiques propres à intéresser l'intelligence et à exciter la sensibilité et l'imagination. Ils développent leur tendance à voir surtout en elle une école de poésie sublime, d'art incomparable. La religion a ces qualités sans doute, mais ne la voir que sous ces aspects secondaires serait absolument déformer l'économie de l'Évangile en mettant comme fin ce qui n'est que moyen. Du Christ de Gethsémani, du Prétoire, du Calvaire ne faire qu'un Christ « au muguet » est un sacrilège. Depuis le péché, pénitence, réparation, combat spirituel sont devenus conditions indispensables de la vie. La croix de Jésus-Christ le rappelle à tout propos. Obtenir des admirateurs ne suffit pas au zèle du Verbe incarné pour la gloire de son Père, il lui faut des imitateurs.

Dans son encyclique du 1er novembre 1914, Benoît XV ne convie-t-il pas les vrais apôtres à creuser un plus profond sillon pour arracher les âmes à l'amour du bien-être, à l'égoïsme, à la légèreté des goûts, à l'oubli des biens éternels ? C'est faire appel à la vie intérieure des ministres du divin Crucifié.

Dieu qui nous a tant donné exige que dès l'âge de raison le chrétien unisse à la Passion sanglante de Jésus quelque chose de lui-même, ce que nous pourrions appeler le sang de son âme, c'est-à-dire les sacrifices nécessaires pour observer les lois divines. Comment le fidèle sera-t-il entraîné à faire généreusement ces sacrifices de biens, de plaisirs, d'honneurs, sinon par l'exemple du conducteur d'âmes familiarisé lui-même avec l'esprit de sacrifice ?

D'où viendra le salut de la société, demande-t-on anxieux, au spectacle des victoires répétées de l'infernal ennemi ? Quand sera-ce à l'Église de triompher à son tour ? Avec le Maître, il nous est aisé de répondre : « Ce genre de démon ne se chasse que par la prière et le jeûne »[54]. Quand des rangs du sacerdoce et de la milice religieuse sortira une pléiade d'hommes mortifiés faisant resplendir à travers les peuples le mystère de la croix, ces peuples contemplant dans le prêtre ou le religieux mortifié les réparations pour les péchés du monde, comprendront la Rédemption par le sang de Jésus-Christ. Alors seulement l'armée de Satan reculera, et la douloureuse plainte du Seigneur outragé mais trouvant enfin des réparateurs, n'aura plus à travers les siècles son redoutable écho. « J'ai cherché parmi eux un homme qui fît une cloison et qui se tînt à la brèche devant moi pour le pays, afin que je ne le détruise pas, et je ne l'ai pas trouvé »[55].

Quelqu'un a voulu analyser pourquoi un seul signe de croix du Père de Ravignan produisait un effet aussi magique sur les indifférents, les impies même, venus l'entendre par pure curiosité. La

54. Matth, XVII, 20.

55. Ezech, XXII, 30.

conclusion de ses questions à de nombreux auditeurs fut que l'austérité de vie intime du prédicateur se manifestait d'une façon saisissante par ce signe de croix qui l'unissait au mystère du Calvaire.

◆ *Elle donne à l'ouvrier évangélique la vraie éloquence.*

Nous entendons l'éloquence capable d'être assez porte-grâce pour aller convertir les âmes et les conduire à la vertu. Nous en avons déjà parlé incidemment. Bornons-nous à ajouter quelques mots :

Dans l'office de saint Jean nous lisons ce répons : « Reposant sur la poitrine du Seigneur, il a bu à la fontaine jaillissante de l'Évangile et a répandu dans le monde entier la grâce de la parole de Dieu ». Dans ces quelques paroles, quelle profonde leçon pour tous ceux qui, prédicateurs, écrivains, catéchistes, ont à distribuer la parole divine ! Par ces remarquables expressions l'Église ne découvre-t-elle pas à ses prêtres la source de la vraie éloquence ?

Tous les Évangélistes sont également inspirés. Tous ont leur but providentiel. Chacun d'eux néanmoins a son éloquence propre. Plus que les autres, saint Jean a celle qui va à la volonté par le cœur où il répand la grâce de la parole de Dieu. Avec les épîtres de saint Paul, son Évangile est le livre préféré des âmes pour qui la vie d'ici-bas est vide de sens sans l'union avec Jésus-Christ.

D'où vient à saint Jean cette éloquence captivante ? Ce grand fleuve dont les eaux bien-faisantes arrosent le monde entier, dans quelle montagne prend-il sa source ?

C'est l'un des fleuves du Paradis, dit le texte liturgique.

À quoi servent tant de hautes montagnes et de glaciers ? Ces surfaces immenses, dira l'ignorant, ne seraient-elles pas bien plus utiles, si elles se déroulaient en plaines ? Il ne se doute pas que sans ces hauts sommets, plaines et vallons seraient aussi stériles que le Sahara. Ce sont les montagnes, en effet, qui, par les fleuves dont elles sont le réservoir, donnent à la terre la fertilité.

Ce haut sommet du Paradis d'où jaillit la source qui alimenta l'Évangile de saint Jean, quel est-il sinon le cœur de Jésus. C'est parce que l'Évangéliste a perçu par la vie intérieure les battements du cœur de l'Homme-Dieu et l'immensité de son amour pour les hommes que sa parole est le porte-grâce du Verbe divin.

De même peut-on dire que les hommes intérieurs sont aussi en quelque sorte des fleuves du Paradis. Non seulement par leurs prières et leurs immolations, ils attirent du Ciel sur la terre les eaux vives de la grâce et détournent ou abrègent les châtiments que le monde mérite, mais allant puiser au plus haut des cieux dans le cœur de celui en qui réside la vie intime de Dieu les flots de cette vie, ils les répandent abondamment sur les âmes : vous puiserez l'eau aux fontaines du Sauveur. Appelés à donner la parole de Dieu, ils le font avec une éloquence dont seuls ils ont le secret. Ils parlent le Ciel à la terre. Ils éclairent, réchauffent, consolent, fortifient. Sans ces qualités réunies, il n'y a qu'une éloquence incomplète. Ces qualités, le prédicateur ne les réunira que s'il vit de Jésus.

Suis-je vraiment de ceux qui comptent sur leur oraison, leur visite au Saint-Sacrement, leur messe ou communion surtout, pour donner à leur éloquence sa puissance d'action ? Sinon, je puis être une bruyante cymbale retentissante, je puis résonner solennellement comme l'airain sonnant, mais je ne suis pas le canal de l'amour, de cet amour qui rend irrésistible l'éloquence des amis de Dieu.

Le tableau de la vérité chrétienne mise en relief par un prédicateur doué de science, mais d'une piété médiocre, peut remuer les âmes, les rapprocher de Dieu, accroître même leur foi. Mais pour les imprégner de la vivifiante saveur de la vertu, il faut avoir savouré l'esprit de l'Évangile et, par l'oraison, en avoir fait la substance de sa vie[56].

---

56. Pie X, Exhort. ad clerum cathol, 4 août 1908.
Cette exhortation que le cœur paternel de Pie X adresse aux

Redisons encore que le divin Esprit, principe de toute fécondité spirituelle, opère les conversions et répand les grâces qui déterminent à fuir le vice et à pratiquer la vertu. La parole de l'ouvrier évangélique, pénétrée par l'onction de l'Esprit sanctificateur, devient un canal vivant qui ne retient rien de l'action divine. Avant la Pentecôte, les apôtres avaient prêché presque sans résultats. Après leur retraite de dix jours, toute de vie intérieure, l'Esprit de Dieu les envahit, les transforme. Leurs premiers essais de prédication sont des pêches miraculeuses. Ainsi des semeurs évangéliques. Par la vie intérieure, ils sont vraiment des porte-Christ. Ils plantent et ils arrosent efficacement. Le Saint-Esprit donne toujours alors l'accroissement. Leur parole est tout à la fois la semence qui tombe et la pluie qui féconde. Le soleil qui fait croître et mûrir ne manque jamais. « L'éclat seul est une vanité, disait saint Bernard, la chaleur seule est peu de chose, l'éclat avec la chaleur c'est la perfection ». Et plus loin : « C'est surtout aux apôtres et aux hommes apostoliques qu'il est dit : Que votre lumière brille devant les hommes. Ils doivent être en effet ardents et très ardents »[57].

L'éloquence évangélique, l'apôtre la puise dans la vie d'union à Jésus par l'oraison et la garde du

---

ministres de Dieu est un touchant appel à la sainteté sacerdotale. Elle en expose la nécessité et la nature, et, dans une suite de conseils pratiques, elle indique les moyens de l'acquérir et de la conserver.

57. *Serm. de S. Joan. Bapt.*

cœur, mais aussi dans les saintes Écritures, qu'il étudie et goûte passionnément. Toute parole de Dieu à l'homme, tout mot tombé des lèvres adorables de Jésus est pour lui un diamant, dont il admire les facettes à la lumière du don de sagesse si particulièrement développé en lui. Mais comme ce n'est qu'après avoir prié qu'il ouvre le livre inspiré, non seulement il admire, mais il savoure ses enseignements, comme si le Saint-Esprit les avait dictés pour lui personnellement. Aussi quelle onction, lorsque, monté en chaire, il cite la parole de Dieu, et quelle différence entre les lumières qu'il en fait jaillir et les ingénieuses ou savantes applications qu'en peut tirer un prédicateur aidé des seules ressources de la raison et d'une foi presque abstraite et morte. Le premier montre la vérité vivante, enveloppant les âmes d'une réalité qui veut non seulement les éclairer, mais les vivifier. Le second n'est capable de parler d'elle que comme d'une équation algébrique, certaine sans doute, mais froide et sans relations avec l'intime de l'existence. Il la laisse abstraite et pour ainsi dire à l'état de simple mémorial ou capable tout au plus d'exciter les cœurs par ce qu'on appelle le caractère esthétique du christianisme. « La majesté des Écritures m'étonne. La simplicité de l'Évangile parle à mon cœur », avouait le sentimentaliste J.-J. Rousseau. Mais qu'importaient à la gloire de Dieu ces vagues et si stériles émotions ! Le vrai apôtre, lui, a le secret de montrer l'Évangile dans sa vérité, non seulement toujours actuelle, mais encore toujours agissante et sans cesse renouvelée, parce que divine, pour l'âme qui prend contact avec lui. Et sans s'arrêter à atteindre le sentiment, il va, par la parole de vie divine, jusqu'à cette volonté où réside la correspondance à la vraie vie. Les convictions qu'il produit engendrent amour et résolution. Seul il a la véritable éloquence évangélique.

Pas de vie intérieure complète sans une tendre dévotion à Marie Immaculée, canal par excellence de toutes les grâces, des grâces de choix surtout. L'apôtre habitué à ce perpétuel recours à Marie, sans lequel saint Bernard ne peut comprendre un vrai fils de cette Mère incomparable, trouve pour l'exposition du dogme sur la Mère de Dieu et sur la Mère des hommes des accents qui non seulement intéressent et émeuvent ses auditeurs, mais leur transmettent ce besoin de recourir aussi, à l'occasion de toute difficulté, à la dispensatrice du sang divin. Il n'a qu'à laisser parler son expérience et son cœur pour gagner les âmes à la Reine du Ciel, et par elle les jeter dans le cœur de Jésus.

◆ *Parce que la vie intérieure engendre la vie intérieure, ses résultats sur les âmes sont profonds et durables.*

C'est en forme de lettre adressée au cœur de chacun de nos confrères qu'il conviendrait d'écrire ce chapitre ajouté aux premières éditions.

Nous avons considéré les œuvres comme dépendant surtout de la vie intérieure de l'ouvrier évangélique. La prière et la réflexion nous ont amenés à analyser sous un autre point de vue l'infécondité de certaines œuvres, et nous croyons être dans le vrai en formulant cette proposition :

Une œuvre ne s'enracine profondément, n'est vraiment stable et ne se perpétue que si l'ouvrier évangélique a engendré des âmes à la vie intérieure. Or, il ne le peut que s'il est lui-même fortement nourri de vie intérieure.

Au chapitre III de la 2e partie, nous rapportions les paroles du chanoine Timon-David, sur la nécessité de former dans chaque œuvre un groupe de chrétiens très fervents qui exercent à leur tour un véritable apostolat sur leurs semblables. Qui ne voit combien ces ferments sont précieux et à quel point ces collaborateurs peuvent multiplier la puissance d'action de l'apôtre ? Il ne travaille plus seul, ses moyens d'action sont centuplés.

Hâtons-nous de le redire, seul l'homme d'œuvres vraiment intérieur a assez de vie pour produire d'autres foyers de vie féconde. Obtenir des zélateurs capables de propagande et d'influence par camaraderie, esprit de corps ou rivalité, les œuvres laïques réussissent à cela. Fanatisme ou concurrence, sectarisme ou gloriole, intérêt ou ambition leur suffisent comme levier. Mais susciter des apôtres selon le cœur de Jésus-Christ, apôtres participant à sa douceur et à son humilité, à sa bonté désintéressée et à son zèle exclusif pour la gloire de son Père, quel autre levier que celui de la vie intérieure intensive oserait y prétendre !

Tant qu'une œuvre n'a pu produire ce résultat, son existence est éphémère. Presque sûrement elle ne survivra pas à celui qui en est le fondateur. La raison de la perpétuité de certaines œuvres au contraire, n'en doutons pas, est ordinairement dans le seul fait que la vie intérieure a pu engendrer la vie intérieure.

Citons un exemple :

L'abbé Allemand, mort en odeur de sainteté, fondait à Marseille, avant la Révolution, l'Œuvre de jeunesse pour les étudiants et employés. Cette œuvre garde encore le nom de son fondateur et continue après plus d'un siècle de jouir d'une prospérité admirable. Fort peu doué cependant au point de vue naturel, très myope, timide, sans talents oratoires, ce prêtre, humainement parlant, était incapable de la prodigieuse activité réclamée par son entreprise.

Les traits naturellement disproportionnés de son visage auraient porté les jeunes gens à la moquerie, n'eût été la beauté de l'âme qui se reflétait dans son regard et dans tout son maintien. Grâce à elle, l'homme de Dieu possédait sur cette fougueuse jeunesse un ascendant qui la dominait et lui imposait respect, estime et affection. M. Allemand voulut ne bâtir que sur la vie intérieure et fut assez puissant pour former au sein de son œuvre un groupe de jeunes gens auxquels il n'hésitait pas à demander, dans toute la mesure où le permettait leur condition, une vie intérieure intégrale, garde du cœur sans réserve, oraison du matin, etc., en un mot, la vie chrétienne complète telle que la comprenaient et la pratiquaient les chrétiens des premiers siècles.

Et ces jeunes apôtres se succédant ont continué d'être vraiment à Marseille l'âme de cette œuvre, qui a donné à l'Église plusieurs évêques et lui donne encore tant de prêtres séculiers, de missionnaires ou de religieux et des milliers de pères de famille qui restent dans la cité phocéenne les pivots les plus importants des œuvres paroissiales, et y forment une pléiade qui non seulement est l'honneur du commerce, de l'industrie et des professions libérales, mais constitue un véritable foyer d'apostolat.

Pères de famille, disons-nous. Ce mot évoque l'écho du refrain que l'on entend un peu partout : « Relativement facile sur les jeunes gens, sur les jeunes filles et sur les mères de famille, l'apostolat est souvent impossible quand nous voulons l'exercer sur les hommes. Et cependant tant que nous n'avons pas obtenu que les chefs de famille deviennent, non seulement chrétiens, mais apôtres à leur tour, l'influence si appréciable pourtant de la mère chrétienne sera paralysée ou éphémère et nous n'arriverons jamais à asseoir le règne social de Jésus-Christ. Or, dans cette paroisse, cette banlieue, cet hôpital, cette usine, rien à faire pour amener les hommes à devenir foncièrement chrétiens ».

Avouant ainsi notre incapacité, ne nous donnons-nous pas le plus souvent un certificat d'insuffisance de cette vie intérieure, qui seule nous ferait découvrir les moyens d'empêcher qu'un si grand nombre d'hommes échappent à l'action de l'Église ? Aux labeurs de préparation intensive de sermons capables de faire naître des convictions, des amours et des résolutions profondes dans des cerveaux et des cœurs d'hommes, ne préférons-nous pas les faciles succès oratoires près des jeunes gens ou des femmes ? La vie intérieure seule pourrait nous soutenir dans des travaux de semailles obscurs et ardus, et en apparence longtemps infructueux. Seule, elle nous ferait comprendre ce que le labeur de prière et de pénitence nous donnerait de puissance d'action, et combien nos progrès dans l'imitation de toutes les vertus de Jésus-Christ décupleraient l'efficacité de notre apostolat sur les hommes.

Nous étions si surpris des détails que l'on nous donnait sur une œuvre militaire d'une grande ville de Normandie que nous hésitions à croire à de pareils succès. Comment, par exemple, les soldats viendraient au cercle bien plus nombreux lorsqu'il y a une longue soirée d'adoration, pour réparer les blasphèmes et les débauches de la caserne, que lorsqu'on y donne un concert de musique ou une représentation théâtrale ! Nous dûmes nous rendre à l'évidence. Notre surprise cessa lorsqu'on nous dépeignit à quel point l'aumônier comprenait le tabernacle et quels apôtres il avait su former ainsi près de lui.

Que penser, après cet exemple, de certains apôtres pour qui cinéma, tréteaux, acrobatie, paraissent former comme le programme d'un cinquième évangile pour la conversion des peuples !

À défaut d'autres, l'emploi de ces moyens pour attirer des adeptes ou pour retenir loin du mal obtiendra sans doute un résultat, mais si restreint et si éphémère le plus souvent ! Dieu nous garde de refroidir le zèle des chers confrères qui ne peuvent ni concevoir ni employer d'autre méthode, et entrevoient déjà (comme nous l'avions fait, jeune prêtre inexpérimenté) leurs patronages déserts s'ils consacrent moins de temps à préparer ces récréations modernes, à leurs yeux condition *sine qua non* de succès. Bornons-nous donc à les mettre en garde contre le danger de donner trop de place à ces moyens et souhaitons-leur la grâce de comprendre la thèse du chanoine Timon-David, dont nous avons rapporté un entretien.

Un jour (nous n'avions que deux ans de sacerdoce) ce vénéré prêtre était obligé en fin de conversation de nous dire très fraternellement mais non sans quelque pitié : « Vous ne pouvez pas comprendre encore ; plus tard seulement, quand vous aurez avancé dans la vie intérieure vous me comprendrez mieux. Aujourd'hui, tout compte fait, vous ne pouvez vous passer de ces moyens, employez-les donc sans hésiter, à défaut d'autres. Pour moi, je retiens très bien mes jeunes ouvriers et bureaucrates et j'attire de nouvelles recrues, bien qu'il n'y ait guère chez nous que ces jeux anciens et toujours nouveaux qui, sans rien coûter, reposent l'âme par leur simplicité même. » « Tenez, ajouta-t-il finement, je vous ai montré au grenier les instruments de musique que moi aussi j'avais considérés comme indispensables au début ; voilà précisément qu'arrive dans cette direction la fanfare actuelle : vous allez juger ». En effet, quelques minutes après, défilait devant nous un groupe de 40 à 50 jeunes gens de 12 à 17 ans. Quel tintamarre ! Qui aurait pu réprimer un éclat de rire à l'aspect de ce bataillon bizarre, que le regard épanoui du vieux chanoine contemplait avec satisfaction ? « Tenez, me dit-il, celui qui marche à reculons, en tête du groupe et agite sa grande trique comme un chef d'orchestre, puis soudain la porte comiquement à ses lèvres en guise de clarinette, est un sous-officier en permission, un de nos plus puissants zélateurs. Autant qu'il le peut, il fait la communion quotidienne, mais surtout ne manque pas sa demi-heure d'oraison mentale. Boute-en-train extraordinaire, cet ange de piété s'évertue à utiliser tous ses talents pour que les jeux des moyens ne traînent pas. Merveilleux de ressources pour y arriver, il entretient l'enthousiasme de cette petite jeunesse. Mais rien n'échappe à son œil d'adjudant et à son cœur d'apôtre ». Oui, éclat de rire irrépressible devant ce groupe de musiciens qui exécutaient les rengaines les plus connues : Un canard déployant ses ailes ; As-tu vu la casquette, etc. Changement de refrain dès que le chef d'orchestre donnait le signal de l'exemple. Chaque exécutant simulait un instrument : les mains en forme de pavillon devant la bouche des uns, une feuille de papier qui vibrait entre les lèvres des autres, quelques rares mirlitons, etc. J'oublie, sur la première ligne des exécutants, un trombone à coulisse et une grosse caisse : deux bâtons à l'un desquels la main imprimait un mouvement régulier de va-et-vient faisaient les frais du premier, un vieux bidon de pétrole les frais de l'autre. Les visages rayonnants de tous ces jeunes gens montraient qu'ils étaient littéralement saisis par leur jeu. « Suivons la fanfare », me dit le chanoine. Au bout de l'allée se dressait une statue de la Sainte Vierge. « À genoux, mes amis, clame le chef de musique. Un *Ave maris stella* à notre bonne Mère, puis une dizaine de chapelet ». Tout ce petit monde reste d'abord une minute en silence, puis répond lentement, avec autant de piété qu'à la chapelle, aux *Ave Maria*. Ces petits Méridionaux, la plupart les yeux baissés, vrais lutins quelques minutes avant, sont transformés soudain en anges de Fra Angelico. « N'oubliez pas, me dit mon guide, que voilà le thermomètre de l'œuvre : retenir par des jeux simples et enthousiastes nos grands jeunes gens même de plus de vingt ans ; obtenir qu'ils aspirent à reprendre ici à leurs heures de prière et de récréation une âme de petit enfant et qu'ils s'amusent avec des riens ; arriver surtout à faire prier, et vraiment prier, même au milieu des jeux, tous nos zélateurs visent à ce but ». La bande se relève pour de nouveaux exploits artistiques dont la grande cour retentit. Un instant après c'était le jeu de barres qui faisait fureur. Nous avions remarqué que le sous-officier, en se relevant après l'*Ave maris stella*, avait chuchoté quelques mots à l'oreille de deux ou trois qui aussitôt, gaîment et comme obéissant à un usage pratiqué par tous, allèrent quitter blouse de jeu et espadrilles et se dirigèrent vers la chapelle pour y passer un quart d'heure aux pieds du divin Prisonnier.

« Notre ambition, ajouta alors M. Timon-David, avec une profonde conviction, notre ambition doit tendre à former des zélateurs dans lesquels l'amour de Dieu soit assez intense pour qu'après avoir quitté le patronage et fondé une famille, ils restent des apôtres empressés à communiquer au plus grand nombre d'âmes possible les ardeurs de leur charité. Si notre apostolat, continuait le saint prêtre, ne visait qu'à faire de bons chrétiens, oh ! qu'étroit serait notre idéal ! Ce sont des légions d'apôtres que nous devons créer, afin que cette cellule fondamentale de la société qu'est la famille devienne à son tour un centre d'apostolat. Or, ce programme intégral, seule une vie de sacrifice et d'intimité avec Jésus nous donnera la force et le secret de la réaliser. À cette condition seulement notre action sera puissante dans la société, et la parole du Maître s'accomplira : « Je suis venu jeter le feu sur la terre et que désiré-je sinon qu'il embrase »[58].

Ce n'est que bien plus tard, hélas ! que nous avons su comprendre la portée des leçons vivantes du chanoine, si profond dans sa psychologie et sa tactique, et comparer, sous le regard de Dieu pour qui les succès apparents ne sont rien, les résultats des divers moyens employés.

58. Luc, XII, 49.

Ces moyens peuvent servir, suivant qu'ils sont simples comme l'Évangile ou complexes comme tout ce qui est trop humain, à apprécier et une œuvre et ceux qui l'animent.

Vers Goliath contre lequel avaient en vain combattu, bien armés, les puissants d'Israël, s'avançait le jeune David. Une fronde, un bâton, cinq pierres du torrent, l'adolescent ne demandait rien de plus. Mais son cri : « Je viens à toi au nom du Dieu des armées »[59] était déjà d'une âme capable d'arriver à la sainteté.

On parle beaucoup aujourd'hui des œuvres post-scolaires laïques. Elles auront beau avoir à leur disposition d'énormes sommes officiellement attribuées par l'État, de magnifiques locaux, etc., les œuvres post-scolaires de l'Église n'auront, en dépit de leur pauvreté, rien à craindre de la concurrence si elles sont bâties sur la vie intérieure, et, par l'attrait de ce qui charme avant tout le jeune homme, par leur idéal, elles entraîneront l'élite de la jeunesse.

Terminons par un dernier trait. Il nous servira à analyser l'homme d'œuvres qui paraît entraîner les âmes à Notre-Seigneur au point d'en faire des apôtres, mais qui, en réalité, ne suscite que des enthousiasmes nés de la sympathie naturelle pour sa personne et de l'action magnétique qu'il exerce autour de lui. Ravis de traiter avec un pieux charmeur, fiers de le

59. I Reg, XXVII, 45.

voir s'occuper d'eux, les adeptes lui forment comme une cour, et à l'envi, mais surtout pour lui plaire, acceptent les pratiques même pénibles qui semblent refléter la vraie dévotion.

Une Congrégation d'admirables sœurs catéchistes était dirigée par un religieux dont on vient d'écrire la vie. « Ma Mère, dit un jour cet homme intérieur à une supérieure locale, je suis d'avis que la sœur X... cesse pendant un an au moins de faire le catéchisme. – Mais mon Père, vous n'y pensez pas, c'est la meilleure directrice. Les enfants accourent de tous les faubourgs de la ville, attirés par son merveilleux savoir-faire. La retirer du catéchisme, mais c'est amener la désertion de la plupart de ces petits garçons. – J'ai assisté de la tribune à son catéchisme, répond le prêtre. Elle éblouit, en effet, les enfants, mais d'une façon trop humaine. Après un an d'un nouveau noviciat, mieux formée alors à la vie intérieure, elle sanctifiera et son âme et les âmes des enfants par son zèle et l'utilisation de ses talents. Mais actuellement, sans s'en douter, elle est un obstacle à l'action directe de Notre-Seigneur sur ces âmes que l'on prépare à la première communion. Voyons, ma Mère, je vois que mon insistance vous attriste. Eh bien ! j'accepte une transaction. Je connais la sœur N..., âme très intérieure, mais sans grands talents. Demandez à votre Supérieure générale de vous l'envoyer pour quelque temps. La première viendra commencer un quart d'heure le catéchisme, juste pour calmer vos craintes de désertion ; puis peu à peu elle se retirera complètement. Vous verrez alors que les enfants prieront mieux et chanteront plus pieusement les cantiques. Leur recueillement et leur docilité refléteront un caractère plus surnaturel. Ce sera le thermomètre ».

Quinze jours après (la supérieure put le constater), sœur N... faisait seule la leçon et cependant le nombre des enfants augmentait. C'était vraiment Jésus qui donnait le catéchisme par elle.

Par son regard, sa modestie, sa douceur, sa bonté, par sa manière de faire le signe de la croix, par son ton de voix elle disait Notre-Seigneur. Sœur X... avait pu développer avec talent et rendre intéressant ce qu'il y avait de plus aride. Sœur N... faisait plus. Sans doute elle ne négligeait rien pour préparer ses explications et les exposer avec clarté, mais son secret et ce qui dominait dans son cours, c'était l'onction. Et c'est par cette onction que les âmes se trouvent véritablement en contact avec Jésus.

Aux catéchismes de sœur N..., bien moins de ces épanouissements bruyants, de ces regards stupéfiés, de cette fascination qu'aurait aussi bien provoqués la conférence très intéressante d'un explorateur ou le récit très émouvant d'une bataille.

En revanche, atmosphère d'attention recueillie. Ces petits garçons sont dans la salle du catéchisme comme à l'église. Aucun moyen humain n'est mis en œuvre pour empêcher la dissipation ou l'ennui. Quelle influence mystérieuse plane donc sur cette assistance ?

Ne nous y trompons pas, c'est celle de Jésus qui s'exerce directement. Car une âme intérieure qui développe les leçons de catéchisme, c'est une lyre qui ne résonne que sous les doigts de l'Artiste divin. Et aucun art humain, si merveilleux soit-il, n'est comparable à l'action de Jésus.

◆ *Importance de la formation des élites et de la direction spirituelle.*

Revenons encore à l'entretien si prenant reproduit plus haut que nous eûmes avec M. Timon-David[60]. Un mot tombé des lèvres de ce fondateur d'œuvres si expérimenté a sûrement frappé le lecteur. Par l'emploi du mot pittoresque et imagé « béquilles », le vénéré chanoine résumait sa pensée sur l'emploi de certains divertissements modernes (théâtre, fanfare, cinéma, jeux coûteux et compliqués, etc.) pour attirer et retenir les jeunes gens dans les œuvres de jeunesse. Occasion souvent de surmenage et de dépression, ces attractions tendent moins à reposer et à dilater l'âme ou à entretenir la santé physique qu'à flatter la vanité et à surexciter l'imagination et la sensibilité. Du reste, ce mot « béquilles » ne s'appli-

60. 2e partie, n° 3.

quait nullement à ces jeux très distrayants, quoique fort simples, qui délassent l'âme, fortifient le corps et suffirent à tant de générations chrétiennes.

En comparant, sans le mettre suffisamment à point, l'avis du si judicieux chanoine avec celui d'autres excellents directeurs d'œuvres, on a pu se demander s'il ne généralisait pas trop les cas où les « béquilles » peuvent se supprimer.

Sans parler des œuvres établies surtout pour soulager les misères corporelles, on peut diviser les autres en deux classes : celles où l'on ne veut qu'une élite, et celles dont on n'exclut que les brebis galeuses.

Mais nous supposons que, dans ce dernier cas, on s'applique aussi à former un noyau de sujets d'élite capables, par leur ferveur, de souligner aux yeux des autres le but principal de l'œuvre : amener tous ses membres à une vie non pas superficiellement, mais profondément chrétienne. Autrement, « œuvre profane dirigée par un curé », selon l'expression malicieuse d'un excellent professeur de lycée, qui sous une façade cléricale soupçonnait presque autant de misères qu'il en déplorait dans les établissements soustraits à l'influence de l'Église.

Les directeurs qui rejettent assez facilement de leurs œuvres les sujets reconnus incapables d'être incorporés dans l'élite, trouvent parfait le mot « béquilles » pour bien caractériser à quel point ils tiennent pour secondaires certains moyens dont ils savent se passer ou qu'ils subissent presque à contre-cœur.

Et certes, ils sont loin d'être sans arguments pour défendre leur avis.

Pour eux, la restauration de la société, de la France en particulier, ne résultera que d'un rayonnement intense de la sainteté de l'Église. C'est par ce moyen, disent-ils, plutôt que par des conférences d'apologétique, que le christianisme se développa si rapidement aux premiers siècles de son histoire, en dépit de la puissance de ses ennemis, des préventions de tous genres et de la corruption générale.

Ils arrêtent toute discussion par des répliques de ce genre : Pouvez-vous citer un fait, un seul, montrant que pendant cette période, l'Église ait eu besoin d'inventer des divertissements pour détourner de la turpitude des spectacles païens les âmes qu'elle devait conquérir ?

Un de ces directeurs, faisant allusion à cette soif de l'or et à cet engouement pour les films qui, de nos jours, enfièvrent les foules avides de jouissances, nous disait : Le *panem et circenses* des Romains décadents pourrait se traduire aujourd'hui par galette et cinéma. Or, prenez, par exemple, saint Ambroise ou saint Augustin, ces prodigieux entraîneurs d'âmes, peut-on découvrir dans leur vie un trait qui nous les montre organisant des œuvres dans le but de procurer à leurs ouailles des divertissements capables de leur faire oublier les plaisirs offerts par le paganisme ? – Et, pour convertir Rome si attiédie par l'esprit de la Renaissance, où lisons-nous que saint Philippe de Néri ait eu besoin des « béquilles » qui excitaient la verve de l'abbé Timon-David ?

Il est certain que, parmi les fidèles, l'Église primitive, nous l'avons déjà laissé entrevoir, sut organiser une incomparable et nombreuse élite dont les vertus frappaient les païens d'étonnement et forçaient l'admiration des âmes loyales, même les plus prévenues par leurs principes, leurs traditions et leurs mœurs contre la religion chrétienne. Les conversions suivaient, même dans des milieux où le prêtre ne pouvait pénétrer.

Devant ces leçons du passé, comment ne pas se demander si, en notre siècle, nous n'avons pas une confiance excessive non seulement dans certaines diversions étourdissantes, mais même en divers moyens (pèlerinages, fêtes d'apparat, congrès, discours, publications, syndicats, action politique, etc.) prodigués de nos jours avec profusion, et très utiles, sans conteste, mais qu'il serait déplorable de placer au premier plan. La prédication par l'exemple sera toujours le levier principal. Seuls les exemples entraînent. Conférences, bons livres, presse chrétienne et même excellents sermons doivent graviter autour de ce programme fondamental :

Organiser l'apostolat sur le peuple, par l'exemple de chrétiens fervents, faisant revivre Jésus-Christ en exhalant le parfum de ses vertus.

Les prêtres qui, se laissant absorber par toutes les autres fonctions de leur ministère, ne s'adonnent qu'insuffisamment à la principale, la formation des élites pour la grande propagande par le bon exemple, doivent-ils, dès lors, s'étonner de voir qu'en France les trois quarts des hommes (et dans maintes autres nations une proportion plus grande encore) restent figés dans l'indifférence, et ne voient dans l'Église qu'une institution honorable d'une certaine utilité sociale, et non le ressort incomparable de toute existence individuelle, la clef de voûte des familles et des nations, et surtout le grand projecteur de la vérité et de la vie éternelle.

« Quelle est donc cette religion capable d'éclairer, de fortifier et d'enflammer ainsi le cœur humain ? » C'est le cri que poussaient les païens devant les merveilleux effets que sut produire la Ligue tacite de l'action par le bon exemple.

La force de cette Ligue qui existait entre les premiers chrétiens ne lui venait sûrement pas de la seule pratique du « Éloignez-vous du mal »[61]. L'éloignement des actes condamnés par le Décalogue n'eût pas été capable de faire naître en même temps que l'admiration un puissant désir d'imiter. C'est

61. Ps. XXXVI.

surtout au « Faites le bien »[62] que se lie la force des exemples. Il fallait tout l'éclat des vertus évangéliques, telles que le Sermon sur la montagne les avait proposées au monde.

« Si l'Église, nous disait un homme d'État éminent mais incroyant, savait graver plus profondément dans les cœurs le testament de son fondateur : Aimez-vous les uns les autres, elle deviendrait la grande puissance indispensable aux nations ». Ne pourrait-on pas faire la même réflexion à propos de plusieurs autres vertus ?

Avec son intelligence profonde des besoins de l'Église, Pie X avait souvent des vues d'une rare justesse. L'Ami du Clergé[63] rappelle une intéressante conversation du saint pontife avec un groupe de cardinaux : « Qu'y a-t-il, dit le pape, de plus nécessaire aujourd'hui pour le salut de la société ? – Bâtir des écoles catholiques, répondit l'un. – Non. –

---

62. Ps. XXXVI.

63. Quand on rapproche certains passages de la première encyclique de Pie X de diverses paroles qu'il proféra plus tard, on comprend que, dans l'entretien que nous citons ici, c'est de la ferveur des prêtres qu'il attend la formation des élites dont il parle ; et sur elles qu'il compte ensuite (et plus que sur tous autres moyens) pour voir s'accroître le nombre des vrais fidèles. Ce résultat obtenu, c'est le recrutement sacerdotal assuré, ainsi que la multiplication des écoles et des églises.
Quand la quantité ne ressort pas de la qualité, que de risques de n'obtenir qu'un étalage de bruyante, vaine et trompeuse religiosité !

Multiplier les églises, répartit un autre. – Non encore. – Activer le recrutement sacerdotal, dit un troisième. – Non, non, répliqua Pie X, ce qui est présentement le plus nécessaire, c'est d'avoir dans chaque paroisse un groupe de laïcs à la fois très vertueux, éclairés, résolus et vraiment apôtres »[64]. D'autres détails nous permettent d'affirmer que ce saint pape, à la fin de sa vie, n'attendait le salut du monde que de la formation, par le zèle du clergé, de fidèles débordant d'apostolat par la parole et l'action, mais surtout par l'exemple. Dans les diocèses où, avant d'être pape, il exerça le ministère, il attachait moins d'importance au registre du *status animarum* qu'à la liste des chrétiens capables de rayonner d'apostolat. Il estimait que dans n'importe quel milieu on pouvait former des élites. Aussi classait-il ses prêtres d'après les résultats que leur zèle et leur capacité avaient obtenus sur ce point.

L'avis de ce saint pape donne une autorité singulière au sentiment des directeurs des œuvres de la première catégorie dont nous parlions ci-dessus : Si c'est dans la formation des élites que consiste la seule et véritable stratégie pour agir sur les masses, donc, le fait de garder des sujets qu'on n'a plus le sérieux espoir de rendre fervents est une faute, toutes les fois que par-là, on s'expose à abaisser le niveau de

64. *Prédication*, 20 janv. 1921.

l'élite, même à tel point qu'elle ne soit plus qu'une élite de nom.

Les autres directeurs qui se bornent à écarter les contagieux ne restent pas sans argument pour protester contre l'expression « béquilles » désignant certains de leurs procédés et non des moins efficaces à leurs yeux.

Ils font valoir à quels dangers seraient exposées les âmes qu'on cesserait d'abriter dans les œuvres, l'obligation de se contenter d'un nombre infime de recrues si l'on ne visait que les élites, l'atmosphère empoisonnée des milieux où vivent ceux qu'ils doivent évangéliser, etc. Il serait injuste et cruel, disent-ils, de négliger les masses et de ne vouloir les atteindre que par le rayonnement des élites, sans tenter d'agir directement sur les médiocres, ne fût-ce que pour les empêcher de tomber plus bas, et aussi pour y faire éclore des candidats pour les élites.

∴

Nous avons écouté avec grand respect ces opinions diverses émanant de directeurs ou de directrices d'œuvres de parfaite bonne foi et de zèle incontestable. Nous ne chercherons pas à les concilier. Mais écrivant surtout pour nos vénérés confrères dans le sacerdoce, nous préférons nous demander quelle serait la réponse du saint abbé Allemand ou celle de M. Timon-David, invités à harmoniser les deux thèses en adoptant un juste milieu.

Leur plan à tous deux était celui-ci :

1° Découvrir, parmi les centaines de jeunes chrétiens qui composaient l'œuvre, une minorité même infime, mais capable de désirer vivement et de pratiquer sérieusement la vie intérieure ;

2° Alors chauffer à blanc ces âmes en leur faisant aimer passionnément Notre-Seigneur, en leur inspirant l'idéal des vertus évangéliques, et en les isolant le plus possible du contact des autres étudiants, employés, ouvriers, etc., tant que leur vie intérieure n'était pas parvenue au degré où elle pouvait vraiment les immuniser contre la contagion ;

3° Enfin, le moment venu, communiquer à ces jeunes gens le zèle pour les âmes, afin de les utiliser pour mieux atteindre leurs camarades.

Préciser le minimum que ces deux prêtres exigeaient des non fervents pour les garder quelque temps dans l'œuvre, nous entraînerait trop loin. Nous préférons attirer l'attention sur le rôle considérable qu'ils attachaient à la direction spirituelle pour réaliser leur plan.

L'abbé Allemand[65], en dirigeant individuellement chaque jeune homme, excellait à susciter en lui de saints enthousiasmes pour la perfection, et à

65. *La vie et l'esprit de Jean-Joseph Allemand,* par l'abbé Gaduel.

le convaincre que la meilleure preuve de dévotion envers le Sacré-Cœur, c'est l'imitation des vertus du divin Exemplaire.

Quant à M. Timon-David, excellent confesseur habile à découvrir et à panser les plaies des âmes, il était de plus un remarquable directeur spirituel.

Personne mieux que lui ne sut enflammer les cœurs d'amour pour la vertu, et aussi exciter ses collaborateurs à ne pas se contenter, dans la conduite des âmes, des principes de la théologie morale propres à la vie purgative, mais à se servir de la direction pour les orienter vers la vie illuminative. Rien n'égalait sa sollicitude pour faire de ses prêtres collaborateurs de vrais directeurs d'âmes.

Tous les deux considéraient comme insuffisantes leurs courtes exhortations avant l'absolution hebdomadaire, leurs prédications à l'ensemble des jeunes gens, l'organisation de la vie liturgique et même leurs conférences pourtant si captivantes à leurs élites. Ils estimaient indispensable la direction mensuelle accordée à chaque sujet.

Ils étaient convaincus qu'après la prière et l'immolation, le moyen le plus efficace pour obtenir de la grâce de Dieu ces élites qui peuvent régénérer le monde, c'est l'action du véritable prêtre par l'ensemble de son ministère, mais spécialement par la direction spirituelle.

Sortons du cadre restreint des œuvres de tous genres, paroisses, séminaires aussi bien que communautés et missions.

Personne n'est capable de se conduire soi-même.

Tous les hommes ont des faiblesses à vaincre, des attraits à régler, des devoirs à remplir, des dangers à courir, des occasions périlleuses à éviter, des difficultés à surmonter et des doutes à éclaircir. Si pour tout cela il leur faut un aide, *a fortiori* pour marcher vers la perfection.

Le prêtre manquerait, et parfois gravement, à son devoir de docteur et de médecin des âmes, s'il privait celles-ci du grand secours supplémentaire du confessionnal, de cet indispensable propulseur de vie intérieure qu'on appelle la direction spirituelle.

Pauvres œuvres que celles où les confesseurs, toujours à court de temps, ne donnent guère avant d'absoudre qu'une pieuse mais vague exhortation, souvent la même pour tous, au lieu d'offrir le spécifique qu'un médecin expérimenté et laborieux aurait su choisir selon l'état de chaque malade. Malgré sa foi dans l'efficacité du sacrement, le pénitent n'est-il pas exposé à ne voir dans le ministre qu'un « distributeur automatique » semblable à ces appareils qui, dans les gares, laissent glisser mécaniquement une friandise.

Privilégiés au contraire, les patronages, écoles, orphelinats, etc., où le confesseur connaît l'art de la direction et a la conviction qu'il faut avant tout mettre cet art en pratique, s'il veut obtenir que toutes les âmes, capables de vibrer pour un idéal, se jettent résolument dans les exercices de la vie intérieure.

Combien de pères et de mères de famille ont vu s'accroître singulièrement leur action sur leurs enfants et leurs amis, parce qu'ils ont rencontré un vrai directeur. Quels trésors à mettre en valeur dans l'âme d'un enfant ! C'est le moment où l'arbre va se pencher, et souvent définitivement, d'un côté ou de l'autre. Faute d'avoir eu, dès leurs jeunes années, une direction adaptée à leur âge et à leurs dispositions, nombreux seront les adultes qu'il ne sera plus possible de compter parmi les belles fleurs du jardin de Jésus. Que de vocations sacerdotales et religieuses auraient pu éclore !

Parfois, et pendant plusieurs générations, dans une paroisse, dans une mission, se continuera l'impulsion donnée par un prêtre qui fut autre chose qu'un passable donneur d'absolution. À côté d'Ars, du Mesnil-Saint-Loup, nous pourrions citer d'autres localités, véritables foyers de la vie surnaturelle au milieu de l'attiédissement général, parce qu'elles ont eu le bonheur de posséder un directeur zélé, prudent et plein d'expérience. Quelle ne fut pas mon admiration émue, lorsque dans mon voyage au Japon, il y a une dizaine d'années, j'eus le bonheur de prendre contact avec quelques membres des nombreuses familles chrétiennes découvertes, il y a environ un demi-siècle, près de Nagasaki. Fait inouï : entourés de païens, obligés de cacher leur religion, privés de prêtres depuis trois siècles, ces fidèles d'élite avaient reçu de leurs pères non seulement la foi, mais la ferveur. Où découvrir un élan initial assez puissant pour expliquer la force et la durée d'une si extraordinaire transmission ? La réponse est facile. Leurs ancêtres avaient eu en saint François-Xavier un merveilleux directeur d'élites.

Comment tels Petits Séminaires manquant de directeurs spirituels pourraient-ils servir de pépinières à de futurs lévites ? Faute d'avoir été orientés assez tôt vers la perfection, la plupart de leurs élèves pourront-ils plus tard dépasser la médiocrité dans l'exercice de leur sacerdoce ? Heureux si ces âmes qui cherchent leur voie n'ont pas été faussées dans leur désir de vie sacerdotale, fascinées par le miroitement des talents naturels de certains professeurs chez qui perçaient l'indifférence pour la vie intérieure et le dédain pour la direction spirituelle suivie.

La preuve que dans nombre de communautés religieuses, actives et même contemplatives, beaucoup de sujets ne végètent que faute de direction spirituelle, c'est le changement radical que nous avons pu souvent constater dans des âmes tièdes revenues à la ferveur de leur profession, dès qu'elles eurent enfin un directeur consciencieux.

Certains confesseurs paraissent oublier que les âmes consacrées dont ils ont la charge sont tenues de tendre à la perfection, et ont un réel besoin d'être aidées et stimulées pour réaliser ces progrès continus auxquels peuvent s'appliquer ces paroles du psaume : « Ils ont disposé des ascensions dans leur cœur… ils iront de vertu en vertu »[66]

Que de prêtres aussi seraient bien plus fervents, trouvant tout leur bonheur dans leur vie eucharistique et liturgique et dans le progrès des âmes, si le confesseur qu'ils ont choisi leur manifestait sa vraie amitié, par son tact à les amener, par persuasion, à la direction mensuelle, en vue de la tendance à cette perfection à laquelle ils sont tenus plus encore que les religieux !

N'a-t-on pas remarqué quel rôle important les hagiographes attribuent au directeur spirituel de la plupart de ceux dont ils racontent la vie ?

L'Église ne compterait-elle pas plus de saints si les âmes généreuses, les âmes sacerdotales et religieuses surtout, étaient plus sérieusement dirigées ?

Sans la direction intime du prêtre sur les parents de sainte Thérèse de l'Enfant Jésus et plus tard, sans l'action directe des représentants de Dieu sur cette

---

66. Ps. LXXXIII, et pour devenir alors de vrais apôtres de la vie intérieure.

élue du Seigneur, la terre recevrait-elle du ciel cette pluie de roses dont elle est inondée ?

Dans ses écrits, le P. Desurmont revient souvent sur cette pensée : Pour certaines âmes, le salut est lié à la sainteté. Tout ou rien. L'amour ardent de Jésus, ou le culte du monde et la direction de Satan. La sainteté ou la damnation.

Serait-on téméraire, dès lors, de redouter de douloureuses surprises au jugement particulier, pour les prêtres qui, faute d'étudier l'art de la direction spirituelle et d'accepter le labeur qu'exige sa pratique, sont, à certains égards, responsables de la médiocrité ou même de la perte des âmes. Bons administrateurs, excellents prédicateurs, pleins de sollicitude pour les malades et les pauvres, ils ont cependant négligé cette grande tactique que le Sauveur a employée : transformer la société par les élites. Le petit troupeau de disciples que Jésus choisit et forma lui-même et que le Saint-Esprit enflamma ensuite, suffit pour commencer la régénération du monde.

Saluons avec respect les évêques de plus en plus nombreux, qui, à l'exemple de saint Pie X, considèrent que dans leurs grands séminaires, un cours d'ascétisme et même de mystique est beaucoup plus utile que des conférences de sociologie.

Pour souligner l'importance de la direction, ils exigent qu'avant tout, les séminaristes y soient fidèles pour leurs progrès personnels, et que tous les professeurs l'aient en singulière estime, et le prouvent par leur rayonnement de vie intérieure.

De plus, ils veulent que tous les aspirants au sacerdoce apprennent ce qui se rapporte à la direction des âmes, à cet art qui relève de principes bien établis, et des sages conseils vécus de ceux qui l'ont expérimenté. C'est surtout de cet art des arts qu'on peut dire que le savoir doit nécessairement être doublé du savoir-faire.

•
• •

Que de fausses notions et de préjugés à élaguer touchant la direction, si l'on consulte les auteurs considérés dans l'Église comme des maîtres dans la vie spirituelle !

Certaines personnes savent si bien faire dévier de son but la direction, dès que le prêtre laisse son zèle flotter sans boussole et ne tient le gouvernail que d'une main débile !

Séance de bavardage stérile ou de dorlotage amollissant qui flattent l'amour-propre ou, tournant au quiétisme, émoussent la responsabilité personnelle ; école de « pieuseté » et de sentimentalisme où se développe le goût des émotions sensibles ou celui d'une religiosité toute de dévotions extérieures ; sorte d'étude de notaire où l'on s'habitue à venir consulter pour les moindres incidents de la vie, les affaires temporelles et les détails de famille ; combien d'autres fausses routes où peuvent s'égarer malheureusement directeurs et dirigés !

Aussi, le prêtre doit-il veiller à ce que le caractère de la direction ne soit pas faussé. Tout doit converger vers le but précisé dans cette définition :

La direction consiste dans l'ensemble méthodique et suivi des conseils qu'une personne ayant grâce d'état, science et expérience (le prêtre surtout) donne à une âme droite et généreuse pour la faire avancer vers la solide piété et même vers la perfection.

C'est, avant tout, un dressage de la volonté, de cette faculté maîtresse que saint Thomas appelle force unitive, la seule, en dernière analyse, dans laquelle réside l'union avec Notre-Seigneur et l'imitation de ses vertus.

Le directeur digne de ce nom se rend compte non seulement des causes intimes des manquements, mais encore des divers attraits de l'âme. Il analyse ses difficultés et répugnances dans le combat spirituel. Il fait rayonner l'idéal, essaie, choisit et contrôle le moyen de le vivre, signale les écueils et les illusions, secoue la torpeur, encourage, reprend, et console au besoin mais seulement pour retremper la volonté contre le découragement ou le désespoir.

La direction se lie ordinairement à la confession tant que l'âme gardant des attaches au péché reste surtout dans la vie purgative. Lorsque l'âme est sérieusement orientée vers la ferveur, plus facilement la direction peut devenir distincte de la confession. C'est pour qu'on évite de les confondre, que certains prêtres, ne veulent la donner qu'après l'absolution, et ne l'accordent ordinairement qu'une fois par mois à ceux qui se confessent chaque semaine.

Il n'est pas dans le programme de ce volume de développer comment se fait la direction. Mais persuadé que nombre de prêtres doivent prendre plus au sérieux cet art spirituel, ce nous serait une grande joie, nous l'avouons, de tenter d'offrir à certains confrères hésitant à étudier des ouvrages volumineux une synthèse brève et pratique de ce qui a été donné de meilleur sur ce sujet[67].

---

67. Traités spéciaux : *La direction spirituelle*, par le Vén. P. Libermann. - *L'esprit d'un directeur des âmes*, par M. Olier. - *La charité sacerdotale*, par le P. Desurmont. - Traités divers de M. Timon-David, indiqués plus haut. - *Les degrés de la vie spirituelle*, par Saudreau. - *La Pratique progressive de la Confession et de la Direction* ; et divers autres volumes du même auteur sur la formation morale et religieuse. - *Direction des enfants*, par Simon. - *Pratique de l'éducation*, par Monfat. - *L'éducateur apôtre*, par Guibert, etc.

Entre autres auteurs qui ont parlé de la direction spirituelle : Cassien, saint Grégoire le Grand, saint Bernard, saint Bonaventure, saint Vincent Ferrier, sainte Thérèse, saint François de Sales, saint Vincent de Paul, saint Alphonse. - Saint Jérôme, sainte Chantal, Bossuet, Fénelon, Dupanloup, etc., dans leurs *Lettres*. - P. P. Aquaviva, Lallemand, Grou, Scaramelli. - Ribet : *L'ascétisme chrétien*. - Meynard. - Mgr Gay. - Saudreau (*L'idéal de l'âme fervente ; La Voie qui mène à Dieu; Manuel de spiritualité*). - Schievers, *Principes de la Vie spirituelle*, etc. Les ouvrages d'éducation ou de

Ce *compendium* non seulement faciliterait l'auscultation et la classification des âmes, mais préciserait les moyens préconisés pour le *Duc in altum* adapté aux principaux états.

Chaque âme est comme un monde à part. Elle a ses nuances propres. Cependant, à partir de ce qui arrive ordinairement, on peut classer les chrétiens en quelques groupes. Nous croyons utile d'essayer ci-dessous ce classement, en prenant comme pierre de touche, d'une part le péché ou l'imperfection, et de l'autre la prière. Puissions-nous, par ce tableau, amener quelques-uns de nos vénérés confrères à réfléchir sur la nécessité d'une étude qui leur permettrait de connaître les règles pratiques pour diriger chaque âme suivant son état.

Si pour les deux premières catégories, ce n'est pas directement que le prêtre peut atteindre les âmes, du moins s'il est bon directeur, il guidera bien plus efficacement les parents ou les amis qui ont à cœur de tirer, même de l'endurcissement, des êtres qui leur sont chers et que Dieu n'a pas encore définitivement rejetés.

---

psychologie pédagogique, tels que ceux des PP. Eymieu et de la Vaissière, des PP. Raymond et Noble, ne peuvent qu'être très utiles aux directeurs. Au reste, l'étude sérieuse de la *Charité sacerdotale* du P. Desurmont ou des *Degrés de la Vie spirituelle* du chanoine Saudreau, fournirait déjà à tout prêtre de précieux moyens de faire la direction.

1. ENDURCISSEMENT.

Péché mortel. – Croupissement dans ce péché, par ignorance ou conscience malicieusement faussée. – Étouffement ou absence de remords.

Prière. – Suppression voulue de tout recours à Dieu.

2. VERNIS CHRÉTIEN.

Péché mortel. – Considéré comme un mal léger et aisément pardonné ; l'âme s'y laisse aller facilement à n'importe quelle occasion ou tentation. – Confession presque sans contrition.

Prière. – Machinale, sans attention ou toujours dictée par intérêt temporel. – Rares et superficielles rentrées en soi-même.

3. PIÉTÉ MÉDIOCRE.

Péché mortel. – Faiblement combattu. – Fuite peu fréquente des occasions ; mais regrets sérieux et vraies confessions.

Péché véniel. – Pacte avec ce péché considéré comme mal insignifiant, donc, tiédeur de volonté. – Rien pour le prévenir, l'arracher ou le découvrir.

Prière. – Assez bien faite de loin en loin. – Velléités passagères de ferveur.

4. PIÉTÉ INTERMITTENTE.

Péché mortel. – Loyalement combattu. – Fuite habituelle des occasions. – Regrets très vifs. – Pénitence pour réparer.

Péché véniel. – Parfois délibéré. – Faible combat. – Regrets superficiels. – Examen particulier sans esprit de suite.

Prière. – Résolution insuffisante d'être fidèle à la méditation que l'âme abandonne dès qu'il y a sécheresse ou multiples occupations.

5. PIÉTÉ SOUTENUE.

Péché mortel. – Tout au plus très rares surprises violentes et soudaines. Souvent alors péché mortel douteux suivi d'ardente componction et de pénitence.

Péché véniel. – Vigilance pour l'éviter et le combattre. – Rarement délibéré. – Vivement regretté, mais peu réparé. – Examen particulier suivi, mais ne visant que la fuite des péchés véniels.

Imperfections. – L'âme évite de les découvrir pour ne pas les combattre, ou les excuse facilement. – Renoncement admiré et même désiré, mais peu pratiqué.

Prière. – Fidélité constante malgré tout à l'oraison souvent affective. – Alternance de consolations spirituelles et d'aridités péniblement subies.

6. FERVEUR.

Péché véniel. – Jamais délibéré. – Par surprise quelquefois ou avec demi-advertance. – Vivement regretté et sérieusement réparé.

Imperfections. – Désavouées, surveillées et combattues avec cœur, pour être plus agréable à Dieu. – Quelquefois acceptées cependant, mais aussitôt regrettées. – Actes fréquents de renoncement. – Examen particulier visant le perfectionnement dans une vertu.

Prière. – Oraison mentale volontiers prolongée. – Oraison plutôt affective et même de simplicité. – Alternance de fortes consolations et d'angoissantes épreuves.

7. PERFECTION RELATIVE.

Imperfections. – Énergiquement prévenues avec grand amour. – Ne surviennent qu'avec demi-advertance.

Prière. – Vie habituelle d'oraison, même en se dépensant au-dehors. – Soif de renoncement, d'anéantissement, de détachement et d'amour divin. – Faim de l'Eucharistie et du ciel. – Grâces d'oraison infuse de divers degrés. Souvent, purifications passives.

8. HÉROÏCITÉ.

Imperfections. – De simple premier mouvement.

Prière. – Dons surnaturels de contemplation accompagnés parfois de phénomènes extraordinaires. – Purifications passives accentuées. – Préférence des souffrances aux joies.

9. SAINTETÉ CONSOMMÉE.

Imperfections. – À peine apparentes.

Prière. – Le plus souvent : union transformante. – Mariage spirituel. – Purifications d'amour. – Soif ardente de souffrances et d'humiliations.

Trop clairsemées, les âmes d'élite qui atteignent les trois derniers états. Chez elles, le péché véniel est de plus en plus rare. Aussi, peut-on comprendre que les prêtres attendent l'occasion d'avoir de tels sujets avant d'étudier ce que les meilleurs auteurs indiquent pour qu'alors leur direction soit prudente et sûre.

Mais pourrait-on excuser le confesseur qui, faute de zèle pour apprendre et appliquer ce qui se rapporte aux quatre classes : Piété médiocre, Piété intermittente, Piété soutenue et Ferveur, laisserait *quantité* d'âmes moisir dans une triste tiédeur ou stationner bien au-dessous du degré de vie intérieure auquel Dieu les destinait ?

Quant aux points à toucher dans la direction des débutants dans la piété, il semble qu'on peut les réduire d'ordinaire aux quatre suivants :

1° **Paix**. Examiner si l'âme est dans la vraie paix et non dans celle que donne le monde ou qui résulte de l'absence de lutte. Sinon, l'établir dans une paix relative en dépit de ses difficultés. Cela est à la base de toute direction. Calme, recueillement et confiance se rapportent à ce point.

2° **Idéal**. Après avoir réuni les éléments nécessaires pour la classer et pour reconnaître ses points faibles, ses forces vives de caractère et de tempérament et son degré de tendance à la perfection, rechercher les moyens propres à raviver son désir de vivre plus sérieusement de Jésus-Christ et de supprimer les barrières qui s'opposent en elle au développement de la grâce. En un mot, par ce point, on tend à pousser l'âme à viser toujours plus haut.

3° **Prière.** S'enquérir comment l'âme fait ses prières, et analyser en particulier son degré de fidélité à l'oraison, son genre d'oraison, les obstacles qu'elle y rencontre et les résultats qu'elle en retire. Profit des sacrements, de la vie liturgique, des dévotions particulières, des oraisons jaculatoires et de l'exercice de la présence de Dieu.

4° **Renoncement**. Étudier sur quoi et surtout comment se fait l'examen particulier, et comment s'exerce le renoncement, par haine contre le péché ou par amour d'une vertu, la garde du cœur, donc la vigilance et le combat spirituel en esprit d'oraison au cours de la journée.

À ces quatre points, on peut ramener ce qu'il y a d'essentiel pour la direction. On peut les examiner tous chaque mois, ou s'en tenir alternativement à l'un d'eux pour ne pas être trop long.

Paralysant ainsi, dans une âme, les éléments de mort et y ravivant les germes de vie, le prêtre zélé arrive à se passionner pour l'exercice de l'art suprême, et le Saint-Esprit, dont il est le fidèle ministre, ne lui ménage pas ces ineffables consolations qui constituent ici-bas l'un des grands bonheurs du sacerdoce. Il les lui accorde dans la mesure où il se dévoue pour appliquer aux âmes les principes qu'il a étudiés. Qui plus que saint Paul a éprouvé les joies de l'apostolat ? Mais aussi quel feu brûlant devait le dévorer pour qu'il ait pu écrire : « Pendant trois années, jour et nuit, je n'ai cessé d'exhorter chacun de vous avec larmes »[68].

« Cher docteur, je sais que votre fils se destine au sacerdoce. Si lui et ses confrères, quand ils auront à soigner les âmes, prennent exemple sur votre dévouement et votre conscience professionnelle pour diagnostiquer et prescrire remèdes et régime qui doivent rendre au malade une santé florissante, ni juifs, ni francs-maçons, ni protestants

68. Act, 20, 31.

ne pourront empêcher chez nous les triomphes de la foi ». Un prélat adressait, en ma présence, cette phrase d'admiration et de reconnaissance au médecin qui, après de laborieux efforts, avait réussi à l'arracher à une crise mortelle, et ne tardait pas à lui rendre une vigueur nouvelle.

Application de la science et exercice de dévouement seront, certes, bénis par Dieu.

Mais quelle puissance surhumaine acquerront ces deux facteurs lorsque le prêtre qui les utilise sera de ceux qui ne peuvent comprendre leur sacerdoce sans la tendance à la sainteté.

Sainte révolution dans le monde si, dans chaque paroisse, dans chaque mission, pour toute communauté, et à la tête de tout groupement catholique, il y avait de réels directeurs d'âmes. Alors, même dans les œuvres (orphelinats, par exemple, asiles, refuges), il y aurait toujours à la base du programme : Former des élites, et les isoler des médiocres dans la mesure du possible, tant qu'on n'a pas été capable de les dresser à un discret mais ardent apostolat sur les autres !

Quiconque veut comparer les œuvres d'après les résultats qu'en attend Jésus, arrive forcément à cette conclusion : partout où il y a un foyer de vraie direction spirituelle, nul besoin des fameuses « béquilles » pour déborder de merveilleux fruits. Tandis que l'emploi simultané, dans une œuvre, de toutes les « béquilles » possibles les plus en vogue ne peut que masquer le défaut de cette direction, mais jamais en atténuer la nécessité.

Plus les prêtres seront zélés pour se perfectionner dans l'art de la direction et pour s'y dévouer, plus aussi s'atténuera à leurs yeux la nécessité de certains moyens extérieurs utiles au début, pour prendre contact avec les fidèles, les attirer, les grouper, les intéresser, les retenir et les garder sous l'influence de l'Église, qui, fidèle à son but, n'est pleinement satisfaite que lorsque les âmes sont intimement incorporées à Jésus-Christ.

◆ *La vie intérieure par l'Eucharistie résume toute la fécondité de l'apostolat.*

Le but de l'Incarnation et dès lors de tout apostolat est de diviniser l'humanité : « Le Christ s'est incarné afin que l'homme devînt dieu »[69]. « Voulant que nous fussions participants de sa divinité, le Fils unique de Dieu a pris notre nature, afin que, devenu homme, il fît des hommes des dieux »[70]. Or, c'est dans l'Eucharistie, ce n'est pas assez dire, c'est dans la vie eucharistique, c'est-à-dire dans la vie intérieure solide, alimentée au banquet divin, que l'apôtre s'assimile la vie divine. La parole du Maître est là, péremptoire, ne laissant prise à aucune équivoque :

---

69. S. Aug.
70. S. Thom, off. de la Fête-Dieu.

« Si vous ne mangez pas la chair du Fils de l'homme, et si vous ne buvez pas son sang, vous n'aurez pas la vie en vous »[71]. La vie eucharistique, c'est la vie de Notre-Seigneur en nous, non seulement par l'indispensable état de grâce, mais par une surabondance de son action. « Je suis venu pour qu'ils aient la vie et qu'ils l'aient abondamment »[72]. Si l'apôtre doit surabonder de vie divine pour la répandre dans les fidèles, et s'il n'en trouve la source que dans l'Eucharistie, comment dès lors supposer l'efficacité des œuvres sans l'action de l'Eucharistie sur ceux qui directement ou indirectement doivent être les dispensateurs de cette vie par ces œuvres ?

Impossible de méditer sur les conséquences du dogme de la présence réelle, du sacrifice de l'autel, de la communion, sans être amené à conclure que Notre-Seigneur a voulu instituer ce sacrement pour en faire le foyer de toute activité, de tout dévouement, de tout apostolat vraiment utile à l'Église. Si toute la Rédemption gravite autour du Calvaire, toutes les grâces de ce mystère découlent de l'autel. Et l'ouvrier de la parole évangélique qui ne vit pas de l'autel n'a qu'une parole morte, une parole qui ne sauve pas, parce qu'elle émane d'un cœur qui n'est pas assez imprégné du sang rédempteur.

---

71. Joan, VI, 54.
72. Joan, X, 10.

Ce n'est pas sans un profond dessein que Notre-Seigneur, aussitôt après la Cène, développe avec insistance et précision, par la parabole du cep de vigne, l'inutilité de l'action qui ne sera pas animée par l'esprit intérieur : « Comme le sarment ne peut de lui-même porter de fruits, ainsi vous ne le pouvez non plus si vous ne demeurez en moi »[73]. Mais aussitôt il indique de quelle valeur sera l'action exercée par l'apôtre vivant de la vie intérieure, de la vie eucharistique ! « Celui qui demeure en moi et en qui je demeure celui-là porte beaucoup de fruits »[74]. Dieu n'agit puissamment que par lui. C'est que, dit saint Athanase, « nous sommes faits dieux par la chair du Christ ». Quand le prédicateur ou le catéchiste conservent en eux la chaleur du sang divin, quand leur cœur est embrasé par le feu qui consume le cœur eucharistique de Jésus, combien leur parole est alors vivante, ardente, enflammée ! Et combien rayonnent les effets de l'Eucharistie, dans une classe par exemple, ou dans une salle d'hôpital, dans un patronage, etc., lorsque ceux que Dieu a choisis pour ces œuvres ont ranimé leur zèle dans la communion et sont devenus des *Porte-Christ !*

Qu'il s'agisse du démon habile à retenir les âmes dans l'ignorance, ou de l'esprit superbe et impur qui cherche à les griser d'orgueil ou à les noyer dans la

73. Joan, XV, 4.
74. Joan, XV, 5.

boue, l'Eucharistie, vie du véritable apôtre, fait sentir son action à nulle autre semblable contre l'ennemi du salut.

Par l'Eucharistie se perfectionne l'amour. Ce mémorial vivant de la Passion ranime dans l'apôtre le feu divin dès qu'il tend à s'éteindre. Il lui fait revivre Gethsémani, le Prétoire, le Calvaire, et lui donne la science de la douleur et de l'humiliation. L'ouvrier apostolique parle aux affligés une langue capable de les faire participer aux consolations puisées à cette sublime école.

Il parle le langage des vertus dont Jésus reste l'exemplaire parce que chacune de ses paroles est comme une goutte de sang eucharistique jetée sur les âmes. Sans ce reflet de la vie eucharistique, la parole de l'homme d'œuvres ne produira qu'un entraînement sans lendemain. Seules les facultés secondaires pourront être ébranlées et les abords de la place occupés. Mais la citadelle, c'est-à-dire le cœur, la volonté, restera imprenable le plus souvent.

Au degré de vie eucharistique acquis par une âme, correspond presque invariablement la fécondité de son apostolat. La marque, en effet, d'un apostolat efficace, c'est d'arriver à donner aux âmes la soif de participer fréquemment et pratiquement au banquet divin. Et pareil résultat n'est obtenu que dans la mesure où l'apôtre lui-même vit véritablement de Jésus-Hostie.

Semblable à saint Thomas plongeant sa tête dans le tabernacle pour découvrir la solution d'une difficulté, l'apôtre, lui aussi, va tout confier à l'hôte divin, et son action sur les âmes est la mise en œuvre de ses confidences à l'auteur de la vie.

Notre admirable pontife et père Pie X, le pape de la communion fréquente, est aussi le pape de la vie intérieure. *Instaurare omnia in Christo*[75], « Tout restaurer dans le Christ » a été sa première parole aux hommes d'œuvres surtout. C'est le programme d'un apôtre qui vit de l'Eucharistie et ne voit le succès dans l'Église que dans la proportion des progrès que font les âmes dans la vie eucharistique.

Œuvres de ce temps, multiples et pourtant si souvent stériles, pourquoi n'avez-vous pas régénéré la société ? Avouons-le encore, on vous compte en bien plus grand nombre qu'aux siècles précédents, et pourtant vous n'avez pas su empêcher l'impiété de ravager, dans des proportions effrayantes, le champ du père de famille. Pourquoi ? Parce que vous n'êtes pas suffisamment centrées sur la vie intérieure, sur la vie eucharistique, sur la vie liturgique bien comprise. Les hommes d'œuvres qui vous dirigent ont pu rayonner de logique, de talent et même d'une certaine piété, ils ont pu arriver à jeter des flots de lumière et à faire adopter quelques pratiques de dévotion : résultat certes déjà appréciable. Mais

75. Eph, I, 10.

faute de puiser assez à la source de la vie, ils n'ont pu communiquer cette chaleur qui détermine les volontés. En vain auraient-ils voulu faire naître ces dévouements obscurs, mais irrésistibles, ces ferments actifs des collectivités, ces foyers d'attraction surnaturelle que rien ne peut remplacer et qui, sans bruit mais sans relâche, communiquent l'incendie autour d'eux et pénètrent lentement mais sûrement toutes les classes de personnes qu'ils peuvent atteindre. Leur vie en Jésus était trop faible pour arriver à ces résultats.

À la contagion du mal des siècles précédents, il suffisait pour préserver les âmes, d'opposer une piété ordinaire. Au virus actuel d'une violence centuplée, inoculé par les appâts du monde, il faut un sérum vivifiant bien plus énergique. Faute de laboratoires capables de produire des contre-poisons efficaces, ou bien les œuvres se sont bornées à procurer la ferveur du sentiment, grands élans presque aussi vite éteints qu'allumés, ou bien elles n'ont pu atteindre que d'infimes minorités. Séminaires et noviciats n'ont pas donné des essaims de prêtres, de religieux et de religieuses assez enivrés du vin eucharistique. Aussi le feu qui, par ces âmes choisies, devait se répandre sur les pieux laïcs dévoués aux œuvres est resté latent. On a donné sans doute à l'Église des apôtres pieux. On ne lui a donné que très rarement des ouvriers évangéliques ayant de par leur vie eucharistique cette piété intégrale de garde du cœur et de zèle, ardente, active, généreuse et pratique qui s'appelle la vie intérieure.

On entend parfois qualifier de bonne, d'excellente, une paroisse, parce que les gens y saluent poliment le prêtre, lui répondent avec déférence, lui manifestent quelque sympathie, lui rendent même au besoin volontiers service, mais où le plus grand nombre remplace par le travail l'assistance à la messe du dimanche, où les sacrements sont abandonnés, où règnent l'ignorance de la religion, l'intempérance et le blasphème, où la morale laisse fort à désirer. Quelle pitié ! Excellente paroisse ? Peut-on appeler chrétiens ces gens à la vie toute païenne ?

Ouvriers évangéliques, nous qui déplorons ces tristes résultats, que ne sommes-nous allés davantage à cette école où le Verbe enseigne les prédicateurs ! Que n'avons-nous puisé plus profondément dans le cœur à cœur avec le Dieu de l'Eucharistie, la parole de vie ! Dieu n'a pas parlé par notre bouche. C'était fatal. Cessons de nous étonner que notre parole humaine soit restée presque stérile.

Nous ne sommes pas apparus aux âmes comme un reflet de Jésus et de sa vie dans l'Église. Pour que le peuple crût en nous, il eût fallu que brillât autour de notre front quelque chose de l'auréole qui illuminait Moïse, lorsque descendant du Sinaï il revenait vers les Israélites. Cette auréole était aux yeux des

Hébreux un témoignage de l'intimité du représentant avec celui qui l'envoyait. Il eût fallu pour notre mission que nous apparussions non seulement hommes probes et convaincus, mais qu'un rayon de l'Eucharistie laissât deviner au peuple le Dieu vivant auquel rien ne résiste. Rhéteurs, tribuns, conférenciers, catéchistes, professeurs, nous n'avons réussi qu'imparfaitement, parce que nous n'avons pas reflété l'intimité divine.

Apôtres qui nous lamentons sur les insuccès de nos œuvres, nous qui savions pourtant qu'en dernière analyse l'homme n'est ordinairement mu que par le désir d'être heureux, demandons-nous si les hommes ont perçu en nous ce rayonnement du bonheur éternel et infini de Dieu que nous eût donné l'union avec celui qui, caché au tabernacle, est cependant la joie de la cour céleste.

Le Maître, lui, n'oubliait pas cette nourriture de joie indispensable à ses apôtres. « Je vous ai dit ces choses afin que ma joie soit en vous, et que votre joie soit parfaite »[76], dit-il aussitôt après la Cène, pour rappeler à quel point l'Eucharistie sera la source de toutes les grandes allégresses d'ici-bas.

Ministres du Seigneur pour qui le tabernacle fut muet, la pierre de la consécration froide, l'hostie mémorial respecté, mais presque inerte, nous avons dû laisser les âmes dans leurs voies mauvaises.

76. Joan, XV, 11.

Comment aurions-nous pu les faire sortir de la fange de leurs plaisirs défendus ? Nous avons parlé cependant des joies de la religion et de la bonne conscience. Mais parce que nous n'avons pas su nous désaltérer assez aux eaux vives de l'Agneau, nous n'avons pu que bégayer en parlant de ces joies ineffables dont le désir aurait, plus efficacement que nos paroles foudroyantes sur l'enfer, brisé les chaînes de la triple concupiscence. En Dieu qui est tout amour, les âmes ont surtout vu par nous le législateur austère et le juge aussi inexorable dans ses arrêts que rigoureux dans ses châtiments. Nos lèvres n'ont pas su parler le langage du cœur de celui qui aime les hommes, parce que nos entretiens avec ce cœur étaient aussi rares que peu intimes.

Ne rejetons pas la faute sur l'état de démoralisation profonde de la société, puisque nous voyons par exemple ce que, sur des paroisses déjà déchristianisées, a pu opérer la présence de prêtres judicieux, actifs, dévoués, capables, mais par-dessus tout, amants de l'Eucharistie. En dépit de tous les efforts des ministres de Satan, « devenus terribles aux démons », puisant la force au foyer de la force, dans le brasier du tabernacle, ces prêtres, malheureusement rares, ont su tremper des armes invincibles que les démons conjurés ont été impuissants à briser.

L'oraison près de l'autel n'a plus été pour eux stérile, car ils sont devenus capables de comprendre ces paroles de saint François d'Assise : « L'oraison, c'est la source de la grâce. La prédication c'est le canal qui distribue les grâces que nous avons reçues du Ciel. Les ministres de la parole de Dieu sont choisis du grand Roi pour porter aux peuples ce qu'ils auront appris et recueilli eux-mêmes de sa bouche, surtout près du tabernacle. »

Le grand motif d'espérer est de voir actuellement cette génération d'hommes d'œuvres qui ne se contentent plus de promouvoir des communions de parade, mais savent faciliter l'éclosion d'âmes de vrais communiants.

CINQUIÈME PARTIE

QUELQUES PRINCIPES ET AVIS POUR LA VIE INTÉRIEURE

1. Quelques conseils aux hommes d'œuvres pour la vie intérieure.

AMENER le cher lecteur à admettre comme frappante la thèse rappelée par ce volume serait déjà un résultat, mais insuffisant.

Le vrai but de ce livre, c'est de déterminer l'âme à se dire : Je veux vivre davantage cette thèse.

Aussi convient-il de dire fraternellement à l'homme d'œuvres, à l'apôtre qui vient de lire ces pages, surtout si cette lecture s'est faite pendant une retraite : Votre approbation de la thèse restera presque stérile si elle n'est jointe à des résolutions précises d'intensifier votre vie intérieure.

Convictions :

Le zèle n'est efficace qu'autant que l'action de Jésus-Christ vient s'y adjoindre.

Jésus-Christ est l'agent principal, nous ne sommes que ses instruments.

Jésus-Christ ne bénit point les œuvres où l'homme n'a confiance qu'en ses moyens.

Jésus-Christ ne bénit point les œuvres entretenues uniquement par l'activité naturelle.

Jésus-Christ ne bénit point les œuvres où l'amour-propre travaille à la place de l'amour divin[1].

Malheur à qui se refuse aux œuvres auxquelles Dieu l'appelle.

Malheur à qui s'ingère dans les œuvres sans s'assurer de la volonté de Dieu.

Malheur à qui, dans les œuvres, veut gouverner sans dépendre véritablement de Dieu.

Malheur à qui, dans l'exercice des œuvres, ne prend pas les moyens de conserver ou de recouvrer la vie intérieure.

Malheur à qui ne sait pas ordonner la vie intérieure et la vie active, de telle sorte que celle-ci ne nuise pas à l'autre.

Principes :

1er principe. – Ne pas se jeter dans les œuvres par pure activité naturelle, mais consulter Dieu afin de pouvoir se rendre le témoignage qu'on agit sous l'inspiration de sa grâce et d'après l'expression moralement certaine de sa volonté.

---

1. P. Desurmont.

2e principe. – Il est imprudent et nuisible de rester trop longtemps dans une période d'occupations excessives qui mettrait l'âme dans un état incompatible avec les exercices essentiels de la vie intérieure. C'est le cas alors, surtout pour les prêtres et les religieux, d'appliquer, même aux œuvres les plus saintes, le « Arrache-le et jette-le loin de toi »[2].

3e principe. – Un règlement déterminant l'emploi habituel du temps et fait d'accord avec un prêtre sage, intérieur et expérimenté, doit être imposé, violemment au besoin, au débordement déréglé de vie active.

4e principe. – Pour son profit et pour celui des autres, il faut avant tout cultiver la vie intérieure. Plus on est occupé, plus aussi on a besoin de cette vie. Donc plus on doit en avoir soif, et plus on doit prendre les moyens pour que cette soif ne soit pas un de ces désirs stériles que Satan exploite si habilement pour chloroformer les âmes et les garder dans l'illusion.

5e principe. – L'âme se trouve-t-elle accidentellement et vraiment de par la volonté de Dieu, très occupée et, par suite, dans l'impossibilité morale de prolonger ses exercices de piété ? Elle possède un thermomètre infaillible qui lui indique si elle se maintient vraiment dans la ferveur. A-t-elle véritablement soif de vie intérieure, avec toute sa bonne

2. Matth, V, 29.

volonté saisit-elle toutes les occasions d'en accomplir les pratiques essentielles, elle peut être en paix et doit compter fermement sur des grâces toutes spéciales. Dieu les lui réserve : elle y trouvera la force suffisante pour avancer dans la vie spirituelle.

6e principe. – Tant que l'homme d'action n'est pas parvenu à se conserver dans le recueillement et la dépendance de la grâce qui doivent l'accompagner partout, il est dans un état insuffisant de vie intérieure. Pour ce recueillement nécessaire, point de contention. Un coup d'œil habituel partant plus du cœur que de l'esprit suffit. Coup d'œil sûr, juste, pénétrant pour distinguer si l'on reste dans l'action sous l'influence de Jésus.

Avis pratiques :

1° Se bien buriner dans l'esprit que sans le règlement dont il est parlé ci-dessus et la volonté ferme de s'y astreindre habituellement, et en particulier quant à l'heure du lever rigoureusement fixée, l'âme ne peut pas poursuivre la vie intérieure.

2° Mettre à la base de la vie intérieure, comme un élément indispensable, l'oraison du matin. « Celui, dit sainte Thérèse, qui est déjà bien déterminé à faire coûte que coûte la demi-heure d'oraison du matin, a déjà fait la moitié du chemin ». Et sans oraison, presque forcément journée de tiédeur.

3° Messe, communion, récitation du bréviaire, fonctions liturgiques sont des mines incomparables de vie intérieure et doivent être exploitées avec une foi et une ferveur grandissantes.

4° Examen particulier et examen général doivent aboutir ainsi qu'oraison et vie liturgique à l'habitude de la garde du cœur par laquelle se réalise l'union du Veillez et du Priez. L'âme attentive à ce qui se passe dans son intérieur et à la présence de la très sainte Trinité en elle acquiert l'instinct de recourir à Jésus en toutes circonstances, mais surtout si elle aperçoit le danger de se dissiper ou de faiblir.

5° De là un besoin de prier sans cesse par les communions spirituelles et les oraisons jaculatoires si faciles, lorsqu'on le veut bien, même au milieu des occupations les plus absorbantes, et si agréables à varier en les appropriant aux besoins spéciaux du moment présent, aux circonstances actuelles, dangers, difficultés, lassitude, déceptions, etc.

6° Pieuse étude de l'Écriture Sainte, du Nouveau Testament surtout, doivent trouver place chaque jour ou du moins plusieurs fois par semaine dans une vie sacerdotale. – La lecture spirituelle de l'après-midi est un devoir quotidien qu'une âme généreuse se garde de négliger. L'esprit a besoin d'être mis en présence des vérités surnaturelles, des dogmes générateurs de la piété et des conséquences morales qui en découlent et qu'on oublie si facilement.

7° Grâce à cette garde du cœur qui en sera comme la préparation éloignée, la confession hebdomadaire sera sûrement imprégnée de contrition sincère, de douleur vraie et de ferme propos de plus en plus loyal et résolu.

8° La retraite annuelle est très utile, mais insuffisante. La retraite du mois (d'un jour entier ou au moins d'une demi-journée) vraiment employée à remettre l'âme en équilibre est presque indispensable à l'homme d'œuvres.

2. L'oraison, élément indispensable de la vie intérieure, donc de l'apostolat.

Un désir vague de vie intérieure conçu après la lecture rapide d'un volume ne donnerait aucun résultat.

Il faut que ce désir se fixe dans une résolution précise, chaude et pratique.

Nombre de personnes d'œuvres nous ont demandé de leur faciliter le moyen de réaliser leur projet de vie intérieure par l'énoncé de quelques résolutions générales.

Répondre à ces désirs c'est ajouter comme une sorte d'appendice à ce volume.

Nous y répondons néanmoins volontiers, persuadé d'un côté que l'homme d'œuvres, prêtre ou laïc, n'aura vraiment profité de la lecture de ce qui précède que s'il est bien déterminé à consacrer chaque matin un instant à l'oraison mentale ; et d'un autre côté que le prêtre, s'il veut progresser dans la vie intérieure, ne peut négliger d'utiliser la vie liturgique et de s'exercer à la garde du cœur.

Nous croyons plus pratique d'adopter pour ces trois points la forme de résolution personnelle.

Nous n'avons pas la prétention d'apporter une nouvelle méthode d'oraison mais nous essayons d'extraire la moelle des meilleures méthodes.

RÉSOLUTION D'ORAISON[3]

Je veux être fidèle à l'oraison du matin.

I. Cette fidélité s'impose-t-elle ?

Prêtre, j'ai entendu à ma retraite d'ordination cette grave parole : *Sacerdos alter Christus, le prêtre est un autre Christ !* J'ai compris alors que si je ne vis pas spécialement de Jésus, je ne suis pas un prêtre selon son cœur, je ne suis pas une âme sacerdotale. Prêtre, je dois vivre dans l'intimité de Jésus. Il l'attend de moi : « Je ne vous appelle plus mes serviteurs, mais mes amis »[4].

3. Chacune de ces trois résolutions doit être méditée lentement ou plutôt divisée en plusieurs méditations. Une simple lecture ne permettrait pas d'en profiter.

4. Joan, XV, 15.

Mais ma vie avec Jésus principe, moyen et fin, se développe dans la mesure où il est la lumière de ma raison et de tous mes actes intérieurs et extérieurs, l'amour réglant toutes les affections de mon cœur, ma force dans mes épreuves, luttes, œuvres, et l'aliment de cette vie surnaturelle qui me fait participer à la vie même de Dieu.

Or, cette vie avec Jésus, assurée par ma fidélité à l'oraison, est sans l'oraison moralement impossible.

Oserais-je outrager par un refus le cœur de celui qui m'offre ce moyen de vivre d'amitié avec lui ?

Autre aspect important, bien que négatif, de la nécessité de mon oraison : de par l'économie du plan divin, elle est efficace contre les dangers inhérents à ma faiblesse, à mes rapports avec le monde, à telles de mes obligations.

Si je fais oraison, je suis comme revêtu d'une armure d'acier, et invulnérable aux flèches ennemies. Sans l'oraison, elles m'atteindront sûrement. Par suite, nombre de fautes, que je ne remarque pas, ou à peine, me seront imputées dans leur cause.

« Oraison ou très grand risque de damnation pour le prêtre en contact avec le monde », déclarait sans hésiter le pieux, docte et prudent P. Desurmont, l'un des plus expérimentés prédicateurs de retraites ecclésiastiques.

« Pour l'apôtre, pas de milieu entre la sainteté sinon acquise, du moins désirée et poursuivie (surtout par l'oraison quotidienne), et la perversion progressive », dit à son tour le cardinal Lavigerie.

Chaque prêtre peut appliquer à son oraison le mot inspiré par le Saint-Esprit au psalmiste : « Si votre loi n'était l'objet de ma méditation, déjà j'aurais péri dans ma misère »[5]. Or cette loi va jusqu'à obliger le prêtre à reproduire l'esprit de Notre-Seigneur.

Un prêtre vaut ce que vaut son oraison. Deux catégories de prêtres :

1° Les prêtres dont la résolution est telle que leur oraison ne saurait être même retardée par les prétextes de bienséance, d'occupations, etc. Seul, un cas très rare de force majeure la fera renvoyer à une autre demi-heure de la matinée. Mais rien de plus.

Ces vrais prêtres ont à cœur d'obtenir des résultats appréciables dans leur oraison, qu'ils veulent distincte de l'action de grâces de la messe, de toute lecture spirituelle et a fortiori de la composition d'un sermon.

Ils ont la sainteté désirée efficacement. Et, tant qu'ils persévèrent ainsi, leur salut est moralement assuré.

2° Les prêtres qui n'ayant pris qu'une demi-résolution renvoient et dès lors omettent facilement leur oraison, en dénaturent le but, ou ne s'imposent aucun effort véritable pour y réussir.

5. Ps, CXVIII, 92.

Perspective : tiédeur fatale, illusions subtiles, conscience endormie ou faussée… Pas glissant vers l'abîme.

À laquelle des deux catégories veux-je appartenir ? Si j'hésite à choisir, c'est que j'ai manqué ma retraite.

Tout se lie. Si j'abandonne ma demi-heure d'oraison, la sainte messe elle-même – donc ma communion – sera bientôt sans fruits personnels et pourra devenir imputable à péché. La récitation pénible, presque mécanique, de mon bréviaire ne sera plus la chaude et joyeuse expression de ma vie liturgique. Peu de vigilance, point de recueillement, dès lors, point d'oraisons jaculatoires. Plus, hélas ! de lectures spirituelles. Apostolat de moins en moins fécond. Pas d'examen loyal des fautes, moins encore d'examen particulier. Confessions routinières, parfois douteuses… en attendant la sacrilège !

La citadelle de moins en moins défendue est livrée à l'assaut d'une légion d'ennemis : Brèches d'abord… Ruines bientôt.

II. Que doit être mon oraison ?

L'ascension de l'esprit vers Dieu. « Monter ainsi, dit saint Thomas, étant un acte de la raison non spéculative, mais pratique, suppose les actes de la volonté ».

Conséquence :

Vrai travail donc que l'oraison mentale, surtout pour les débutants.

– Travail pour se détacher un instant de ce qui n'est pas Dieu.

– Travail pour rester une demi-heure fixé en Dieu et arriver à prendre un nouvel élan vers le bien.

– Travail sans doute pénible au début, mais que je veux accepter généreusement.

– Travail qui, du reste, sera vite couronné par la plus grande consolation d'ici-bas, la paix dans l'amitié et dans l'union avec Jésus.

« L'oraison, dit sainte Thérèse, n'est qu'un entretien d'amitié où l'âme parle cœur à cœur avec celui dont elle se sait aimée ».

Entretien cordial. Il serait impie de supposer que Dieu qui me donne le besoin, et parfois l'attrait de cet entretien, bien plus me l'impose, ne veut pas me le faciliter. Même si je l'ai depuis longtemps délaissé, Jésus m'y appelle tendrement et m'offre une assistance spéciale pour ce langage de ma foi, de mon espérance et de ma charité que devra être, suivant le mot de Bossuet, mon oraison.

Résisterai-je à cet appel d'un père qui invite même le prodigue à venir écouter sa parole, à l'entretenir filialement, à lui ouvrir son cœur, et à entendre battre le sien ?

Entretien simple. J'y serai naturel. Donc je parlerai à Dieu, en tiède, en pécheur, en prodigue ou en fervent. Avec la naïveté d'un enfant, j'exposerai mon état d'âme et ne parlerai que le langage qui traduit vraiment ce que je suis.

Entretien pratique. Ce n'est pas pour rendre le fer brûlant et lumineux que le forgeron le plonge dans le feu, mais pour qu'il devienne malléable. Ainsi l'oraison n'éclaire mon intelligence et ne réchauffe mon cœur que pour rendre mon âme souple, afin de pouvoir la marteler, lui enlever défauts ou forme du vieil homme, et lui donner vertus ou forme de Jésus-Christ.

Mon entretien aura donc pour résultat de hausser mon âme jusqu'à la sainteté de Jésus[6], afin qu'Il puisse la façonner à son image. « Vous Seigneur Jésus, vous-même, de votre main très douce et très miséricordieuse, mais pourtant très forte, vous formez et pétrissez mon cœur »[7].

III. Comment ferai-je oraison ?

Pour réaliser définition et but, je suivrai cette marche logique : je mettrai ma raison et surtout ma foi et mon cœur devant Notre-Seigneur m'enseignant une vérité ou une vertu. J'aiguiserai ma soif d'harmoniser mon âme avec l'idéal entrevu.

---

6. Belle expression d'Alvarez de Paz sur le but de l'oraison.

7. S. Aug.

Je déplorerai ce qui en moi lui est contraire. Prévoyant les obstacles, je me déciderai à les briser. Mais, persuadé que seul je n'arriverai à rien, j'obtiendrai par mes instances la grâce efficace pour réussir.

Voyageur épuisé, haletant, je cherche à me désaltérer... Enfin je vois : j'aperçois une source. Mais elle jaillit d'un rocher escarpé... J'ai soif : plus je regarde cette eau limpide qui me permettrait de continuer ma route, plus s'accentue, malgré les obstacles, le désir d'étancher ma soif... Je veux : à tout prix je veux parvenir à cette source et m'efforcer d'y arriver. Hélas ! je dois constater mon impuissance... Je veux avec vous : survient un guide. Il n'attend que mes instances pour m'aider. Il me porte même dans les passages difficiles. Bientôt je me désaltère à longs traits.

Ainsi des eaux vives de la grâce jaillissant du cœur de Jésus.

Ma lecture spirituelle du soir, élément si précieux de vie intérieure, a ravivé mon désir de faire oraison le lendemain...

Avant mon repos, je prévois sommairement, mais d'une manière nette et forte, mon sujet d'oraison[8]

8. Un livre de méditation est presque toujours indispensable pour empêcher l'esprit de rester dans le vague.
Nombre de volumes anciens et modernes présentent tous les caractères de vrais livres de méditation et non point seulement de lecture spirituelle. Chaque point renferme une vérité saisissante

ainsi que le fruit particulier que j'en veux tirer, et j'excite devant Dieu mon désir d'en profiter.

L'heure de l'oraison est arrivée[9]. Je veux m'arracher à la terre, forcer mon imagination à me représenter une scène vivante et parlante que je substitue à mes préoccupations, distractions, etc.[10]. Représentation rapide et à grands traits, mais assez frappante pour me saisir et me jeter en présence de ce Dieu, dont l'activité toute d'amour veut m'envelopper et me pénétrer.

De la sorte, je suis en relation avec un interlocuteur vivant[11], adorable et aimable.

---

présentée avec netteté, force et concision, de telle sorte qu'après la réflexion elle appelle l'entretien affectueux et pratique avec Dieu. Un seul point suffit pour une demi-heure, il doit se résumer en un texte biblique ou liturgique, ou une idée mère adaptée à mon état. Avant tout, choisir les fins dernières et le péché au moins une fois par mois, puis la vocation, les devoirs d'état, les péchés capitaux, les vertus principales, les attributs de Dieu, les mystères du rosaire ou une autre scène de l'Évangile, de la Passion surtout. Aux solennités liturgiques le sujet est tout indiqué.

9. Le « portes fermées » de Notre-Seigneur m'invite à préférer pour faire mon oraison l'endroit où je serai le moins dérangé : église, chambre, jardin, etc.

10. Par ex. : N.-S. montrant son cœur sacré et disant : Je suis la résurrection – ou Voici ce cœur qui a tant aimé les hommes – ou bien une scène de sa vie : Bethléem, Thabor, Calvaire, etc. Si après un effort loyal et court, on ne réussit pas à cette représentation, passer outre, Dieu y suppléera.

11. Le succès de l'oraison dépend souvent du soin apporté à considérer l'interlocuteur comme présent et vivant, et à cesser de le traiter comme éloigné et passif, c'est-à-dire presque comme une

Aussitôt j'adore profondément. Cela s'impose. Anéantissement, contrition, protestation de dépendance, prière humble et confiante pour que soit béni cet entretien avec mon Dieu[12].

Je vois.

Saisi par votre présence vivante, ô Jésus, et ainsi dégagé de l'ordre purement naturel, je vais commencer mon entretien par le langage de la foi, plus fécond que les analyses de ma raison. Dans ce but je lis ou me remémore soigneusement le point d'oraison. Je le résume et concentre sur lui mon attention.

C'est vous qui me parlez et m'enseignez cette vérité, ô Jésus. Je veux raviver et accroître ma foi sur ce que vous me présentez comme absolument certain, puisque fondé sur votre véracité.

Et toi, mon âme, ne cesse pas de répéter : Je le crois. Répète-le avec plus de force encore. Comme l'enfant qui redit sa leçon, répète de très nombreuses fois que tu adhères à cette doctrine et à ses conséquences pour ton éternité[13]... Ô Jésus, cela est vrai,

---

abstraction.

12. Que l'on se persuade fortement que Dieu ne veut pour cet entretien que la bonne volonté. L'âme qui, obsédée par les distractions, revient chaque jour patiemment et filialement à son divin interlocuteur fait une excellente oraison – Dieu supplée à tout.

13. Ainsi s'ancrent les fortes convictions et se préparent les dons d'esprit de foi vive et d'intuition surnaturelle.

absolument vrai. Je le crois. Je veux que ce rayon de soleil de la Révélation soit comme le phare de ma journée. Rendez ma foi encore plus ardente. Inspirez-moi un désir véhément de vivre de cet idéal et une sainte colère pour ce qui lui est opposé. Je veux dévorer cet aliment de vérité, et me l'assimiler.

Si, cependant, après quelques minutes passées à exciter ma foi, je restais inerte devant la vérité qui m'est présentée, je n'insisterais pas. Je vous exposerais filialement, bon Maître, la peine que j'éprouve de cette impuissance et vous prierais d'y suppléer.

J'ai soif.

De la fréquence et surtout de l'énergie de mes actes de foi, vraie participation à un rayon de l'intelligence divine, va dépendre le degré de tressaillement de mon cœur, langage de la charité affective.

Naissent en effet d'elles-mêmes, ou excitées par ma volonté, les affections, fleurs que mon âme d'enfant jette devant Jésus qui lui parle : adoration, reconnaissance, amour, joie, attachement à la volonté divine et détachement de tout le reste, aversion, haine, crainte, colère, espérance, abandon.

Mon cœur choisit un ou plusieurs de ces sentiments, s'en pénètre, vous les exprime, ô Jésus, et vous les répète maintes fois, tendrement, loyalement, mais simplement.

Si ma sensibilité m'offre son concours, je l'accepte. Il peut être utile, mais n'est point nécessaire. Une affection calme, mais profonde, est plus sûre et plus féconde que les émotions superficielles. Ces dernières ne dépendent pas de moi et ne sont jamais le thermomètre de la vraie et fructueuse oraison. Ce qui est toujours en mon pouvoir et importe surtout, c'est l'effort pour secouer la torpeur de mon cœur et lui faire dire : Mon Dieu, je veux m'unir à vous. Je veux m'anéantir devant vous. Je veux chanter ma gratitude et ma joie d'accomplir votre volonté. Je ne veux plus mentir en vous disant que je vous aime et que je déteste ce qui vous blesse, etc.

Bien que mon effort ait été loyal, il peut se faire que mon cœur demeure froid et n'exprime que mollement ses affections. Je vous dirai alors ingénument, ô Jésus, et mon humiliation et mon désir. Je prolongerai volontiers mes plaintes, persuadé qu'en gémissant ainsi devant vous de cette stérilité, j'acquiers un droit spécial à m'unir d'une façon très efficace, bien que sèchement, aveuglément et froidement, aux affections de votre divin cœur.

Qu'il est beau, ô Jésus, l'idéal que j'aperçois en vous. Mais ma vie est-elle en harmonie avec cet exemplaire parfait ? Je fais cette recherche sous votre regard profond, ô interlocuteur divin qui, maintenant, tout miséricorde, serez tout justice dans le tête-à-tête du jugement particulier, alors que d'un seul coup d'œil vous scruterez les mobiles secrets des moindres actes de mon existence. Est-ce que je vis de cet idéal ? Si je mourais en ce moment, ô Jésus, ne trouveriez-vous pas que ma conduite en est la contradiction ?

Sur quels points désirez-vous, bon Maître, que je me corrige ? Aidez-moi à découvrir les obstacles qui m'empêchent de vous imiter, puis les causes internes ou externes et les occasions prochaines ou éloignées de mes défaillances.

La vue de mes misères et de mes difficultés oblige mon cœur à vous exprimer, ô mon Rédempteur adoré : confusion, douleur, tristesse, regrets amers, soif ardente de mieux faire, offrande généreuse et sans réserve de mon être. « Je veux plaire à Dieu en toutes choses »[14].

Je veux.

J'entre plus avant dans l'école du vouloir.

C'est le langage de la charité effective. Les affections ont fait naître en moi le désir de me corriger. J'ai vu les obstacles. Maintenant, à ma volonté de dire : « Je veux les lever ». Ô Jésus, mon ardeur à vous répéter ce « Je veux » découle de ma ferveur à répéter : Je crois, j'aime, je regrette, je déteste.

---

14. Suarez résume par ces mots le fruit de tous les traités ascétiques. Ces actes du « J'ai soif » disposent l'âme à la résolution de ne rien refuser à Dieu.

Si parfois ce « Je veux » ne jaillit pas avec l'énergie que je souhaiterais, ô bien-aimé Sauveur, je déplorerai cette faiblesse de ma volonté, et loin de me décourager, je ne me lasserai pas de vous répéter combien je désire participer à votre générosité au service de votre Père.

À ma résolution générale de travailler à me sauver et à aimer Dieu, je joins celle d'appliquer mon oraison aux difficultés, tentations, dangers de la journée. Mais j'ai surtout à cœur de forger à nouveau, avec un amour plus vif, la résolution[15], objet de mon examen particulier (défaut à combattre ou vertu à pratiquer). Je la fortifie par des motifs puisés dans le cœur du Maître. En vrai stratège, je précise les moyens capables d'en assurer l'exécution, prévois les occasions et me prépare à la lutte. Si j'entrevois une occasion spéciale de dissipation, d'immortification, d'humiliation, de tentation, une décision grave, etc., je me dispose pour ce moment à vigilance, énergie, et surtout union à Jésus et recours à Marie.

Si je tombe encore malgré ces précautions, quel abîme entre ces chutes de surprise et les autres! Arrière le découragement, puisque je sais que Dieu est glorifié par mes perpétuels recommencements

15. Mieux vaut la même résolution des mois entiers, ou d'une retraite à l'autre. L'examen particulier, en forme de court entretien avec Notre-Seigneur, complète l'oraison, et en constatant progrès ou reculs facilite extraordinairement la marche en avant.

pour devenir plus résolu, plus défiant de moi-même, plus suppliant envers lui.

Le succès n'est qu'à ce prix.

Je veux avec vous.

Obliger un boiteux à marcher droit est moins absurde que de vouloir réussir sans vous, ô mon Sauveur (S. Aug.). Pourquoi mes résolutions sont-elles restées stériles ? sinon parce que le « Je puis tout » n'est pas dérivé de sa source : en celui qui me fortifie[16]. J'arrive donc au point de mon oraison, à certains égards le plus important : la supplication ou langage de l'espérance.

Sans votre grâce, ô Jésus, je ne puis rien. Cette grâce je ne la mérite à aucun titre. Mais je sais que mes instances, loin de vous fatiguer, détermineront la mesure de votre secours, si elles reflètent ma soif d'être à vous, la défiance de moi, et ma confiance illimitée, folle, dirai-je, en votre cœur. Comme la Chananéenne, je me prosterne à vos pieds, ô Bonté infinie. Avec sa persistance, toute d'espoir et d'humilité, je vous demande non pas quelques miettes, mais une vraie participation à ce festin, dont vous avez dit : Ma nourriture est de faire la volonté de mon Père.

Devenu, par la grâce, membre de votre corps mystique, je participe à votre vie et à vos mérites et je prie par vous, ô Jésus. Ô Père saint, je prie par

16. Phil, IV, 13.

le sang divin qui crie miséricorde : pourriez-vous rejeter ma prière ? C'est le cri du mendiant que je pousse vers vous, ô richesse inépuisable : « Exaucez-moi, car je suis pauvre et indigent »[17]. Revêtez-moi de votre force et glorifiez votre puissance dans ma faiblesse. Votre bonté, vos promesses et vos mérites, ô Jésus, ma misère et ma confiance, sont les seuls titres de ma requête pour obtenir par mon union avec vous la garde du cœur et la force pendant cette journée.

Survienne un obstacle, une tentation, un sacrifice à imposer à une de mes facultés, le texte ou la pensée que j'emporte comme bouquet spirituel me fera respirer le parfum de prière qui a enveloppé mes résolutions, et de nouveau, à ce moment, je pousserai le cri de la supplication efficace. Cette habitude, fruit de mon oraison, en sera aussi la pierre de touche : Vous les reconnaîtrez à leurs fruits.

∴

Quand j'arriverai à vivre de foi et de soif habituelle de Dieu, alors seulement le travail du « Je vois » sera parfois supprimé ; le « J'ai soif » et le « Je veux » jailliront dès le début de l'oraison, qui se passera à produire affections et offrandes, à affermir ma volonté résolue, puis à mendier près de Jésus

17. Ps, LXXXV.

directement ou par Marie Immaculée, les anges ou les saints, une union plus intime et plus constante avec la volonté divine.

Le Saint Sacrifice m'attend. L'oraison m'y a préparé. Ma participation au Calvaire au nom de l'Église et ma communion seront comme une suite de mon oraison[18]. Dans mon action de grâces, j'étendrai

18. L'oraison est le brasier où va se raviver la garde du cœur.
Par la fidélité à cette oraison, tous les autres exercices de piété seront vivifiés. L'âme acquerra peu à peu la vigilance et l'esprit d'oraison, c'est-à-dire l'habitude de recourir à Dieu de plus en plus fréquemment.
L'union avec Dieu dans l'oraison engendrera l'union intime avec lui, même pendant les occupations les plus absorbantes. L'âme vivant ainsi unie à Notre-Seigneur par la garde du cœur attirera en elle de plus en plus les dons du Saint-Esprit et les vertus infuses, et, peut-être. Dieu l'appellera-t-il à un degré d'oraison plus élevé.
L'excellent volume: *Les Voies de l'oraison mentale,* de Dom Vital Lehodey, précise bien ce qui est requis pour l'ascension de l'âme par les divers degrés d'oraison, et donne les règles pour discerner si une oraison supérieure est vraiment un don de Dieu ou un fruit de l'illusion.
Avant de parler de l'oraison affective, premier degré des oraisons plus élevées auxquelles Dieu n'appelle ordinairement que les âmes arrivées à la garde du cœur par la méditation, le P. Rigoleuc, indique dans le livre si estimé de ses *Œuvres spirituelles* (Avignon, 1843, pp. 17 et suiv.) dix manières de s'entretenir avec Dieu, lorsqu'après un essai sérieux on se trouve dans l'impossibilité morale de faire la méditation sur le sujet préparé la veille.
Nous résumons le pieux auteur.
1re manière: Prendre un livre spirituel (*Nouveau Testament* ou *Imitation*) ; lire quelques lignes par intervalle; méditer un peu ce qu'on a lu, tâcher d'en pénétrer le sens et de se l'imprimer dans l'esprit. En tirer quelque sainte affection, amour ou pénitence, etc.,

mes demandes aux intérêts de l'Église, aux âmes dont

---

et se proposer de pratiquer cette vertu à l'occasion.
Éviter de trop lire ou de trop méditer. S'arrêter à chaque pause autant que l'esprit y trouvera entretien agréable et utile.
2e manière : Prendre quelque parole de l'Écriture, ou quelque prière vocale : *Pater, Ave, Credo*, par exemple, la prononcer, s'arrêter à chaque mot, en tirer divers sentiments de piété dans lesquels on s'entretient tant que l'on y trouve du goût. À la fin, demander à Dieu quelque grâce ou vertu suivant le sujet médité.
Ne pas s'arrêter trop avec ennui et dégoût sur un mot, mais quand on n'y trouve plus de quoi s'entretenir, passer doucement à un autre. Quand on se sent touché de quelque bon sentiment, s'y arrêter tant qu'il dure sans se mettre en peine de passer plus avant. Pas nécessaire de faire toujours des actes nouveaux, il suffit quelquefois de se tenir devant Dieu en ruminant en silence les paroles déjà méditées, ou en goûtant le sentiment qu'elles ont produit dans le cœur.
3e manière : Quand le sujet préparé ne fournit pas assez d'entretien, faire des actes de foi, adoration, action de grâces, espérance, amour, etc., en leur donnant autant d'étendue qu'on veut et en s'arrêtant un peu à chacun pour le goûter.
4e manière : Quand on ne sait plus méditer, ni produire d'affections (impuissance et stérilité) protester devant Dieu qu'on a l'intention de faire autant d'actes de contrition par exemple, qu'on respirera de fois, qu'on fera couler de grains de chapelet entre ses doigts ou que l'on prononcera de bouche quelque courte prière.
Renouveler de temps en temps cette protestation. Si Dieu donne quelque autre bon sentiment, le recevoir avec humilité et s'y entretenir.
5e manière : Dans les peines et les sécheresses, si on est stérile et impuissant à penser ou à agir, s'abandonner généreusement à la souffrance sans s'inquiéter ni faire d'effort pour en sortir, sans faire d'autres actes que cet abandon de soi-même entre les mains de Dieu pour souffrir cette épreuve et toutes celles qu'il lui plaira. Ou bien unir sa prière à l'agonie de Notre-Seigneur dans le jardin et à son délaissement sur la croix. Se persuader qu'on y est attaché

j'ai la charge, aux défunts, à mes œuvres, parents,

---

avec son Sauveur et s'animer, par son exemple, à y demeurer et à souffrir constamment jusqu'à la mort.
6e manière : Revue de son intérieur. Reconnaître ses défauts, passions, faiblesses, infirmités, impuissance, misères, néant. Adorer les jugements de Dieu à l'égard de l'état où l'on se trouve. Se soumettre à sa sainte volonté. Le bénir également et pour les châtiments de sa justice et pour les faveurs de sa miséricorde. S'humilier devant sa souveraine Majesté. Lui faire sincère confession de ses infidélités et péchés et demander pardon. Rétracter ses faux jugements et ses erreurs. Détester tout le mal qu'on a fait et se proposer de se corriger à l'avenir.
Cette oraison est fort libre et reçoit toutes sortes d'affections ; elle peut se faire en tout temps, surtout après accident inopiné pour se soumettre aux châtiments de la justice de Dieu, ou après l'embarras de l'action pour se remettre dans le recueillement.
7e manière : Vive représentation des fins dernières. Se considérer à l'agonie entre le temps et l'éternité ; entre la vie passée et le jugement de Dieu. Que voudrais-je avoir fait ? Comment voudrais-je avoir vécu ? Peine qu'on ressentira. Se rappeler péchés, dérèglements, abus de grâces. Comment on voudrait s'être comporté dans telle et telle occasion. Se proposer de remédier efficacement à ce qu'on a sujet de craindre. Se figurer – enterré, en putréfaction, oublié de tous – devant le tribunal de Jésus-Christ – dans le purgatoire – dans l'enfer. Plus la représentation est vive, plus on profite de l'oraison. Il faut cette mort mystique pour décharner l'âme, et ressusciter, c'est-à-dire, être affranchi de la corruption du vice. Il faut passer par ce purgatoire pour arriver à la jouissance de Dieu en cette vie.
8e manière : Application d'esprit à Jésus-Christ dans le Très Saint Sacrement. Saluer Notre-Seigneur dans le Saint Sacrement avec tout le respect que demande la présence réelle, s'unir à lui et à toutes ses divines opérations dans l'Eucharistie où il ne cesse d'adorer, louer, aimer son Père au nom de tous les hommes, et en état de victime.
Concevoir son recueillement, vie cachée, dépouillement de tout, obéissance, humilité, etc. S'exciter à les imiter et se proposer de le

amis, bienfaiteurs, ennemis, etc.

---

faire dans les occasions.
Offrir au Père, Jésus-Christ comme victime digne de lui, et par laquelle nous pouvons rendre hommage, reconnaître ses bienfaits, satisfaire à sa justice et obliger sa miséricorde à nous secourir.
S'offrir soi-même à lui sacrifier être, vie, emplois. Lui présenter un acte de vertu qu'on se propose de faire, quelque mortification qu'on est résolu de pratiquer pour se vaincre, et cela pour les mêmes fins pour lesquelles Notre-Seigneur s'immole dans le Saint Sacrement. Faire cette oblation avec un désir ardent d'accroître autant qu'on en est capable la gloire qu'il rend à son Père dans cet auguste mystère.
Finir par la communion spirituelle.
Oraison excellente – surtout pour la visite au Saint Sacrement. Se la rendre familière, car notre bonheur en cette vie dépend de notre union à Jésus-Christ dans le Très Saint Sacrement.
9e manière : Elle se fait au nom de Jésus-Christ. Elle excite notre confiance en Dieu et nous fait entrer dans l'esprit et les sentiments de Notre-Seigneur.
Elle est fondée sur ce que nous sommes alliés au Fils de Dieu, ses frères, membres de son Corps mystique, qu'il nous a cédé tous ses mérites et légué toutes les récompenses que son Père lui doit pour ses travaux et sa mort. C'est ce qui nous rend capables d'honorer Dieu d'un culte digne de Dieu et nous donne droit de traiter avec Dieu et d'exiger en quelque façon ses grâces comme par justice.
Nous n'avons pas ce droit comme créatures, moins encore comme pécheurs, car il y a disproportion infinie entre Dieu et la créature et opposition infinie entre Dieu et le pécheur. Mais en qualité d'alliés du Verbe incarné, de ses frères, de ses membres, nous pouvons paraître devant Dieu avec confiance, traiter familièrement avec lui et l'obliger de nous écouter favorablement, d'exaucer nos requêtes et de nous accorder ses grâces à cause de l'union que nous avons avec son Fils.
Donc, paraître devant Dieu soit pour l'adorer, ou pour l'aimer, ou pour le louer par Jésus-Christ opérant en nous comme chef en ses membres et nous élevant par son esprit à un éclat tout divin ; – soit

Récitation des diverses heures de mon cher bréviaire, en union avec l'Église, pour elle et pour moi, fréquentes et chaudes oraisons jaculatoires, communions spirituelles, examen particulier, visite au Saint Sacrement, sainte lecture, chapelet, examen général, etc., viendront jalonner ma route, raviver mes forces et conserver l'élan pris le matin pour que rien dans ma journée n'échappe à l'action de Notre-Seigneur. Grâce à cet élan, le recours fréquent d'abord, puis habituel à Jésus, directement ou par sa Mère, fera cesser les contradictions entre mon admiration pour sa doctrine et ma vie d'émancipation, entre ma piété et ma conduite.

---

pour demander quelque faveur en vertu des mérites de son Fils. Et pour cela, lui représenter les services que ce Fils bien-aimé lui a rendus, sa vie, sa mort, ses souffrances dont la seule récompense nous appartient par le transport qu'il nous en a fait. Dans cet esprit réciter l'office divin.

10e manière : Simple attention à la présence de Dieu et méditation. Avant de s'appliquer à méditer le sujet préparé, se mettre en la présence de Dieu sans prendre aucune autre pensée distincte, ni exciter d'autre sentiment que celui du respect et de l'amour pour Dieu qu'inspire sa présence. Se contenter de se tenir ainsi devant Dieu en silence dans ce simple repos d'esprit tant qu'on y trouve du goût. Ensuite méditer selon la manière ordinaire.

Il est bon de commencer ainsi toutes les oraisons, et utile de le faire après chaque point. Se reposer dans cette simple attention à Dieu. On s'établit dans le recueillement intérieur. On s'accoutume à fixer son esprit en Dieu et on se prépare à la contemplation. Mais ne pas demeurer ainsi par pure paresse et pour ne pas prendre la peine de méditer.

∴

Nous retenons notre cœur qui, dans son désir d'être vraiment utile aux hommes d'œuvres, voudrait consacrer ici une résolution spéciale à l'examen particulier.

Nous craindrions d'allonger démesurément ce volume en cédant à cette pensée. Et cependant, de la lecture de Cassien, de plusieurs Pères de l'Église, aussi bien que de saint Ignace, de saint François de Sales et de saint Vincent de Paul, il ressort que l'examen particulier et l'examen général sont des corollaires obligatoires de l'oraison, et se rattachent à la garde du cœur.

D'accord avec son directeur, l'âme s'est résolue à viser plus directement dans l'oraison et au cours de la journée tel défaut ou telle vertu, source principale des autres défauts ou vertus.

Nombreux sont les coursiers qui entraînent le char. L'œil les surveille tous constamment. Mais au centre de l'attelage il en est un sur lequel s'exerce surtout la sollicitude du conducteur. En effet, que ce coursier aille trop à droite ou trop à gauche, tous les autres sont dévoyés.

L'analyse de l'âme par l'examen particulier pour constater s'il y a eu progrès, recul, ou état stationnaire sur un point bien choisi, n'est qu'un élément de la garde du cœur.

3. La vie liturgique, source de la vie intérieure, donc d'apostolat.

RÉSOLUTION DE VIE LITURGIQUE

Par ma messe, mon bréviaire et mes autres fonctions liturgiques, je veux comme membre ou ambassadeur de l'Église, m'unir de plus en plus à sa vie, et ainsi me revêtir davantage de Jésus et de Jésus crucifié, surtout si je suis son ministre.

I. Qu'est-ce que la liturgie ?

Ô Jésus, c'est vous que j'adore comme le centre de la liturgie. C'est vous qui donnez l'unité à cette liturgie que je puis définir : Le culte public, social, officiel que l'Église rend à Dieu ; ou encore : L'ensemble des moyens que l'Église a consignés surtout dans le missel, le rituel et le bréviaire, et dont elle se sert pour exprimer sa religion envers l'adorable Trinité, comme aussi pour instruire et sanctifier les âmes.

C'est au sein même de l'adorable Trinité que tu dois, ô mon âme, contempler l'éternelle liturgie par laquelle les trois Personnes se chantent l'une à l'autre la vie divine et la sainteté infinie, dans cet hymne ineffable de la génération du Verbe et de la procession du Saint-Esprit : *Sicut erat in principio…*

Dieu a voulu être loué en dehors de lui. Il crée les anges et le ciel retentit de leurs acclamations : *Sanctus, Sanctus, Sanctus*. Il crée le monde visible, et celui-ci fait éclater sa puissance : Les cieux chantent la gloire de Dieu.

Adam apparaît et commence au nom de la création l'hymne de la louange, écho de l'éternelle liturgie. Abel, Noé, Melchisédech, Abraham, Moïse, le Peuple de Dieu, David et tous les saints de l'ancienne Loi la chantent à l'envi. La Pâque israélite, les sacrifices et les holocaustes, le culte solennel rendu à Jéhovah dans son Temple lui donnent une forme officielle. Hymne imparfaite, surtout depuis la chute : « La louange n'est pas belle dans la bouche du pécheur »[1].

C'est vous, ô Jésus, vous seul, qui êtes l'hymne parfaite, puisque vous êtes la vraie gloire du Père. Personne ne peut dignement glorifier votre Père que par vous. *Per Ipsum, et cum Ipso, et in Ipso est tibi Deo Patri... omnis honor et gloria*. Par Lui, avec Lui et en Lui, tout honneur et toute gloire vous sont rendus, ô Dieu le Père[2]. Vous êtes le trait d'union entre la liturgie de la terre et la liturgie du ciel à laquelle vous associez plus directement vos élus. Votre Incarnation est venue unir, d'une manière substantielle et vivante, l'humanité et la création tout entière à la

1. Eccli, XV, 9.
2. Canon de la messe.

liturgie divine. C'est un Dieu qui loue Dieu. Louange pleine et parfaite qui a son apogée dans le sacrifice du Calvaire. Avant de quitter la terre, divin Sauveur, vous avez institué le sacrifice de la nouvelle Loi pour renouveler votre immolation. Vous avez aussi institué les sacrements afin de communiquer votre vie aux âmes.

Mais vous avez laissé à votre Église le soin d'entourer ce sacrifice et ces sacrements de symboles, de cérémonies, d'exhortations, de prières, etc., afin qu'ainsi elle honore davantage le mystère de la Rédemption, en facilite à ses enfants l'intelligence, les aide à en mieux profiter, et excite en leurs âmes un respect mêlé de crainte.

À cette même Église vous avez donné aussi la mission de continuer jusqu'à la consommation des siècles la prière et la louange que votre cœur n'a cessé de faire monter vers votre Père durant votre vie mortelle, et qu'il lui offre encore incessamment au tabernacle et dans les splendeurs de la gloire céleste.

Avec l'amour d'Épouse qu'elle a pour vous, avec la sollicitude de Mère que votre cœur a mise en elle pour nous, l'Église s'est acquittée de cette double tâche. Ainsi se sont formés ces merveilleux recueils qui renferment tous les trésors de la liturgie.

Dès lors, l'Église unit sa louange à celle que les anges et ses enfants élus rendent à Dieu dans le Ciel. Elle prélude ainsi à son occupation éternelle.

En s'unissant à celle de l'Homme-Dieu, cette louange, cette prière de l'Église se divinise, et la liturgie de la terre va se fondre avec celle des Hiérarchies célestes dans le cœur de Jésus pour faire écho à cette louange éternelle qui jaillit du foyer d'amour infini qu'est la très sainte Trinité.

II. Qu'est-ce que la vie liturgique ?

Seigneur, les lois de votre Église n'exigent strictement de moi que la fidèle observation des rites et la prononciation exacte des paroles.

Mais, à n'en pas douter, vous désirez que ma bonne volonté vous offre davantage. Vous voulez que mon esprit et mon cœur profitent des richesses cachées dans la liturgie pour s'unir plus intimement à votre Église et arriver à s'unir plus étroitement à vous.

Déterminé par l'exemple de vos plus fidèles serviteurs, je veux, bon Maître, avec empressement m'asseoir au riche festin auquel l'Église me convie, sûr de trouver dans l'office divin, dans les formules, cérémonies, collectes, épîtres, évangiles, etc., qui accompagnent l'auguste sacrifice de la messe et l'administration des sacrements une nourriture aussi saine qu'abondante pour le développement de ma vie intérieure.

Quelques réflexions sur la pensée mère qui relie les éléments liturgiques et sur les fruits auxquels se reconnaîtront mes progrès, me préserveront de l'illusion.

∴

Chacun des rites sacrés peut être comparé à une pierre précieuse. Mais à quel point la valeur et l'éclat de ceux qui se rapportent à la messe et à l'office se trouvent rehaussés, si je sais les enchâsser dans ce merveilleux ensemble qu'est le cycle liturgique[3].

Tenue pendant toute une période sous l'influence d'un mystère, nourrie par ce que l'Écriture et la Tradition contiennent de plus instructif et de plus affectif sur ce sujet, orientée constamment vers un même ordre d'idées, mon âme doit nécessairement

3. L'Église, inspirée de Dieu et instruite par les saints apôtres, a tellement disposé l'année, qu'on y trouve avec la vie, avec les mystères, avec la prédication et la doctrine de Jésus-Christ, le vrai fruit de toutes ces choses dans les admirables vertus de ses serviteurs et dans les exemples de ses saints, et enfin un mystérieux abrégé de l'Ancien et du Nouveau Testament et de toute l'histoire ecclésiastique. Par là, toutes les raisons sont fructueuses pour les chrétiens ; tout y est plein de Jésus-Christ… Dans cette variété, qui aboutit toute à l'unité tant recommandée par Jésus-Christ, l'âme innocente et pieuse trouve, avec des plaisirs célestes, une solide nourriture et un perpétuel renouvellement de sa ferveur (Bossuet, *Orais. fun. de Marie-Thérèse d'Aut.*).

subir l'influence d'une telle attention et trouver dans les sentiments que l'Église lui suggère un aliment aussi substantiel que savoureux pour profiter de la grâce spéciale que Dieu réserve à chaque période, à chaque fête de ce cycle.

Le mystère vient me pénétrer, non pas seulement comme une vérité abstraite que l'on s'assimile par la méditation, mais il saisit mon être tout entier en mettant en jeu même mes facultés sensibles pour exciter mon cœur et déterminer ma volonté. Ce n'est plus un simple mémorial du passé, un simple anniversaire, c'est un fait qui a le caractère d'un événement présent dont l'Église se fait une application actuelle, et auquel elle participe réellement.

Au temps de Noël, par exemple, en fêtant près de l'autel l'avènement du divin Enfant, mon âme peut redire : « Aujourd'hui, le Christ est né, aujourd'hui le Sauveur a apparu, aujourd'hui les anges chantent sur la terre... »[4].

À chaque période du cycle liturgique, missel et bréviaire me découvrent un nouveau rayon de l'amour de celui qui pour nous est à la fois roi, docteur, médecin, consolateur, sauveur et ami. À l'autel, comme à Bethléem, à Nazareth, ou sur les bords du lac de Tibériade, Jésus se révèle lumière, amabilité, tendresse, miséricorde. Il s'y révèle surtout l'amour personnifié, parce qu'il est la souffrance person-

4. Office de Noël.

nifiée, l'agonisant de Gethsémani et le réparateur du Calvaire.

Ainsi la liturgie donne à la vie eucharistique son plein épanouissement. Et votre Incarnation qui a rapproché Dieu de nous, ô Jésus, en nous le montrant visible en vous, continue de nous rendre le même service à chacun des mystères que nous fêtons.

De cette façon, ô Jésus, je partage, grâce à la liturgie, la vie de l'Église et la vôtre. Avec elle, j'assiste chaque année à tous les mystères de votre vie cachée, publique, souffrante et glorieuse, avec elle j'en recueille les fruits. De plus les fêtes périodiques de Notre-Dame et des saints qui ont le mieux imité votre vie intérieure m'apportent encore, en me mettant leurs exemples sous les yeux, un surcroît de lumière et de force pour reproduire en moi vos vertus et inculquer dans l'âme des fidèles l'esprit de votre Évangile.

Comment pourrais-je réaliser dans mon apostolat le vœu de Pie X ; comment les fidèles pourraient-ils par mon concours entrer en participation active aux saints mystères et à la prière publique et solennelle de l'Église, ce qui est, dit ce pape, la source première et indispensable du véritable esprit chrétien[5] si moi-même je passe près des trésors de la liturgie, sans même en soupçonner les merveilles ?

---

5. *Motu proprio* de Pie X, du 22 novembre 1903.

∴

Pour mettre plus d'unité dans ma vie spirituelle et m'unir encore davantage à la vie de l'Église, je viserai à rattacher à la liturgie, autant que possible, mes autres exercices de piété. Par exemple, je choisirai de préférence un sujet d'oraison en rapport avec la période ou la fête du cycle liturgique ; dans mes visites au Saint Sacrement, je m'entretiendrai plus volontiers, selon le temps de l'année, avec Jésus enfant, Jésus souffrant, Jésus glorifié, Jésus vivant dans son Église, etc. Lectures privées sur le mystère ou sur la vie du saint dont on honore la mémoire apporteront aussi leur concours à ce plan de spiritualité liturgique.

∴

Maître adorable, préservez-moi des contre-façons de la vie liturgique. Elles sont nuisibles à toute vie intérieure, surtout parce qu'elles atténuent le combat spirituel.

Préservez-moi d'une piété qui ne ferait consister cette vie liturgique que dans des jouissances poétiques, ou dans une étude attrayante d'archéologie religieuse, ou bien qui inclinerait au quiétisme et à ce qu'il engendre, c'est-à-dire à l'affaiblissement de tout ce qui est le ressort de la vie intérieure :

crainte, espérance, désir du salut et de la perfection, lutte contre les défauts et travail pour acquérir la vertu.

Donnez-moi la conviction qu'en ce siècle d'occupations absorbantes et périlleuses, la vie liturgique, si parfaite soit-elle, ne saurait dispenser de l'oraison du matin.

Éloignez de moi le sentimentalisme et la « pieuseté » qui font consister la vie liturgique dans les impressions et les émotions et laissent la volonté esclave de l'imagination et de la sensibilité.

Certes, vous n'exigez pas que je reste insensible à tout ce que la liturgie contient de beauté et de poésie. Bien au contraire. Par ses chants et ses cérémonies, votre Église s'adresse précisément aux facultés sensitives dans le but d'atteindre plus pleinement l'âme de ses enfants, de mieux présenter à leur volonté les vrais biens, et de les élever plus sûrement, plus facilement et plus complètement vers Dieu.

Je puis donc savourer tout ce qu'il y a d'inaltérable et de salutaire fraîcheur dans les dogmes mis en relief par la liturgie, me laisser émouvoir devant le spectacle plein de majesté d'une grand'messe solennelle, goûter les prières de l'absolution ou les rites si touchants du baptême, de l'extrême-onction, de l'inhumation, etc.

Mais je ne dois jamais perdre de vue que toutes les ressources offertes par la sainte liturgie ne sont que des moyens d'arriver au but unique de toute vie intérieure : faire mourir le vieil homme pour que vous, ô Jésus, puissiez vivre et régner à sa place.

J'aurai donc la vraie vie liturgique lorsque, pénétré d'esprit liturgique, j'utiliserai messe, prières et rites officiels pour augmenter mon union avec l'Église, progresser ainsi dans la participation à la vie intérieure de Jésus-Christ, dès lors à ses vertus, et mieux le refléter aux yeux des fidèles.

III. Esprit liturgique.

Cette vie liturgique, ô Jésus, suppose un attrait spécial pour tout ce qui se rapporte au culte.

À certains vous avez donné gratuitement cet attrait. D'autres sont moins privilégiés. Mais s'ils vous demandent, et s'aident de l'étude et de la réflexion, ils l'obtiendront.

La méditation que je ferai plus tard sur les avantages de la vie liturgique accroîtra ma soif de l'acquérir coûte que coûte. Maintenant j'arrête mon esprit sur les caractères qui distinguent cette vie et lui donnent ainsi une place importante dans la spiritualité.

∴

S'unir, même de loin, avec l'Église, par la pensée et l'intention, à votre sacrifice, ô Jésus ; fondre sa prière avec la prière officielle et incessante de votre Église, que c'est grand déjà ! Le cœur du simple baptisé vole ainsi plus sûrement vers Dieu, porté par vos louanges, adorations, actions de grâces, réparations et demandes[6]. Prendre une part active, ce sont les propres paroles de Pie X, et coopérer aux saints mystères et à la prière publique et solennelle par une assistance pieuse et éclairée, par l'avidité à profiter des fêtes et des cérémonies, ou mieux encore en servant la messe, en y répondant, ou en prêtant son concours à la récitation ou au chant des

---

6. S'unir à la prière d'autrui peut conduire à une oraison avancée. Témoin ce paysan qui s'était offert à porter les bagages de S. Ignace et de ses compagnons. Voyant que les Pères, en arrivant à une hôtellerie, s'empressaient de chercher quelque coin tranquille pour se recueillir devant Dieu, il en faisait autant et se mettait à genoux comme eux. Ils lui demandèrent un jour ce qu'il faisait lorsqu'il se retirait ainsi :
« Je ne fais rien autre chose, répondit-il, si ce n'est que je dis : Seigneur, ces gens-ci sont des saints, et je suis leur bête de somme : ce qu'ils font je veux le faire aussi : et voilà ce que j'offre alors à Dieu ». (Cf. Rodriguez, *Perf. chrét*, 1re part, 5e traité, ch. xix).
Si cet homme, par le moyen de cet exercice continuel, vient à exceller dans l'oraison et la spiritualité, a fortiori, même l'illettré en s'unissant à la vie liturgique de l'Église peut-il profiter grandement.
Un frère convers de Clairvaux gardait les brebis pendant la nuit de l'Assomption. Il s'unit de son mieux, surtout par la récitation de la Salutation angélique aux Matines que chantaient les moines et dont les échos lointains arrivaient jusqu'à lui. Dieu révéla à saint Bernard que sa dévotion si humble et si simple avait tellement plu à Notre-Dame qu'elle avait été préférée à celle des religieux pourtant si fervents (Exordium magnum Ord. cisterc. Distinct. 4a, c. XIII).

offices, n'est-ce pas le moyen d'entrer en communication plus directe avec la pensée de votre Église, et de puiser à sa source première et indispensable le véritable esprit chrétien[7] ?

Mais, ô sainte Église, en vertu de l'ordination ou de la profession religieuse, se présenter chaque jour, uni aux anges et aux élus, comme votre ambassadeur attitré, devant le trône de Dieu, pour exprimer la prière officielle, quelle noble mission !

Dignité incomparablement plus sublime encore et au-dessus de toute expression, lorsque ministre sacré, je deviens un autre vous-même, ô mon divin Rédempteur, par l'administration des sacrements et surtout par la célébration du Saint Sacrifice !

∴

1er Principe : Membre de l'Église, je dois être convaincu que lorsque comme chrétien[8] je prends part à une cérémonie liturgique, je suis uni à toute l'Église, non seulement par la communion des saints, mais en vertu d'une coopération réelle et active d'un acte de religion que l'Église, corps mystique de Jésus-Christ, offre à Dieu comme société. Et, par cette union, l'Église facilite maternellement la formation

7. Motu proprio de Pie X, du 22 novembre 1903.

8. Le prêtre, le pontife lui-même ne relève comme le simple fidèle que de son caractère de chrétien lorsque, n'exerçant aucune fonction, il assiste à une cérémonie et sait en profiter.

de mon âme aux vertus chrétiennes[9]. Votre Eglise, ô Jésus, forme une société parfaite dont les membres étroitement unis entre eux sont destinés à composer une société plus parfaite encore et plus sainte : celle des élus.

Comme chrétien, je suis membre de ce corps, dont vous êtes le chef et la vie. C'est ainsi que vous me considérez, divin Sauveur ; et je vous procure une joie spéciale quand me présentant à vous je vous considère comme mon chef et me considère moi-même comme une des brebis de ce bercail dont vous êtes l'unique Pasteur, et qui renferme dans son unité tous mes frères de l'Église militante, souffrante et triomphante.

9. Nous comprenons mieux l'efficacité de la liturgie, pour nous faire vivre de la grâce et nous faciliter la vie intérieure, quand nous nous rappelons que toute prière officielle, toute cérémonie instituée par l'Église possède une puissance d'impétration de soi irrésistible.

Ici, la puissance mise en œuvre pour obtenir telle grâce n'est pas seulement le geste individuel, la prière isolée d'une âme même excellemment disposée, c'est aussi le geste de l'Église se faisant suppliante avec nous, c'est la voix de l'Épouse très aimée, qui réjouit toujours le cœur de Dieu et qui est toujours écoutée de quelque manière.

S'il fallait résumer ceci en deux mots, nous dirions que la puissance d'impétration de la prière liturgique est faite de deux éléments : de l'œuvre de l'âme qui utilise le grand sacramental de la liturgie et de l'œuvre de l'Église elle-même. Les deux actions : celle de l'âme et celle de l'Église, sont comme deux forces qui se combinent et qui sont emportées dans un même élan vers Dieu.

Votre apôtre m'enseigne cette doctrine qui dilate mon âme et élargit ma spiritualité. « Ainsi, dit-il, qu'en un seul corps nous avons plusieurs membres, ainsi tous ensemble, nous sommes un seul corps dans le Christ, membres les uns des autres[10]. » « De même que le corps est un, dit-il ailleurs, tout en ayant plusieurs membres, et que d'autre part tous ces membres quoiqu'ils soient plusieurs, ne forment qu'un seul corps, de même en est-il du Christ[11]. »

C'est là l'unité de votre Église indivisible dans son tout et dans ses parties, tout entière dans le tout et tout entière dans chacune de ses parties[12], unie dans le Saint-Esprit, unie à vous, ô Jésus, et, par cette union, introduite dans l'unique et éternelle société du Père, du Fils et du Saint-Esprit[13].

L'Église est l'assemblée des fidèles qui sous le gouvernement de la même autorité sont unis par la même foi et par la même charité, et tendent au même but, c'est-à-dire à l'incorporation au Christ, par les mêmes moyens qui se résument dans la grâce dont les canaux ordinaires sont la prière et les sacrements.

---

10. Rom, XII, 4, 5.

11. I Cor, XII, 12.

12. « Chacun des fidèles peut être considéré comme une petite Église, pourvu que soit sauvegardé le mystère de l'unité invisible, puisque un seul homme peut recevoir tous les sacrements de la Rédemption » (S. Pet. Dam. Opusc. xi, cap. x - Patr. Lat, t. CXLV, col. 239).

13. S. Pet. Dam, cité par D. Gréa, *La Sainte Liturgie*, p. 51.

La grande prière, canal préféré de la grâce, c'est la prière liturgique, la prière de l'Église elle-même, plus puissante que la prière des particuliers et même des pieuses associations, quelque puissantes et recommandées que soient dans l'Évangile la prière solitaire et la prière associée[14].

Incorporé à la véritable Église, enfant de Dieu et membre du Christ par le sacrement de baptême, j'acquiers le droit de participer aux autres sacrements, aux offices divins, aux fruits de la messe, aux indulgences et aux prières de l'Église. Je puis bénéficier de toutes les grâces et de tous les mérites de mes frères.

Par le baptême, je suis marqué d'un caractère indélébile qui me députe au culte de Dieu d'après le rite de la religion chrétienne[15]. Par la consécration baptismale, je deviens membre du royaume de Dieu et fais partie de la race choisie, du sacerdoce royal, du peuple saint[16].

Dès lors, je participe comme chrétien au ministère sacré, quoique d'une manière éloignée et indirecte, par mes prières, par ma part d'offrande, par mon concours au sacrifice de la messe et aux offices liturgiques, en multipliant par la pratique des vertus, comme le recommande saint Pierre, les

---

14. S. IGNAT. Epist. ad Eph. n° 5. S. Alphonse de Liguori préférait une oraison du Bréviaire à cent prières privées.

15. Card. BILLOT, *De Ecclesiæ Sacram,* t. I, thes. 2.

16. I. PET, II, 5.

sacrifices spirituels, en accomplissant toute chose en vue de plaire à Dieu et de m'unir à lui, et en faisant de mon corps une hostie vivante, sainte et agréable à Dieu[17]. C'est ce que vous faites comprendre, ô sainte Église, quand par le prêtre vous dites aux fidèles : Priez, mes frères, pour que mon sacrifice, qui est aussi le vôtre, soit agréable…

Le prêtre dit aussi dans le Canon : Souvenez-vous Seigneur… de ceux qui sont ici… pour qui nous vous offrons ou qui vous offrent ce sacrifice de louange. Et plus loin : Recevez, Seigneur, avec bonté, nous vous en prions, cette offrande que nous vous faisons, moi votre serviteur et toute votre famille[18].

---

17. I Pet, II, 9.

C'est dans ce sens que S. Ambroise dit : « Tous les fils de l'Église sont prêtres ; nous sommes oints du sacerdoce saint, nous offrant nous-mêmes à Dieu comme des hosties spirituelles » (In Lucam, lib. IV, n. 33. – Patr. lat, t. XV, col 1 645).

« De même que nous nous disons tous chrétiens, à cause de l'onction mystique ; de même, nous sommes tous prêtres, parce que nous sommes membres de l'unique Prêtre » (S. Aug. *De civit.* Dei, lib. XX, cap. x. – Patr. lat, t. XLI, col 676).

18. Canon de la Messe.

« Nous offrons tous avec le prêtre, nous consentons à tout ce qu'il fait, à tout ce qu'il dit.

Et que dit-il ? "Priez, mes frères, que mon sacrifice et le vôtre soient agréables au Seigneur notre Dieu".

Et que répondez-vous ? "Que le Seigneur le reçoive de vos mains !"

Et que dit encore le prêtre : "Souvenez-vous de vos serviteurs pour qui nous vous offrons".

Est-ce tout ? Il ajoute : "Ou qui vous offrent ce sacrifice". Offrons donc aussi avec lui. Offrons Jésus-Christ ; offrons-nous nous-

La sainte liturgie, en effet, est tellement l'œuvre commune de toute l'Église, c'est-à-dire du sacerdoce et du peuple, que le mystère de cette unité y est toujours réellement présent par la force indestructible de la communion des saints proposée à notre foi dans le symbole des apôtres. L'office divin et la sainte messe qui est la partie principale de la liturgie ne peuvent se célébrer sans que l'Église tout entière n'y soit associée et mystérieusement présente[19].

Aussi dans la liturgie, tout se fait-il en commun, au nom de tous, pour le profit de tous. Toutes les prières s'y disent au pluriel.

De ce lien étroit qui unit tous les membres entre eux par la même foi et la participation aux mêmes sacrements naît dans les âmes la charité fraternelle, marque distinctive de ceux qui veulent être les imitateurs de Jésus-Christ et marcher à sa suite : « A l'amour que vous aurez les uns pour les autres, on reconnaîtra que vous êtes mes disciples[20]. »

Ce lien entre les membres de l'Église se resserre d'autant plus que ceux-ci participent davantage par la communion des saints à la grâce et à la charité du chef qui leur communique la vie surnaturelle et divine.

---

mêmes, avec toute son Église catholique, répandue par toute la terre » (Bossuet, *Méditations sur l'Évangile* – Cène, 1re partie, LXIIIe jour).

19. S. Petr. cité par D. GrÉa : *La Sainte Liturgie*, p. 51.

20. Joan, XIII, 35.

Ces vérités sont le fondement de la vie liturgique. Celle-ci, à son tour, m'y ramène constamment.

Quel amour pour vous, ô sainte Église de Dieu, cette pensée allume dans mon cœur : je suis un de vos membres ; je suis le membre du Christ ! Quel amour elle me donne pour tous les chrétiens puisqu'ils sont mes frères et que nous ne faisons plus qu'un dans le Christ ! Quel amour pour mon divin chef Jésus-Christ !

Rien de ce qui vous concerne ne saurait me laisser indifférent. Triste, si je vous vois persécutée, je me réjouis au récit de vos conquêtes et de vos triomphes.

Quelle joie de penser qu'en me sanctifiant, je contribue à augmenter votre beauté et travaille à la sanctification de tous les enfants de l'Église mes frères, et même au salut de la grande famille humaine !

Ô sainte Église de Dieu, je veux, autant qu'il dépend de moi, que vous soyez et plus belle, et plus sainte, et plus nombreuse : la splendeur de votre ensemble résultant de la perfection de chacun de vos enfants fondus en cette solidarité étroite qui fut la pensée mère de la prière de Jésus après la Cène et le vrai testament de son cœur : « Qu'ils soient un !... Qu'ils soient consommés dans l'unité !... »[21].

21. Joan, XVII, 21, 23.

Quelle estime je sens en moi pour votre prière liturgique, ô Église, ma mère ! Puisque je suis l'un de vos membres, elle est aussi ma prière, alors surtout que j'y assiste ou y coopère. Tout ce que vous avez est à moi et tout ce que j'ai vous appartient.

Une goutte d'eau n'est rien. Unie à l'océan, elle participe à sa puissance et à son immensité. Ainsi en est-il de ma prière unie à la vôtre. Aux yeux de Dieu pour qui tout est présent et dont le regard embrasse à la fois le passé, le présent et le futur, elle ne fait qu'un avec ce concert universel de louanges que vous faites monter depuis votre commencement et continuerez de faire monter jusqu'à la fin des temps vers le trône de l'Éternel.

Vous voulez, ô Jésus, que ma piété soit à certains égards utilitaire, besogneuse et intéressée.

Mais vous m'avez appris par l'ordre des demandes du Pater combien vous désirez que ma piété soit d'abord consacrée à louer Dieu[22], et que loin d'être égoïste, étroite et isolée, elle me fasse embrasser dans mes supplications tous les besoins de mes frères.

Facilitez-moi par la vie liturgique cette piété élevée et généreuse qui, sans détriment du combat spirituel, donne à Dieu, et largement, la louange ; cette piété charitable, fraternelle et catholique qui

---

22. « L'homme est créé pour louer, honorer et servir Dieu, notre Seigneur, et par ce moyen sauver son âme » (S. IGNACE, *Exerc. spirit.*).

enveloppe toutes les âmes et s'intéresse à toutes les sollicitudes de l'Église.

C'est votre mission, ô sainte Église, d'engendrer sans cesse de nouveaux enfants à votre divin Époux et de les élever « à la mesure de l'âge de la plénitude du Christ[23]. » C'est donc que vous avez reçu, et abondamment, tous les moyens de réaliser ce but. L'importance que vous attachez à la liturgie prouve son efficacité pour m'initier à la louange divine et soutenir mes progrès spirituels.

Pendant sa vie publique, Jésus parlait comme ayant autorité[24].

C'est ainsi que vous aussi vous parlez, ô sainte Église ma mère. Dépositaire du trésor de la vérité, vous avez conscience de votre mission. Dispensatrice du sang rédempteur, vous connaissez toutes les ressources de sanctification que le divin Sauveur vous a confiées.

Vous ne vous adressez pas à ma raison pour me dire : Examine, étudie. Vous faites appel à ma foi en me disant : Aie confiance en moi. Ne suis-je pas ta mère ? Et qu'est-ce que je désire plus que de te voir croître chaque jour en ressemblance avec ton divin modèle ? Or, qui connaît mieux le Christ que moi qui suis son Épouse ? Où donc trouveras-tu mieux l'esprit de ton Rédempteur que dans la liturgie,

23. Eph, IV, 13.
24. Matth, VII, 29.

expression authentique de mes pensées et de mes sentiments ?

Oui, mère sainte et aimée, je me laisserai conduire et former par vous avec la simplicité et la confiance d'un enfant, en me disant : C'est avec ma mère que je prie.

Ce sont ses propres paroles qu'elle met sur mes lèvres afin de me pénétrer de son esprit et de faire passer ses sentiments dans mon cœur.

Avec vous donc, ô sainte Église, avec vous je me réjouirai ; avec vous je gémirai ; avec vous je louerai ; avec vous j'implorerai miséricorde ; avec vous j'espérerai ; avec vous j'aimerai.

Avec ardeur je m'associerai aux demandes que vous formulez dans vos admirables oraisons afin que les salutaires émotions que vous voulez faire jaillir des paroles et des rites sacrés pénètrent plus profondément dans mon cœur, le rendent plus souple aux touches de l'Esprit-Saint, et arrivent à fondre ma volonté dans celle de Dieu.

∴

2e Principe : Lorsque dans une fonction liturgique j'agis comme représentant de l'Église[25], Dieu désire

25. Sont ainsi délégués de l'Église les clercs, les religieux obligés au bréviaire, même lorsqu'ils le récitent en particulier. De même, dans leurs églises canoniquement érigées, ceux qui sont tenus à l'office du chœur et aux messes capitulaires ou conventuelles. Et même

que je lui exprime ma vertu de religion en ayant conscience du mandat officiel dont je suis honoré, et qu'ainsi uni de plus en plus à la vie de l'Église, je progresse dans toutes les vertus.

Représentant de votre Église, afin qu'en son nom et au nom de tous ses enfants j'offre incessamment à Dieu par vous, ô Jésus, le sacrifice de la louange et de la supplication, je suis donc, selon la belle expression de saint Bernardin de Sienne, une personne publique, bouche de toute l'Église[26].

A chaque fonction liturgique doit donc se produire dans ma personne comme un dédoublement semblable à celui qui a lieu dans un ambassadeur. Dans sa vie privée celui-ci n'est qu'un simple particulier. Mais lorsque, revêtu des insignes de sa charge, il parle ou agit au nom de son prince, il devient au même instant le représentant, et, à certains égards, la personne même de son souverain.

Ainsi en est-il de moi lorsque j'accomplis mes « fonctions » liturgiques. À mon être individuel s'ajoute une dignité qui me revêt d'un mandat public. Je puis et je dois alors me considérer comme le délégué, le député officiel de l'Église tout entière.

Si je prie, récite mon office, même en particulier, ce n'est plus seulement en mon propre nom.

---

ceux, qui sans avoir reçu les ordres, en accomplissent les fonctions par tolérance de l'Église, comme, par exemple, les servants de messe.

26. Sermon XX.

Les formules que j'emploie, ce n'est pas moi qui les choisis. *C'est l'Église qui les met sur mes lèvres*[27]. Dès lors, c'est l'Église qui prie par ma bouche, parle et agit par moi, comme le roi parle et agit par son ambassadeur. Je suis alors vraiment, selon la belle expression de saint Pierre Damien, l'Église tout entière[28]. *Par moi l'Église s'unit à la divine religion de Jésus-Christ* et adresse à la très sainte Trinité l'adoration, l'action de grâces, la réparation et la supplication.

Dès lors, si j'ai quelque conscience de ma dignité, comment pourrais-je commencer mon bréviaire, par exemple, sans que s'opère dans mon être *une action mystérieuse qui m'élève au-dessus de moi-même*, au-dessus du cours naturel de mes pensées pour me jeter en plein dans la conviction que je suis comme un *médiateur* entre le Ciel et la terre[29] ?

Quel malheur si j'oubliais ces vérités ! Les saints en étaient pénétrés[30]. Ils en vivaient. Dieu attend

---

27. Gulielm. Paris, *De Sacram. Ordinis.*

28. S. Pet. Dam. *Opusc. XI,* cap. x. – Patr. lat, t. CXLV, col. 239.

29. Le prêtre se tient entre Dieu et la nature humaine : nous apportant les bienfaits de Dieu et portant à Dieu nos demandes et supplications (S. Joan. Chrysost, *Hom. V. n° 1, in illud* : Vidi Dominum).

30. Pourquoi le prêtre qui récite son bréviaire dit-il, même lorsqu'il est seul : *Dominus vobiscum*. Et pourquoi répond-il : *Et cum spiritu tuo,* au lieu de répondre : *Et cum spiritu meo* ? Non, dit saint Pierre Damien, le prêtre n'est pas seul. Quand il célèbre ou prie, il a devant lui toute l'Église mystérieusement présente et c'est elle qu'il salue

de moi que je m'en souvienne quand j'exerce une fonction. L'Église, par la vie liturgique, m'aide sans cesse à ne pas perdre de vue que je suis son représentant, et Dieu exige qu'à ce titre corresponde dans la pratique une vie exemplaire[31].

---

en lui disant : *Dominus vobiscum*. Puis, comme il représente l'Église, celle-ci lui répond par sa propre bouche : *Et cum spiritu tuo* (Cf. S. Pet. Dam. *I. Dom. vob*, c. 6, 10, etc.) Ce sont ses pensées que nous reproduisons.

31. « Louez le Seigneur ; mais louez-le avec tout vous-même, c'est-à-dire que ce ne soient pas seulement votre langue et votre voix qui le louent, mais votre conscience, votre vie, vos actions » (S. Aug. *Enarrat. in Psalm*, in Ps. cxlvIII, n° 2).

De même que les hommes vous demandent la sainteté, quand vous vous présentez comme ambassadeur de Dieu auprès d'eux, Dieu l'exige quand vous paraissez comme intercesseur des hommes devant lui.

Un intercesseur, c'est un parlementaire de la misère terrestre dépêché à la justice divine. Or, deux conditions sont nécessaires à un parlementaire, dit saint Thomas, pour qu'il soit favorablement accueilli. La première, c'est d'être le digne représentant du peuple qui l'envoie ; la seconde, d'être l'ami du prince auquel il est envoyé : prêtre sans estime pour votre sainteté, seriez-vous le digne représentant du peuple chrétien quand vous n'êtes pas l'expression achevée des vertus chrétiennes ? Seriez-vous l'ami de Dieu, quand vous n'êtes pas même son fidèle serviteur ?

Et s'il en est ainsi du médiateur indifférent, a fortiori, du médiateur coupable : car qui pourrait exprimer alors les anomalies de sa funeste situation ? « Priez pour moi, mon Père, vous avez du crédit auprès de Dieu », vous disent les bonnes âmes ; et voulez-vous connaître l'efficacité de cette sauvegarde pieusement invoquée : « Les aboiements des chiens plaisent plus à Dieu que les prières de tels prêtres » (S. Aug. *Serm*, 370). – P. Caussette, *Manrèse du Prêtre*, 1er jour, 2e discours.

Ô mon Dieu, pénétrez-moi d'une estime profonde pour cette mission que l'Église me confie. Quel stimulant j'y trouverai contre ma lâcheté dans le combat spirituel! Mais aussi donnez-moi le sentiment de ma grandeur comme chrétien et accordez-moi pour votre Église une âme d'enfant, afin que je puisse profiter largement des trésors de vie intérieure accumulés dans la sainte liturgie.

∴

3e Principe: Prêtre, je dois, lorsque je consacre l'Eucharistie ou administre les sacrements, raviver ma conviction que je suis ministre de Jésus-Christ, donc *alter Christus*, un autre Christ; et tenir pour certain qu'il dépend de moi de trouver dans l'exercice de mes fonctions des grâces spéciales pour acquérir les vertus exigées par mon sacerdoce[32].

Vos fidèles, ô Jésus, forment un seul corps, mais dans ce corps « tous les membres n'ont pas les mêmes attributions[33]. » « Il y a une division des grâces[34]. »

Ayant voulu laisser visiblement votre sacrifice à l'Église, vous lui avez confié un sacerdoce dont le but principal est de continuer votre immolation sur l'autel, puis de distribuer votre sang par les sacre-

---

32. Ce que nous disons du prêtre s'applique aussi, proportion gardée, au diacre et au sous-diacre.

33. Rom, XII, 4.

34. I Cor, XII, 4.

ments et de sanctifier votre corps mystique en y répandant votre vie divine.

Souverain Prêtre, vous avez décidé de toute éternité de me choisir et consacrer pour votre ministre afin d'exercer par moi votre sacerdoce[35]. Vous m'avez communiqué vos pouvoirs afin d'accomplir par ma coopération[36] une œuvre plus grande que la création de l'univers, le miracle de la Transsubstantiation, et de rester, par cette merveille, l'hostie et la religion de votre Église.

Comme je comprends les expressions enthousiastes des saints Pères pour dire la grandeur de la dignité sacerdotale[37]

---

35. « Celui-là est le principal prêtre qui offre en tous les prêtres du Nouveau Testament et par leur intermédiaire. Et, parce qu'il était prêtre pour l'éternité, il a ordonné prêtres ses apôtres, afin que par eux son sacerdoce puisse continuer (De Lugo, *De Euchar,* disp. XIX, sect. VI, n. 86).

36. « Nous sommes les auxiliaires de Dieu » (1 Cor, III, 9).

37. Les saints Pères semblent avoir épuisé leur éloquence en parlant de la dignité du prêtre. Leur pensée peut se résumer dans cette parole :
Cette dignité surpasse tout ce qui a été créé ; Dieu seul est plus grand. – La sublimité du prêtre ne peut être atteinte par aucune comparaison (S. Ambr, lib. *De Dign. Sacerd,* cap ii). Celui qui parle d'un prêtre, sous-entend un homme divin (S. Dion. Areop.). Dieu vous a élevé au-dessus des rois et des empereurs, au-dessus de toutes les dignités, je dirais même au-dessus des anges, des archanges, des trônes et des dominations (S. Bern, *Sermo ad Past.* in Syn. – Inter apocryp. opp. – Patr. lat. t. CLXXXIV, col. 1 086). – Il est évident que la fonction sacerdotale est telle qu'on ne peut en imaginer de plus grande. Non seulement on appelle à bon droit

Leurs paroles me contraignent logiquement à me considérer, en vertu de la communication de votre sacerdoce, comme un autre vous-même : *sacerdos alter Christus*, le prêtre est un autre Christ.

N'y a-t-il pas, en effet, identification entre vous et moi, puisque votre personne et la mienne sont à ce point unies, que ces mots : Ceci est mon corps, Ceci est mon sang, vous les faites vôtres, lorsque je les prononce[38] ? Je vous prête mes lèvres, puisque sans mensonge je puis dire : mon corps, mon sang[39]. Il suffit que je veuille consacrer pour que vous le

---

les prêtres des anges, mais on pourrait les appeler des dieux, car ils tiennent auprès de nous la place du Dieu immortel (Cat. Roman. De Ord. 1).

38. Pour tout ce qui précède, le prêtre parle en son propre nom... Mais lorsqu'il arrive à la consécration, il n'utilise plus ses propres mots, mais ceux du Christ. Donc, c'est la parole du Christ qui réalise ce sacrement. Quelle parole du Christ ? N'est-ce pas celle par laquelle tout a été fait ? (S. Ambr, *De Sacramentis*, lib. IV, cap. iv, n. 14 et seq. – Inter dubia opp. – Patr. lat, t. XVI, col. 439). – Ainsi saint Ambroise, non seulement pense que le prêtre parle au nom du Christ, mais même qu'il ne parle pas en son nom propre, et que ses paroles ne sont pas ses propres paroles. Parce que, lorsque le prêtre est assumé par le Christ comme représentant, en sorte que le Christ parle par sa bouche, il ne lui convient plus de conserver dans ces paroles sa propre personnalité humaine (De Lugo, *De Euch*, disp. XI, sect. V, n° 103).

39. C'est le Christ lui-même qui immole et sanctifie... Lorsque vous voyez un prêtre offrant la victime, ne pensez pas qu'il le fait en tant que prêtre humain, mais ce prêtre fait servir sa langue à la main du Christ invisiblement étendue (S. Joan. Chrysost, Hom. 86 *in Joan*, n. 4).

vouliez aussi. Votre volonté est fondue avec la mienne. Dans l'acte le plus grand que vous puissiez faire ici-bas, votre âme est liée à mon âme. Je vous prête ce qui est le plus à moi, ma volonté. Et la vôtre aussitôt se fusionne avec la mienne.

C'est tellement vous qui agissez par moi que si j'osais dire sur la matière du sacrifice : ceci est le corps de Jésus-Christ, au lieu de : ceci est mon corps, la consécration serait invalide.

L'Eucharistie, c'est vous-même, ô Jésus, sous les apparences du pain.

Et chaque messe ne vient-elle pas remettre en relief à mes yeux que le prêtre c'est vous-même, ô Prêtre unique, sous les apparences d'un homme que vous avez choisi pour votre ministre[40] ?

Un autre Christ ! Je suis amené à revivre ce mot toutes les fois que je confère les autres sacrements. Seul, vous pouvez dire en qualité de Rédempteur : Je te baptise, Je t'absous, et exercer ainsi un pouvoir aussi divin que celui de créer. Je profère moi aussi ces mêmes paroles. Et les anges y sont plus attentifs qu'au Fiat qui féconda le néant[41], puisqu'elles sont capables, ô merveille ! de former Dieu dans une âme et de produire un enfant de Dieu participant à la vie intime de la Divinité.

40. Le prêtre qui sacrifie n'est rien d'autre qu'une représentation du Christ (Petr. Bles, *Tract. rythm. de Euch*, cap. vii).

41. C'est une plus grande œuvre de justifier un pécheur que de créer le ciel et la terre (S. Aug.).

À chaque fonction sacerdotale je crois vous entendre me dire : Comment, ô mon fils, pourrais-tu supposer que t'ayant fait un autre Christ par ces pouvoirs divins, je tolère que dans la direction habituelle de ta vie tu sois un « sans-Christ », ou même un « contre-Christ » ?

Quoi ! dans l'exercice de ces fonctions tu viens d'agir fondu avec moi. Et un instant après, ce serait Satan qui prendrait ma place pour faire de toi par le péché une sorte d'Antéchrist, ou qui t'endormirait au point de faire délibérément oublier l'obligation de m'imiter et de travailler à te revêtir de moi, suivant l'expression de mon apôtre ?

Qu'il n'en soit pas ainsi ! Tu peux compter sur ma miséricorde lorsque la fragilité humaine est seule en jeu dans tes fautes journalières aussitôt regrettées et réparées. Mais accepter froidement un parti pris d'infidélité, et revenir sans remords à tes fonctions sublimes serait exciter sûrement ma colère !

Abîme entre tes fonctions et celles des prêtres de l'ancienne Loi. Et cependant si mes prophètes menaçaient Sion à cause des péchés du peuple ou de ses gouvernants, écoute ce qui résultait de la prévarication des prêtres :

« Le Seigneur a fait le plein de sa colère, il va épancher les flots de son indignation. Il va répandre son feu dans Sion et celui-ci la dévorera jusqu'aux fondements... à cause des péchés de ses prêtres[42]. »

Aussi avec quelle rigueur mon Église interdit au prêtre de monter à l'autel ou de conférer les sacrements, s'il reste sur sa conscience une seule faute mortelle !

Sous mon inspiration, elle va plus avant. Par ses rites, elle te met dans l'alternative de la piété ou de l'imposture. Tu dois te décider à vivre de la vie intérieure, ou m'exprimer, du commencement à la fin de la messe, ce que tu ne penses pas et me demander ce que tu ne désires pas. Esprit de componction et purification des moindres fautes, donc garde du cœur ; esprit d'adoration, donc de recueillement ; esprit de foi, d'espérance et d'amour, donc direction surnaturelle de la conduite extérieure et des œuvres, tout cela est lié intimement aux paroles sacrées et aux cérémonies.

Je me rends compte, ô Jésus, que revêtir les ornements sacrés, sans être résolu à m'efforcer d'acquérir les vertus qu'ils symbolisent, serait une sorte d'hypocrisie. Je veux désormais que prostrations, signes, formules ne soient jamais un vain simulacre cachant vide, froideur, indifférence pour la vie intérieure et ajoutant à mes fautes celle d'une exhibition mensongère à la face de l'Éternel.

42. Lm, IV, 11, 13.

Qu'un saint tremblement s'empare donc de moi chaque fois que je m'approche de vos redoutables mystères et que je revêts les vêtements liturgiques. Que les prières dont j'accompagne cet acte, que les formules si pleines d'onction et de force du missel et du rituel m'invitent à scruter mon cœur afin de juger s'il s'harmonise vraiment avec le vôtre, ô Jésus, par un désir loyal et efficace de vous imiter par la vie intérieure.

Arrière les subterfuges, ô mon âme, qui me feraient considérer comme suffisant d'être un autre Christ seulement pendant les fonctions sacrées, et croire qu'ensuite, pourvu que je ne sois pas un « contre-Christ », je puis me dispenser de travailler à me revêtir de Jésus-Christ.

Non seulement ambassadeur de Jésus crucifié, mais encore un autre lui-même, je prétendrais m'embusquer dans une piété commode et me contenter de vertus bourgeoises !

En vain voudrais-je me persuader que l'habitant des cloîtres est tenu plus que moi de faire des efforts pour imiter Jésus et acquérir la vie intérieure. Erreur profonde basée sur une confusion.

Pour tendre à la sainteté, le religieux s'oblige à prendre certains moyens : vœux d'obéissance et de pauvreté, pratique de la règle. Comme prêtre, je ne suis pas astreint à ces moyens, mais je suis tenu de poursuivre et de réaliser la même fin et à beaucoup plus de titres que l'âme consacrée à qui n'a pas été confiée la dispensation du sang divin[43]. Malheur donc à moi si je me berçais d'une illusion sans nul doute coupable, puisque pour la dissiper je n'ai qu'à consulter l'enseignement de l'Église et de ses saints.

43. Vous êtes la lumière du monde, vous êtes le sel de la terre. Si le sel s'affadit, avec quoi le salera-t-on ? (Matth, v, 13). – Deviens l'exemple des fidèles par la parole, par la charité, par la foi, par la chasteté (I Tim, v, 12). – Dans les choses divines, qui peut oser devenir le chef des autres, sinon celui qui est devenu absolument et selon tout lui-même semblable à Dieu et configuré à sa sainteté ? (S. Dionys, *De Eccl. hier.*). – Le prêtre doit avoir une vie irréprochable, afin que chacun puisse regarder en lui comme en un miroir éblouissant (S. Joan. Chrysost, *Hom. 10 in Tim.*). – Le prêtre ne doit rien avoir de commun avec le vulgaire. La vie du prêtre doit être aussi élevée que l'est la grâce (S. Ambr, Epist. 82). – Soit les prêtres sont plus vertueux que les autres, soit ils deviennent la risée du public (S. Bern, *De Consider,* lib. IV ; c. 6). – Ceux qui reçoivent les saints ordres doivent être supérieurs à la foule par leurs vertus, de même qu'ils dominent sur elle par leur ministère (S. Th. suppl, q. 35). – Il convient tout à fait que les clercs, appelés au service du Seigneur, règlent leur vie et leurs mœurs, en sorte que dans leur habit, dans leurs gestes, dans leurs déplacements, dans leurs paroles, etc., il n'y ait rien que de grave, de modéré et de pieux (Conc. Trid. sess. 22, c. 1. de Reform.). – Il est manifeste qu'un religieux non-prêtre est inférieur à un prêtre par la dignité, puisque, par l'ordre sacré, celui-ci est député à un ministère plus excellent, à savoir agir pour le Christ dans le sacrement de l'autel. Un prêtre est donc tenu à une sainteté plus grande que celle du simple religieux (S. Th. 22, q. 184) – À peine un bon moine fait-il un bon clerc (S. Aug. *ad Val.*). – On ne peut savoir la mesure de l'élévation et de l'état saint d'un prêtre. (S. Greg. Naz.). – Que les prêtres s'efforcent de s'élever vers Dieu par la sainteté, en sorte que celui qui voit le ministre de l'autel puisse vénérer Dieu en lui (S. Ambr, S. Offic, c. 5).

Illusion dont la fausseté m'apparaîtrait au seuil de l'éternité.

Malheur à moi si je ne savais pas profiter de mes fonctions pour percevoir vos exigences, ou si je restais sourd à la voix que me font entendre les objets saints qui m'entourent : autel, confessionnal, fonts baptismaux, vases, linges et ornements sacrés. Imitez ce que vous réalisez[44]. « Purifiez-vous, vous qui portez les vases du Seigneur[45]. » « Ils offriront à Dieu l'encens et les pains, c'est pourquoi ils seront saints[46]. »

Je serais d'autant moins excusable de fermer l'oreille à ces appels, ô Jésus, que chacune de mes fonctions est l'occasion d'une grâce actuelle que vous m'offrez pour modeler mon âme à votre image et ressemblance.

C'est l'Église qui sollicite cette grâce. C'est son cœur qui, jaloux de répondre à votre attente, me soigne comme la prunelle de l'œil. C'est elle qui avant mon ordination m'a fait ressortir les graves conséquences de mon identification avec vous.

Imposez à ma tête, Seigneur, le casque du salut pour… Ceignez-moi du cordon de la pureté… afin d'effacer tous mes péchés.

44. Pontifical romain.
45. Is, LII, 12.
46. Lévit. XXI, 6.

Faites-moi adhérer toujours à tous vos commandements, afin que je ne sois jamais séparé de vous, etc. Ce n'est plus moi seul qui fais ces demandes pour moi. Ce sont tous les vrais fidèles, toutes les âmes ferventes à vous consacrées, tous les membres de la hiérarchie ecclésiastique qui font de ma pauvre prière leur propre prière. Leur cri s'élève vers votre trône. C'est la voix de votre Épouse que vous percevez. Et lorsque, résolus de poursuivre la vie intérieure, vos ministres harmonisent leur cœur avec leurs fonctions, ces supplications de votre Église pour eux, vous les exaucez toujours.

Au lieu de m'exclure, par ma négligence volontaire, des suffrages que j'adresse à votre Père pour l'ensemble des fidèles, à l'occasion de la messe ou de l'administration des sacrements, je veux profiter de ces grâces, ô Jésus. À chacun de mes actes de prêtre j'ouvrirai largement mon cœur à votre action.

Vous y jetterez alors les lumières, les consolations et les énergies qui, en dépit des obstacles, me permettront d'identifier avec les vôtres mes jugements, affections et volontés, comme le sacerdoce m'identifie avec vous, prêtre éternel, lorsque par moi vous vous faites victime sur l'autel ou Rédempteur des âmes.

∴

Je résume en quelques mots les trois principes de l'esprit liturgique.

Avec l'Église. Lorsque je m'unis comme simple chrétien à l'Église, cette union m'invite à me pénétrer des mêmes sentiments qu'elle.

L'Église. Lorsque je suis l'Église elle-même, agissant comme son ambassadeur devant le trône de Dieu, je suis incité plus fortement encore à faire miennes ses aspirations pour être moins indigne de m'adresser à la Majesté trois fois sainte, et pour exercer par la prière officielle un apostolat plus fécond.

Le Christ. Mais quand par la participation au sacerdoce du Christ, je suis un autre Christ, quels termes peuvent traduire vos appels, ô Jésus, pour que je prenne de plus en plus votre divine ressemblance, qu'ainsi je vous manifeste aux fidèles et par l'apostolat de l'exemple je les entraîne à votre suite.

IV. Avantages de la vie liturgique.

• *Elle favorise la permanence du surnaturel dans toutes mes actions.*

Quelle difficulté j'éprouve, ô mon Dieu, pour agir ordinairement par un motif surnaturel !

Satan et les créatures aidant, mon amour-propre vient soustraire mon âme et ses facultés à la dépendance de Jésus vivant en moi.

Que de fois dans une journée, cette pureté d'intention, qui seule peut rendre mes actions méritoires et mon apostolat fécond, est viciée, faute de vigilance ou de fidélité !

Ce n'est qu'au prix d'efforts continuels que je puis, avec le secours divin, obtenir que la plupart de mes actes aient la grâce comme principe vivifiant qui les dirige vers Dieu comme vers leur fin.

Pour ces efforts l'oraison m'est indispensable.

Mais quelle différence lorsqu'ils s'exercent au sein de la vie liturgique !

L'oraison et la vie liturgique sont deux sœurs qui s'entraident. L'oraison précédant ma messe et mon bréviaire me jette dans le surnaturel. La vie liturgique me donne le moyen de faire passer mon oraison dans ma journée[47].

∴

À votre école, ô sainte Église, comme il m'est facile d'acquérir l'habitude de rendre à mon Créateur et Père le culte qui lui est dû. Épouse de celui qui est l'adoration, l'action de grâces, la réparation et la médiation par excellence, vous me communiquez par la liturgie cette soif qu'avait Jésus de glorifier son Père. Rendre à Dieu la gloire : c'est le but premier que vous vous êtes proposé en établissant la liturgie.

---

47. Je fais bien mon oraison pour bien célébrer ma messe ; et je célèbre ma messe et récite pieusement mon bréviaire pour bien faire le lendemain mon oraison (P. Olivaint).

N'est-il pas évident que si je vis de la vie liturgique, je serai tout imprégné de la vertu de religion, puisque toute la liturgie n'est que la mise en acte continuelle et publique de cette vertu, la plus excellente après les vertus théologales ?

Manifestation de la dépendance envers Dieu de toutes mes facultés, piété, vigilance, combat spirituel peuvent sans doute se développer si j'utilise les lumières de la foi.

Mais quel besoin a le composé humain d'être aidé par l'ensemble de toutes ses facultés pour fixer l'esprit vers les biens éternels, rendre le cœur enthousiaste et avide d'en profiter, et exciter la volonté à les demander fréquemment et à les poursuivre sans relâche !

La liturgie saisit mon être tout entier. Par un ensemble de cérémonies, de génuflexions, d'inclinations, de symboles, de chants, de textes qui s'adressent aux yeux, aux oreilles, à la sensibilité, à l'imagination, à l'intelligence, au cœur, elle m'oriente tout entier vers Dieu ; elle me rappelle que tout en moi, la bouche, la langue, l'esprit, le sens, la vigueur, tout doit se rapporter à Dieu.

Tout ce par quoi l'Église me représente les droits de Dieu et ses titres à mon culte d'hommage filial et d'appartenance totale développe en moi la vertu de religion et ainsi l'esprit surnaturel.

Dans la liturgie tout me parle de Dieu, de ses perfections, de ses bienfaits ; tout me ramène à Dieu ; tout me montre sa Providence présentant sans cesse à mon âme par des épreuves, des secours, des avertissements, encouragements, promesses, lumières, menaces même, les moyens de me sanctifier.

La liturgie me fait aussi sans cesse parler à Dieu et exprimer ma religion sous les formes les plus diverses.

Si je me livre, avec le désir d'en profiter, à cette formation liturgique, comment, après les multiples exercices qui ressortent chaque jour de mes fonctions d'homme d'Église, comment la vertu de religion ne pousserait-elle pas en moi des racines plus profondes ? Comment n'arriverai-je pas à une habitude, à un état d'âme, donc à la vraie vie intérieure ?

∴

École de présence de Dieu que la liturgie, et de présence de notre Dieu tel que l'a manifesté l'Incarnation ! Ou plutôt école de présence de Jésus et de charité.

L'amour s'alimente par la connaissance de l'amabilité de l'être aimé, par les preuves d'amour qu'il nous a données, mais surtout, dit saint Thomas, par sa présence. La liturgie nous reproduit, nous explique et nous applique les diverses manifestations de la vie de Jésus-Christ parmi nous. Elle nous entretient dans une atmosphère surnaturelle et divine, en continuant, pour ainsi dire, la vie de Notre-Seigneur, et en nous manifestant dans tous les mystères l'amabilité et la tendresse de son cœur.

C'est vous-même, ô Jésus, qui par la liturgie continuez votre grande leçon et votre grande manifestation d'amour. Je vous perçois de plus en plus non pas à la manière de l'historien, c'est-à-dire, voilé par les siècles, ni comme vous connaît souvent le théologien à travers d'ardues spéculations. Vous êtes tout proche de moi. Vous êtes toujours l'Emmanuel, Dieu avec nous, avec votre Église, donc avec moi, vous êtes quelqu'un avec lequel vit chaque membre de votre Église, et que la liturgie m'amène à voir en toute circonstance au premier plan comme l'exemplaire et la fin de mon amour.

Par le cycle des fêtes, par les leçons choisies dans votre Évangile et dans les écrits de vos apôtres, par les rayons merveilleux dont elle fait resplendir vos sacrements et surtout votre Eucharistie, l'Église vous fait vivre au milieu de nous et nous fait entendre les battements de votre cœur.

Croire que Jésus vit en moi et qu'il veut y agir, si je n'y mets pas d'obstacle, quel levier de vie surnaturelle me donne l'oraison en m'inculquant cette vérité. Mais, fréquemment au cours de la journée, par les moyens variés et sensibles qu'offre la liturgie, me nourrir du dogme de la grâce, de Jésus priant, agissant avec chacun des membres dont il est la vie, suppléant pour eux, donc pour moi, c'est me maintenir sous l'influence du surnaturel, c'est me faire vivre d'union à Jésus et m'établir dans son amour.

Amour de complaisance, de bienveillance, de préférence, d'espérance : toutes ces formes éclatent au travers des admirables collectes, au travers des psaumes, des cérémonies, des prières, et pénètrent mon âme.

Combien cette manière de me présenter Jésus vivant et toujours présent rendra forte et généreuse ma vie intérieure ! Et lorsque pour vivre de surnaturel j'aurai un acte de détachement ou d'abnégation à produire, une obligation difficile à accomplir, une souffrance ou une injure à supporter, combien combat spirituel, vertu, épreuve perdront de leur côté douloureux et répugnant si au lieu de voir la croix nue, je vous y vois attaché, ô mon Sauveur, et vous entends me demander, en me montrant vos plaies, ce sacrifice comme preuve de mon amour.

Précieux appui d'autre part que me donne la liturgie, en me répétant que mon amour ne s'exerce pas isolément. Je ne suis pas seul à lutter contre le naturalisme qui tend sans cesse à m'enliser. L'Église s'intéressant à mon incorporation dans le Christ me suit maternellement, me donne part à tous les mérites des millions d'âmes avec lesquelles je suis en communion et qui parlent la même langue d'amour officiel que moi, et me renouvelle dans l'assurance que le Ciel et le purgatoire sont avec moi pour m'encourager et m'assister.

∴

Rien ne contribue plus que le souvenir de l'éternité à garder l'âme dans la direction de ses actions vers Dieu.

Tout dans la liturgie me rappelle mes fins dernières. Les expressions *vita æterna, cælum, infernum, mors, sæculum sæculi* et autres équivalentes reviennent fréquemment. Suffrages et offices pour les défunts, enterrements me mettent devant les yeux la mort, le jugement, les récompenses et les châtiments sans fin, le prix du temps et les purifications indispensables ici-bas ou dans le purgatoire, pour entrer au Ciel.

Les fêtes des saints me parlent de la gloire de ceux qui m'ont précédé ici-bas et me montrent la couronne qui m'est réservée si je marche sur leurs traces et suis leurs exemples.

Par ces leçons l'Église me crie sans cesse : chère âme, regarde les siècles éternels afin de rester fidèle à ta devise : Dieu en tout, toujours, partout.

Divine liturgie, c'est de toutes les vertus que je devrais parler pour reconnaître tous les bienfaits dont je vous suis redevable. Grâce aux textes choisis de l'Écriture, que sans cesse vous faites passer sous mes regards, grâce aux rites et aux symboles qui me traduisent les divins mystères, mon âme se trouve constamment soulevée de terre et orientée tantôt vers les vertus théologales, tantôt vers la crainte de Dieu, l'horreur du péché et de l'esprit du monde, le détachement, la componction, la confiance ou la joie spirituelle.

◆ *Elle m'aide puissamment à conformer ma vie intérieure à celle de Jésus-Christ.*

Trois sentiments dominent dans votre cœur, ô Maître adoré : une dépendance complète à l'égard de votre Père et dès lors une humilité parfaite, une charité ardente et universelle pour les hommes et l'esprit de sacrifice.

Humilité parfaite. À votre entrée dans le monde vous avez dit : « Père, me voici pour faire votre volonté[48]. » Vous rappelez souvent que toute votre vie intime se résume dans le désir continuel de « faire en tout plaisir à votre Père[49]. » Vous êtes l'obéissance, ô Jésus « obéissant jusqu'à la mort et jusqu'à la mort de la Croix[50]. » Encore maintenant vous obéissez à vos prêtres. À leur voix vous

48. Hebr, X, 5, 7.

49. Joan, VIII, 29 – Joan, IV, 34 – Joan, VI, 38.

50. Philip, II, 5.

descendez sur la terre : « Le Seigneur obéissant à la voix d'un homme[51]. »

A quelle école me place la liturgie pour me faire imiter votre sujétion, si mon cœur se plie aux moindres rites avec le désir de se former à l'esprit de dépendance envers Dieu, de dompter sans faiblir ce « moi » avide de liberté, et d'assouplir mon jugement et ma volonté toujours portés à ne pas imiter, ô Jésus, l'esprit fondamental que vous êtes venu enseigner par vos exemples, le culte de la volonté divine !

Chaque fois que je force ma personnalité à s'effacer pour obéir à l'Église comme à vous-même, pour agir en son nom et m'unir à elle, donc pour m'unir à vous, quel exercice précieux pour la culture de mon âme, et quels effets cette fidélité aux moindres prescriptions des rubriques produira lorsqu'il s'agira de faire fléchir mon orgueil dans des circonstances plus difficiles[52] !

Il y a plus. En me remémorant la certitude de votre vie en moi et la nécessité de votre grâce pour utiliser avec fruit même une simple pensée, la liturgie combat la présomption, la suffisance qui seraient capables de tout dévorer dans ma vie intérieure. Le *Per Dominum nostrum* qui conclut presque toutes les prières de la liturgie, me rappellerait, si je pouvais l'oublier, que

---

51. Josué, X, 14.

52. Celui qui est fidèle dans les petites choses sera fidèle dans les grandes (Luc, XVI, 10).

seul je ne puis rien, sinon pécher ou accomplir des actes sans mérite. Tout me pénètre de la nécessité de recourir fréquemment à vous. Tout me redit que vous exigez de moi ce recours suppliant pour que ma vie ne s'égare point vers les mirages trompeurs.

L'Église par la liturgie insiste avec sollicitude pour persuader ses enfants de la nécessité de cette supplication. De cette liturgie, elle fait vraiment l'école de la prière, donc de l'humilité. Par ses formules, par les sacrements et les sacramentaux, elle m'enseigne que tout me vient par votre précieux sang, et que le grand moyen d'en recueillir les fruits, c'est de m'unir par une prière humble à votre vif désir de nous les appliquer.

Faites-moi profiter de ces leçons continuelles, ô Jésus, pour accroître le sentiment très vif de ma petitesse et me convaincre que dans l'hostie qu'est votre corps mystique je ne suis qu'une humble parcelle et que dans l'immense concert de louanges que vous présidez je ne suis qu'une faible voix.

Que, grâce à la liturgie, je voie de mieux en mieux que c'est par l'humilité que je puis rendre cette voix de plus en plus pure et cette parcelle de plus en plus blanche.

Charité universelle. Votre cœur, ô Jésus, a étendu à tous les hommes sa mission rédemptrice.

Au *J'ai soif* que vous avez clamé au monde en mourant, que vous continuez à faire retentir sur l'autel, au tabernacle et jusqu'au sein de votre gloire, doit répondre dans l'âme, même du simple chrétien, un vif désir de se dépenser pour ses frères, une soif ardente pour le salut de tous les hommes et la diffusion de l'Évangile, un grand zèle pour favoriser les vocations sacerdotales et religieuses, et des prières instantes pour que les fidèles comprennent l'étendue de leurs devoirs et les âmes consacrées la nécessité pour elles de la vie intérieure.

Combien plus ces désirs doivent-ils enflammer l'âme de vos ministres auxquels les rites rappellent que vous leur avez donné dans votre corps mystique une place de choix pour qu'ils vous incorporent le plus d'âmes possible, et qu'ils sont corédempteurs, médiateurs devant pleurer « entre le vestibule et l'autel[53] » les péchés du monde, et se sanctifier, non seulement pour eux-mêmes, mais encore pour pouvoir sanctifier les autres, former, instruire et guider les âmes et faire circuler en elles votre vie : « Je me sanctifie moi-même afin qu'ils soient eux-mêmes sanctifiés[54]. » Sainte Église du Rédempteur, mère de tous mes frères vos enfants, comment vivre de votre liturgie sans participer aux élans que le cœur de votre divin Époux éprouve pour le salut de ses créatures et pour la délivrance des âmes qui gémissent dans le purgatoire ?

53. Joel, II, 17.

54. Joan, XVII, 19.

Certes, j'ai une part de choix aux fruits de la messe que je célèbre et du bréviaire que je récite. Mais vous entendez que la première part aille d'abord à l'ensemble des âmes dont vous avez la sollicitude : Que nous vous offrons en premier pour votre sainte Église catholique[55]. Vous prenez mille moyens pour dilater mon cœur et pour conformer ma vie intérieure à celle de Jésus.

Chère vie liturgique, accroissez mon amour filial pour la sainte Église et pour le Père commun des fidèles. Rendez-moi plus dévoué et plus soumis à mes supérieurs hiérarchiques et plus uni à toutes leurs sollicitudes. Aidez-moi à ne pas oublier que Jésus vit en chacun de ceux avec lesquels je suis en contact journalier et qu'il les porte dans son cœur. Déterminez-moi à rayonner près d'eux d'indulgence, de support, de patience, de serviabilité afin de refléter la mansuétude du doux Sauveur.

Maintenez-moi dans ce sentiment que je ne puis aller au Ciel que par la croix, que mes louanges, adorations, sacrifices et autres actes ne valent pour le Ciel que par le sang de Jésus et que c'est avec tous les chrétiens que je dois gagner ce Ciel puisque c'est avec tous les élus que je dois en jouir et continuer avec eux par Jésus pendant l'éternité le concert de louanges auquel je suis associé sur la terre.

---

55. Canon de la Messe.

Esprit de sacrifice. Ô Jésus, sachant que l'humanité ne pouvait être sauvée que par le sacrifice, vous avez fait de toute votre vie terrestre une immolation perpétuelle.

Identifié à vous, prêtre avec vous quand je célèbre la messe, ô divin Crucifié, avec vous je veux être hostie. Tout en vous gravite autour de votre croix. Tout en moi gravitera autour de ma messe. Elle sera le centre et le soleil de mes journées, comme votre sacrifice est l'acte central de la liturgie.

Celle-ci, en me ramenant sans cesse par l'autel et le tabernacle à la pensée du Calvaire, me sera une école d'esprit de sacrifice. En me faisant partager les sentiments de votre Église, elle me communiquera les vôtres, ô Jésus, et ainsi je réaliserai la parole de saint Paul : « Ressentez en vous-mêmes ce qui était dans le Christ Jésus[56] », et celle qui me fut dite à mon ordination : « Imitez ce que vous réalisez[57] ».

Missel, rituel et bréviaire viennent me rappeler par les modes les plus variés, ne fût-ce que par les innombrables signes de croix, que le sacrifice est devenu depuis le péché la loi de l'humanité et qu'il n'a de valeur qu'uni au vôtre.

Je vous rendrai donc hostie pour hostie, ô mon divin Rédempteur. Je vous ferai de moi-même une immolation totale fondue avec votre immolation

56. Philip, II, 5.

57. Pontifical romain.

opérée une fois sur le Golgotha et renouvelée plusieurs fois par seconde par les messes qui se succèdent dans le monde entier.

La liturgie facilitera cette oblation de moi-même et me fera contribuer davantage à compléter pour « votre corps qui est l'Église ce qui manque à votre Passion[58]. »

J'apporterai ma part à cette grande hostie faite des sacrifices de tous les chrétiens[59]. Et cette hostie montera vers le Ciel pour expier les péchés du monde et faire descendre sur l'Église militante et souffrante les fruits de votre Rédemption.

J'aurai ainsi la vraie vie liturgique. Car, me revêtir de vous, ô Jésus crucifié, m'unir pratiquement à votre sacrifice en réalisant l'holocauste de moi-même par la réalisation du mot de l'Évangile : Qu'il renonce à lui-même, n'est-ce pas là, ô mon Sauveur, le but où votre Église veut me conduire en m'imprégnant de vos sentiments par ses prières et ses cérémonies

---

58. Coloss, I, 24.

59. Toute la cité rachetée, c'est-à-dire la société des saints, est offerte à Dieu comme un universel sacrifice par le grand Prêtre qui s'est offert lui-même dans sa Passion afin que nous devenions le corps d'une telle tête… C'est pourquoi l'apôtre nous exhorte à offrir nos corps comme une hostie vivante… Voilà le sacrifice des chrétiens : former tous un seul corps dans le Christ. C'est ce que l'Église pratique dans le sacrement de l'autel, bien connu des fidèles ; elle y apprend qu'elle est elle-même offerte à Dieu dans l'oblation qu'elle lui présente (S. Aug, *De Civit.* Dei, lib. X, cap. vi).

saintes, et en faisant passer dans mon cœur ce qui en vous dominait tout : l'esprit de sacrifice[60]. Ainsi je deviendrai une de ces pierres vivantes et choisies qui, polies par l'épreuve[61], sont destinées à entrer dans la construction de la céleste Jérusalem.

◆ *La vie liturgique me fait vivre de la vie du Ciel.*

« Notre conversation est dans le Ciel[62] », disait saint Paul. Où apprendrai-je plus facilement à réaliser ce programme que dans la liturgie ? Cette liturgie de la terre n'est-elle pas l'imitation de la liturgie céleste que Jean le bien-aimé a décrite dans son Apocalypse ? Lorsque je chante ou récite mon office, que fais-je autre chose que remplir la même fonction dont les anges s'honorent devant le trône de l'Éternel ?

Que dis-je ? La doxologie de chaque psaume, de chaque hymne, la conclusion de chaque oraison ne me jette-t-elle pas en adoration devant la très sainte Trinité ?

---

60. L'hostie produit la grâce pour le prêtre si, devenant lui-même hostie, il veut humblement et efficacement imiter ce qu'il fait (Petr. Blesens, Epist. cxxIII).
Nous qui célébrons le mystère de la Passion du Seigneur, nous devons imiter ce que nous faisons. Lorsque nous-mêmes serons devenus hosties, alors le Seigneur sera vraiment hostie pour Dieu à notre profit (S. Greg, *Dialogor*. lib. IV, cap. lix).
61. Hymne de la Dédicace.
62. Philipp, III, 20.

Les innombrables fêtes des saints me font vivre comme dans l'intimité de mes frères du Paradis qui me protègent et prient pour moi. Les fêtes de la Sainte Vierge me rappellent que j'ai là-haut une Mère toute bonne et toute-puissante qui n'aura pas de repos qu'elle ne me voie en sûreté à ses pieds dans le royaume de son Fils. Serait-il possible que toutes ces fêtes, que les mystères de mon doux Sauveur, Noël, Pâques, l'Ascension surtout, ne me donnent pas la nostalgie du Ciel que saint Grégoire regarde comme un gage de prédestination.

V. Pratique de la vie liturgique

Bon Maître, vous avez daigné me faire comprendre ce qu'est la vie liturgique. Prétexterai-je les exigences de mon ministère afin de me dérober à l'effort que vous me demandez pour la mettre en pratique ? Vous me répondriez sûrement que remplir conformément à vos désirs ces fonctions liturgiques ne demande pas plus de temps que de s'en acquitter machinalement. Vous me renverriez à l'exemple de tant de vos serviteurs, le bienheureux Père Perboyre[63] entre autres qui, chargés par vous d'occupations continuelles et absorbantes à un degré vraiment intensif, étaient cependant des âmes liturgiques d'élite.

63. Voir sa vie, liv. III, c. VIII et IX. Paris, 1890.

◆ *Préparation éloignée.*

Faites, bon Sauveur, que mon désir de vie liturgique se traduise par un grand esprit de foi pour tout ce qui se rapporte au culte divin.

Vos anges et vos saints vous voient face à face. Rien ne peut détourner leur esprit des augustes fonctions qui constituent l'un des éléments de leur joie inénarrable. Mais moi, soumis encore à toutes les faiblesses de la nature humaine, comment pourrais-je me maintenir en votre présence, quand je vous parle avec l'Église, si vous ne développez en moi le don de la foi que j'ai reçu au baptême ?

Jamais, il me semble, je ne voudrais regarder les fonctions liturgiques comme une corvée à expédier le plus vite possible, ou à subir parce que des honoraires y sont attachés. Jamais, je l'espère, je n'oserais parler au Dieu trois fois saint, ou accomplir les rites avec un sans-gêne que j'aurais honte de manifester à l'égard du plus humble des serviteurs. Jamais je ne voudrais scandaliser par ce qui doit édifier. Et cependant puis-je prévoir où je m'arrêterais si je commençais à ne plus me surveiller par rapport à l'esprit de foi ?

Ô mon Dieu, si j'étais déjà sur cette pente, daignez me retenir, ou plutôt donnez-moi une foi tellement vive, que saisi par l'importance qu'ont véritablement à vos yeux les actes liturgiques, je me réjouisse de sentir leur sublimité enthousiasmer ma volonté toujours davantage.

Aurais-je le moindre esprit de foi si je n'avais aucun zèle pour connaître les rubriques et pour les observer ? Les plus belles pensées sur la liturgie ne pourraient devant vous, ô mon Dieu, excuser ma négligence. Qu'importe que je n'éprouve aucun attrait naturel pour ce labeur, il me suffit que vous plaise mon obéissance et que je sache qu'elle me sera à grand profit.

À mes retraites, je ne manquerai jamais de m'examiner sur ce point par rapport au missel, au rituel et au bréviaire.

Votre Église, ô Jésus, a principalement utilisé les richesses des psaumes pour son culte. Si j'ai l'esprit liturgique, mon âme, dans les fragments du psautier, saura vous découvrir figuré surtout dans votre vie souffrante.

Elle saura que cette parole intime, ces sentiments que votre cœur adressait à Dieu pendant votre vie mortelle, ils se retrouvent dans un grand nombre des compositions prophétiques que vous avez inspirées au psalmiste.

Elle retrouvera là, merveilleusement synthétisés d'avance, les principaux enseignements de votre Évangile.

Sous les mêmes voiles j'entendrai la voix de l'Église continuant votre vie d'épreuves et manifestant à Dieu, au cours de ses souffrances et de ses triomphes, des sentiments calqués sur ceux de son divin Époux ; sentiments que peut aussi s'approprier dans ses tentations, revers, combats, tristesses, découragements, déceptions, comme aussi dans ses victoires et ses consolations, toute âme dans laquelle peut se manifester votre vie.

En réservant une part de mes lectures à l'Écriture sainte, je développerai mon goût pour la liturgie et faciliterai mon attention aux paroles[64].

La réflexion me permettra de découvrir dans toute composition liturgique une idée centrale autour de laquelle gravitent les divers enseignements.

Quelles armes tu forgeras ainsi, ô mon âme, contre la mobilité de ton imagination, surtout si tu sais t'instruire par les symboles.

L'Église les emploie pour parler aux sens un langage qui les captive en rendant sensibles les vérités représentées. Sachez ce que vous faites, m'a-t-elle dit à mon ordination. Cérémonies, linges, objets, vêtements sacrés, l'Église ma mère donne à tout une voix significative. Comment pourrais-je éclairer l'intelligence et atteindre le cœur des fidèles que l'Église veut saisir par ce langage aussi naïf que grandiose, si moi-même, je n'ai pas la clef de cette prédication.

---

64. Celui qui prie en comprenant profite plus que celui qui prie sans comprendre. Car celui qui comprend est nourri dans son intelligence et dans sa sensibilité (S. Thom, in I Cor, xiv, 14).

• Préparation immédiate.

« Avant la prière, préparez votre âme[65]. » Immédiatement avant la messe et à chaque reprise du bréviaire, acte calme, mais énergique de recueillement, pour m'abstraire de ce qui ne se rapporte pas à Dieu et pour fixer mon attention vers lui. Celui auquel je vais parler est Dieu.

Mais il est aussi mon Père. À cette crainte révérentielle que la Reine des anges garde elle-même quand elle parle à son divin Fils, j'unirai l'ingénuité naïve qui donne, même au vieillard s'adressant à la Majesté infinie, une âme de petit enfant.

Cette attitude simple et naïve devant mon Père reflétera ingénument ma conviction d'être uni à Jésus-Christ et de représenter l'Église malgré mon indignité, et ma certitude d'avoir comme compagnons dans ma prière les esprits de la milice céleste : « Je vous chanterai en présence des anges[66]. »

Pour toi, mon âme, ce n'est plus le moment de raisonner, de méditer, tu dois redevenir âme d'enfant. Lorsque tu parvins à l'âge de raison tu acceptais comme l'expression d'une vérité absolue tout ce que ta mère te disait.

Ainsi dois-tu avec la même simplicité et ingénuité recevoir de ta mère l'Église tout ce qu'elle va te présenter comme aliment de ta foi.

65. Eccli, XVIII, 23.

66. Ps, CXXXVII.

Indispensable ce rajeunissement d'âme ! Dans la même mesure où je me ferai davantage une âme d'enfant, dans cette mesure je profiterai des trésors de la liturgie et me laisserai saisir par la poésie qui s'en dégage. Dans cette mesure progressera en moi l'esprit liturgique.

Alors, facilement mon âme entrera en adoration et y restera pendant la fonction (cérémonie, bréviaire, messe, sacrements, etc.) que j'y prenne part à titre de membre ou d'ambassadeur de l'Église, ou comme ministre de Dieu.

De ma façon d'entrer en adoration dépendent en grande partie non seulement le profit et le mérite de l'acte liturgique, mais aussi les consolations que Dieu attache à son parfait accomplissement et qui doivent me soutenir dans mes travaux apostoliques.

Je veux donc adorer. Je veux par un élan de ma volonté m'unir, pour rendre à Dieu cet hommage, aux adorations de l'Homme-Dieu. Élan du cœur plutôt qu'effort de tête.

Je le veux avec votre grâce, ô Jésus. Et cette grâce je la solliciterai, par exemple, pour le bréviaire, par le *Deus in adjutorium*, et pour la messe, par l'*Introibo*, posément récités.

Je veux. Et c'est ce vouloir filial et affectueux, fort et humble, uni à un vif désir de votre secours, que vous exigez de moi.

Si j'obtiens que mon intelligence présente à ma foi de beaux horizons, ou que ma sensibilité lui offre quelque pieuse émotion, ma volonté en profitera pour adorer plus facilement. Mais je me rappellerai ce principe que l'union à Dieu réside en dernière analyse dans le sommet de l'âme, dans la volonté, et alors même qu'obscurité et sécheresse seraient son lot, cette faculté en soi sèche et froide prendra alors son essor en s'appuyant sur la seule foi.

◆ *Accomplissement de la fonction liturgique.*

Bien accomplir les fonctions liturgiques est un don de votre munificence, ô mon Dieu. Dieu tout puissant et miséricordieux, de qui vient le don par lequel vous êtes servi dignement et saintement par vos fidèles[67]. Daignez m'accorder ce don, Seigneur. Je veux rester adorateur pendant l'acte liturgique. Ce mot résume toute méthode.

Ma volonté a jeté mon cœur et le maintient devant la majesté de Dieu. Et je renferme tout son travail dans les trois mots Avec dignité, avec attention, avec dévotion… de la prière Aperi qui expriment très justement quelle doit être l'attitude de mon corps, de mon intelligence et de mon cœur.

Avec dignité. Par la tenue respectueuse, par la prononciation exacte des mots avec plus de lenteur aux parties principales, par l'observation soigneuse

67. Oraison du 12e Dim. après la Pent.

des rubriques, par le ton de ma voix et par ma manière de faire signes de croix, génuflexions, etc., mon corps manifestera non seulement que je sais à qui je parle, ce que je dis, quel apostolat je puis parfois exercer[68], mais aussi que c'est mon cœur qui agit.

---

68. Apostolat ou scandale : Auprès de nombreuses âmes qui voient la religion au travers d'un vague intellectualisme ou ritualisme, un sermon donné par un prêtre médiocre est souvent bien moins efficace que l'apostolat du vrai prêtre dont la grande foi, la componction, la piété rayonnent à l'occasion d'un baptême, d'un enterrement et surtout d'une messe. Paroles et rites sont les flèches capables de remuer ces cœurs. La liturgie ainsi vécue leur reflète le mystère certain, l'invisible existant, et les invite à invoquer ce Jésus presque inconnu d'elles, mais avec lequel elles sentent que ce vrai prêtre est en intime communication.
Atténuation ou perte de leur foi, au contraire, lorsque écœurées elles s'écrient : « Non, vraiment il n'est pas possible que ce prêtre croie qu'il y a un Dieu et le craigne, puisqu'il célèbre, baptise, récite des prières, accomplit les cérémonies de cette façon ». Quelle responsabilité ! Et qui oserait soutenir que de tels scandales ne seront pas l'objet d'un rigoureux jugement ?
Quelle influence peuvent avoir sur les fidèles la manifestation de la crainte révérentielle ou au contraire le sans-gêne dans les fonctions sacrées !
Étant étudiant dans une école universitaire, et soustrait à toute influence cléricale, nous eûmes par hasard l'occasion de voir à son insu un prêtre réciter son bréviaire. Sa tenue pleine de respect et de religion nous fut une révélation et nous sentîmes fortement se produire le besoin de prier désormais et de prier en tâchant d'imiter ce prêtre. L'Église nous apparaissait comme réalisée dans ce digne ministre en communication avec son Dieu.
« Au contraire, nous avouait dernièrement une âme loyale, en voyant à quel point mon curé enlevait sa messe, je fus bouleversé et persuadé qu'il ne devait pas avoir la foi. Dès lors, je cessai de pouvoir prier, même de croire, et une sorte de dégoût causée par la

À la cour des rois de la terre, les simples serviteurs eux-mêmes estiment grandes les moindres charges et prennent, à leur insu, un air majestueux et solennel. N'arriverai-je pas à acquérir cette distinction qui se traduira par mon attitude d'âme et la dignité de mon maintien dans l'exercice de ma charge, moi qui fais partie de la garde d'honneur du Roi des rois et du Dieu de toute majesté ?

Avec attention. Mon esprit sera plein d'ardeur pour butiner dans les paroles et les rites sacrés tout ce qui pourra nourrir mon cœur.

Tantôt mon attention s'attachera au sens littéral des textes. Que je suive chaque phrase, ou que tout en continuant ma récitation, je médite longuement un mot qui m'aura frappé jusqu'à ce que j'éprouve le besoin de découvrir le miel de la dévotion dans une autre fleur, je reste dans les deux cas fidèle au *Mens concordet voci*, « Que la pensée soit d'accord avec la voix »[69].

Tantôt mon intelligence s'occupera du mystère du jour ou de l'idée principale du temps liturgique.

Mais son rôle restera secondaire comparé à celui de la volonté dont elle ne sera que la pourvoyeuse pour l'aider à se maintenir en adoration ou à revenir à cette attitude.

---

crainte de voir encore ce prêtre célébrer, me tint depuis ce moment éloigné de l'Église ».

69. Règle de S. Benoît.

Aussi souvent que surviendront les distractions, je veux, sans dépit, sans raideur, sans à-coup, mais suavement, comme tout ce qui se fait avec votre concours, ô Jésus, et fortement comme tout ce qui veut être généreusement fidèle à ce concours, je veux revenir à l'acte adorateur.

Avec dévotion. C'est le point capital. Tout doit se ramener à faire de l'office et de toute fonction liturgique un exercice de piété, par conséquent un acte du cœur.

« La précipitation est la mort de la dévotion ». Parlant du bréviaire, et *a fortiori* de la messe, saint François de Sales donne cette maxime comme un principe. Je m'impose donc l'obligation de consacrer environ une demi-heure à ma messe, afin que non seulement le Canon, mais encore toutes les autres parties soient récitées pieusement. J'écarterai impitoyablement tous prétextes de faire à la hâte cet acte central de ma journée. Si l'habitude me fait tronquer certaines paroles ou cérémonies, je m'appliquerai, en exagérant même quelque temps, à aller très posément à ces endroits défectueux[70].

Proportion gardée, j'étendrai cette résolution à toutes mes autres fonctions liturgiques : sacrements,

---

70. Voulant caricaturer une personne qui parle avec volubilité et ne sait pas ce qu'elle dit, un littérateur du siècle dernier, aussi renommé par son impiété que par le réalisme de ses descriptions, ne trouve pas de meilleure comparaison que celle « du prêtre qui bâcle sa messe ».

bénédictions, enterrements, etc. Pour le bréviaire, j'aurai soin de prévoir à quels moments je le dirai. Le temps venu, je m'astreindrai, coûte que coûte, à tout quitter. À tout prix je veux que cette récitation soit une vraie prière du cœur. Oh ! oui, entretenez en moi, ô divin Médiateur, l'horreur de la précipitation lorsque je tiens votre place, ou agis au nom de l'Église. Persuadez-moi que la précipitation paralyse le grand sacramental qu'est la liturgie, et l'empêche d'entretenir cet esprit d'oraison sans lequel, sous l'extérieur d'un prêtre très zélé, je pourrais n'être à vos yeux qu'un tiède ou moins encore. Gravez dans ma conscience cette parole si capable de me faire trembler : « Maudit celui qui fait l'œuvre de Dieu négligemment »[71].

Tantôt par un élan du cœur j'embrasserai dans une synthèse de foi le sens général du mystère rappelé par le cycle liturgique et j'en nourrirai mon âme.

Tantôt ce sera un acte longuement savouré, acte de foi ou d'espérance, de désir ou de regret, d'offrande ou d'amour.

D'autres fois un simple regard me suffira. Regard intime et soutenu sur un mystère, sur une perfection de Dieu, sur un de vos titres, ô Jésus, sur votre Église, sur mon néant, mes misères, mes besoins ou sur ma dignité de chrétien, de prêtre, de religieux. Regard

71. Jér, XLVIII, 10.

tout différent de l'acte de l'intelligence pendant une étude théologique. Regard qui augmente la foi, mais plus encore l'amour. Regard, pâle reflet sans doute de la vision béatifique, mais réalisant dès ici-bas ce que vous avez promis aux âmes pures et ferventes : « Bienheureux ceux qui ont le cœur pur, parce qu'ils verront Dieu[72]. »

∴

Ainsi chaque cérémonie deviendra une diversion reposante, parce que vraie respiration de mon âme que les occupations tendaient à asphyxier.

Sainte liturgie, quel baume vous apporterez à mon âme par les diverses « fonctions » ! Loin d'être une servitude onéreuse, elles constitueront une des plus grandes consolations de ma vie.

Comment pourrait-il en être autrement, puisque toujours rappelé à la dignité d'enfant et d'ambassadeur de l'Église, de membre et de ministre de Jésus-Christ, je me revêtirai de plus en plus de celui qui est la joie des élus ?

Par mon union avec lui, j'apprendrai à profiter des croix de cette vie mortelle pour semer les gerbes de mon éternelle félicité, et par ma vie liturgique, plus efficace que n'importe quel apostolat, j'aurai

72. Matth, V, 8.

conscience d'entraîner après moi d'autres âmes dans la voie du salut et de la sainteté.

4. La garde du cœur, clef de voûte de la vie intérieure, donc essentielle pour l'apostolat.

RÉSOLUTION DE GARDE DU CŒUR

Je veux, ô Jésus, que mon cœur ait la sollicitude habituelle de se préserver de toute tache, et de s'unir de plus en plus à votre cœur, dans toutes mes occupations, conversations, récréations, etc.

L'élément négatif, mais indispensable, de cette résolution me fait répudier les souillures dans le mobile et l'accomplissement de l'action[73].

---

73. *Comment s'acquiert la pureté d'intention ?* Elle s'acquiert par une grande attention sur soi, au commencement et surtout dans le progrès de nos actions.

Pourquoi cette attention est-elle nécessaire au commencement de nos actions ? Parce que si ces actions sont agréables, utiles, conformes aux penchants de la nature, elle s'y porte aussitôt de son propre mouvement, par le seul attrait du plaisir ou de l'intérêt. Or, quelle attention et même quel empire ne faut-il pas avoir sur soi-même, pour empêcher sa volonté d'être d'abord entraînée par l'impression des motifs naturels qui la flattent, la sollicitent, la charment ?

Pourquoi avez-vous ajouté que cette attention est surtout nécessaire durant le progrès de nos actions ? Parce que quand on aurait eu la force de renoncer d'abord à tout attrait flatteur des sens et de l'amour-propre, pour ne suivre en tout que les vues de la foi par des intentions pures ; si, dans la suite, on oublie de s'observer de près, l'actuelle jouissance ou du plaisir qu'on goûte, ou de l'intérêt

L'élément positif porte mon ambition jusqu'à vouloir intensifier la foi, l'espérance et l'amour qui animent cette action.

Cette résolution sera le vrai thermomètre de la valeur pratique de mon oraison du matin et de ma vie liturgique. Car ma vie intérieure sera ce qu'est ma garde du cœur : « Garde ton cœur avant toute chose, car de lui jaillit la vie »[74].

Oraison et vie liturgique me font reprendre mon élan pour m'unir à Dieu. Mais c'est la garde du cœur qui va permettre au voyageur de profiter de la nourriture prise avant la marche ou durant les haltes, pour se maintenir toujours dans la belle allure du départ.

Cette garde du cœur n'est autre chose que la sollicitude habituelle ou du moins fréquente pour préserver tous mes actes, à mesure qu'ils se présentent, de tout ce qui pourrait vicier leur mobile ou leur accomplissement.

---

qu'on trouve durant le cours de certaines actions, venant toujours à faire de nouvelles impressions, le cœur s'en amollit peu à peu, la nature quoique mortifiée par les premiers renoncements, se réveille et reprend son ascendant ; bientôt l'amour-propre fait glisser subtilement et presque à notre insu ses vues intéressées, les substituant à la place des bons motifs par lesquels nos actions avaient été entreprises et commencées : d'où il arrive, en je ne sais combien de rencontres, ce que dit saint Paul, qu'après avoir commencé par l'esprit, on finit par la chair, c'est-à-dire par des vues basses, terrestres ou intéressées (P. Caussade).

74. Prov, IV, 23.

Sollicitude calme, aisée, sans contention, à la fois humble et forte, puisque basée sur le recours filial à Dieu et la confiance en ce recours.

C'est un travail de mon cœur et de ma volonté bien plus que de mon esprit qui doit rester libre pour l'accomplissement de mes obligations. Loin de gêner mon action, la garde du cœur la perfectionne en la réglant par l'esprit de Dieu et en l'ajustant à mes devoirs d'état.

Cet exercice, je veux le pratiquer à toute heure. Ce sera une vue, par le cœur, des actions présentes et une attention modérée aux diverses parties d'une action à mesure que je la ferai. Ce sera l'observation exacte de l'*Age quod agis*, « Fais ce que tu fais »[75]. Mon âme, comme une sentinelle vigilante, exercera sa sollicitude sur tous les mouvements de mon cœur, sur tout ce qui se passe dans mon intérieur : impressions, intentions, passions, inclinations, en un mot sur tous mes actes intérieurs et extérieurs, pensées, paroles, actions.

Mais, par la fréquence de cet exercice, j'acquerrai peu à peu l'habitude qui me le rendra aisé.

Où vais-je et pourquoi[76] ? Que ferait Jésus ? Comment se comporterait-il à ma place ? Que me

75. C'est-à-dire, applique-toi tout entier à l'action présente.

76. Paroles que S. Ignace se disait fréquemment et à laquelle font allusion ses *Exercices spirituels*.

conseillerait-il ? Que demande-t-il de moi en ce moment ?

Lorsque je me sentirai porté à aller à Jésus par Marie, cette garde du cœur revêtira un caractère plus facilement affectif encore. Recourir à cette bonne Mère deviendra comme un besoin incessant pour mon cœur.

Ainsi se réalisera le « Demeurez en moi et moi en vous[77]. »

Ce que vous exprimez, ô Jésus, comme fruit de l'Eucharistie : Il demeure en moi et moi en lui, mon âme veut l'obtenir par la garde du cœur qui m'unira à vous.

Il demeure en moi. Oui, je me considérerai comme vraiment chez moi en votre cœur divin, avec le droit de disposer de toutes vos richesses, par l'utilisation des trésors illimités de la grâce sanctifiante et de la mine inépuisable de vos grâces actuelles. Et moi en lui. Mais, grâce à ma garde du cœur, vous aussi, mon bien-aimé Sauveur, vous serez vraiment chez vous dans mon âme. Car mes efforts tendant à assurer l'exercice continu de votre royauté sur le jeu de toutes mes facultés, non seulement je veillerai à ne rien faire en dehors de vous, mais mon ambition ira encore jusqu'à vouloir mettre dans chacune de mes actions une force d'amour chaque jour plus grande.

77. Joan, XV, 4.

Habitude de recueillement intérieur, de combat spirituel, de vie occupée et réglée, et accroissement incalculable de mérites résulteront de ma garde du cœur. Ainsi, ô Jésus, mon union indirecte avec vous par mes œuvres, c'est-à-dire par les relations que j'aurai selon votre volonté avec les créatures, deviendra la suite de mon union directe avec vous par l'oraison, la vie liturgique et les sacrements. Dans les deux cas, cette union procédera de la foi et de la charité et se fera sous l'influence de la grâce. Dans l'union directe, c'est vous-même, et vous seul, ô mon Dieu, que j'ai en vue. Dans l'indirecte, je m'applique à d'autres objets. Mais comme c'est pour vous obéir, ces objets auxquels je dois mon attention deviennent des moyens voulus par vous pour m'unir à vous. Je vous quitte pour vous retrouver. C'est toujours vous que je recherche, et du même cœur, mais dans votre volonté. Et cette divine volonté est le seul phare que la garde du cœur me fait sans cesse fixer pour diriger mon activité à votre service. Dans l'un et l'autre cas je puis donc dire : « Il m'est bon d'adhérer à Dieu[78]. »

Erreur donc de croire que pour m'unir à vous, ô mon Dieu, je doive retarder l'action ou attendre qu'elle soit terminée. Erreur de supposer que, par leur nature même ou à cause du temps où ils s'exécutent, certains travaux puissent me dominer et entraver ma liberté au point que m'unir à vous me

78. Ps, LXXII, 28.

soit impossible. Non, vous me voulez libre. Vous voulez que j'en sois le maître et non l'esclave. Et vous m'offrez, à cet effet, votre grâce, si je suis fidèle à la garde du cœur.

Dès lors que le sens surnaturel pratique m'a fait discerner, par les multiples événements, circonstances, détails ménagés par votre Providence, que telle action est vraiment liée à votre volonté, mon devoir est de ne pas m'y dérober, comme aussi de ne pas m'y complaire. Je dois l'entreprendre et la poursuivre, mais uniquement pour faire votre volonté. Car l'amour-propre en vicierait la valeur et en diminuerait le mérite[79]. Si, percevant ce que vous voulez, ô Jésus, et comment vous le voulez, je le réalise par ce motif que vous voulez, mon union avec vous, loin de diminuer, ne fera que s'intensifier.

---

79. Dans le bien, dit le P. Desurmont, se trouvent cachés une délectation, un honneur, une gloire, un je ne sais quoi dont la nature est extrêmement friande, souvent même plus friande que du mal lui-même. L'âme ne se défie pas de ce ver rongeur, de cet égoïsme raffiné qui étouffe la grâce actuelle.
Le Seigneur, par bonté pour nous autant que par jalousie pour sa gloire, s'est déclaré quant à lui indifférent à tous les biens particuliers. Et il a décidé qu'une seule chose lui plairait, sa volonté. De telle sorte qu'un rien conforme à cette volonté mériterait le ciel, et que des prodiges opérés sans elle resteraient sans récompense. Aussi faut-il se proposer en tout, non le bien simplement, mais le bien voulu par Dieu, c'est-à-dire sa volonté (*Le retour continuel à Dieu*).

I. Nécessité de la garde du cœur.

Mon Dieu, vous êtes la sainteté, et ici-bas vous n'admettez une âme dans votre intimité que dans la mesure où elle s'applique à détruire ou à éviter tout ce qui pour elle peut être souillure.

Paresse spirituelle pour élever son cœur vers vous; affection désordonnée pour la créature; brusqueries et impatiences; rancune, caprices, mollesse, recherche des aises; facilité à parler sans raison véritable des défauts d'autrui; dissipation, curiosité ne se rapportant en rien à la gloire de Dieu; babil; loquacité, jugements vains et téméraires sur le prochain; vaine complaisance en moi-même; mépris pour les autres, critique de leur conduite; recherche de l'estime et de la louange dans le mobile qui me fait agir; étalage de ce qui est à mon avantage; présomption, entêtement, jalousie, manque de respect vis-à-vis de l'autorité, murmures; immortification dans le boire et le manger, etc., quelle fourmilière de péchés véniels ou au moins d'imperfections volontaires peut m'envahir et me priver des grâces abondantes que de toute éternité vous me réserviez.

Que seront mon oraison et ma vie liturgique, si elles ne m'amènent pas progressivement à tenir mon âme assez recueillie pour être en éveil même contre les fautes de pure fragilité, si elles ne m'aident pas à me relever avec promptitude dès que ma volonté commence à fléchir, et même si elles ne m'incitent pas à m'imposer dans certains cas une sanction ?

Faute de garde du cœur, dire que je puis, ô Jésus, paralyser votre action en moi !

Messes, communions, confessions, autres exercices de piété, protection spéciale de la divine Providence en vue de mon salut éternel, sollicitude de mon ange gardien, que dis-je ? même votre maternelle vigilance sur moi, ô ma Mère immaculée, tout peut être paralysé, stérilisé par ma faute.

Si je manque de bonne volonté pour m'imposer cette contrainte à laquelle, ô Jésus, vous faites allusion par ces mots : « Les violents ravissent le royaume des cieux[80] ».

Satan cherchera sans cesse à surprendre mon cœur pour l'égarer et l'affaiblir, et il ira jusqu'à pervertir ma conscience par l'illusion.

Certaines de tes chutes, ô mon âme, que tu qualifies de pure fragilité sont peut-être déjà d'une nature différente aux yeux de Dieu.

Si tu ne pratiques pas l'exercice de la garde du cœur, et si tu ne tends pas à réaliser ce programme : Je veux arriver à garder à Jésus le mobile de chacune de mes actions, comment peux-tu affirmer le contraire ?

Sans cette résolution de garde du cœur, non seulement j'accumule des expiations effrayantes et

80. Matth, XI, 12.

prolongées pour le purgatoire, mais, si j'évite encore le péché mortel, je suis sur la pente qui y conduit fatalement. Y songes-tu, mon âme ?

II. Présence de Dieu, base de la garde du cœur.

Trinité sainte, si, comme je l'espère, je suis en état de grâce, vous demeurez dans mon cœur, avec toute votre gloire, avec toutes vos perfections infinies, tel enfin que vous habitez dans le Ciel quoique caché sous le voile de la foi.

Aucun instant où vous n'ayez les yeux sur moi pour discerner mes actions.

Votre justice et votre miséricorde opèrent sans cesse en moi.

Pour répondre à mes infidélités, tantôt vous me retirez vos grâces de choix ou vous cessez de disposer maternellement les événements qui devraient tourner à mon avantage, tantôt, pour me ramener à vous, vous m'accablez de nouveaux bienfaits.

Si votre habitation en moi était à mes yeux l'événement le plus considérable et le plus digne d'attirer mon attention, serais-je si fréquemment et si longtemps sans y penser ?

N'est-ce pas de cette inattention à ce fait fondamental de mon existence que proviennent les insuccès qui jusqu'ici ont suivi mes tentatives de garde du cœur ?

Les oraisons jaculatoires se succédant régulièrement dans la journée auraient dû me rappeler cette habitation toute d'amour de Dieu en moi. As-tu assez fait, mon âme, jusqu'à ce jour, pour jalonner ainsi ta vie à chaque heure au moins une fois ? As-tu assez profité de ton oraison quotidienne et de ta vie liturgique pour rentrer de temps en temps, ne fût-ce que quelques secondes, dans le sanctuaire intime de ton cœur, afin d'y adorer la beauté infinie, l'immensité, la toute-puissance, la sainteté, la vie, l'amour, en un mot le bien suprême et parfait qui daigne y résider et qui est ton principe et ta fin ?

Communions spirituelles, quelle place occupez-vous dans ma journée ? Et cependant vous êtes à tout instant à ma disposition non seulement pour me rappeler l'habitation de la très sainte Trinité en moi, mais encore pour accroître cette inhabitation par une nouvelle infusion du sang rédempteur dans mon âme !

Quel cas ai-je fait jusqu'à présent de ces trésors placés sur ma route ? Il m'eût suffi de me baisser pour recueillir ces diamants et en orner mon diadème. Que je suis loin de ces âmes qui, tout en continuant leurs travaux ou leurs conversations, reviennent des milliers de fois dans une journée à leur hôte divin ! Elles ont contracté cette habitude, et leur cœur est fixé là où est leur trésor.

III. La dévotion à Notre-Dame facilite la garde du cœur.

Ô ma Mère Immaculée, c'est pour que vous m'aidiez à garder mon cœur uni par Jésus à la Trinité sainte que sur le Calvaire la parole de votre Fils m'a constitué votre enfant.

Je veux que les invocations de plus en plus fréquentes que je vous adresserai visent surtout cette garde de mon cœur afin d'en purifier les tendances, les intentions, les affections et les volontés.

Je ne veux plus me dérober à votre douce voix : « Arrête-toi, mon fils, rectifie ton cœur. Non, il n'est pas vrai qu'en ce moment tu poursuives uniquement la gloire de Dieu ». Que de fois, pendant mes dissipations ou mes occupations mal réglées, vous m'avez adressé cette maternelle invitation ! Et que de fois, hélas ! je l'ai étouffée !

Ma Mère, désormais, j'entendrai ce rappel de votre cœur, et ma fidélité y répondra par un arrêt énergique et tout d'une pièce. Il pourra n'avoir que la durée d'un éclair, mais il suffira pour que je me pose l'une ou l'autre de ces questions : Pour qui est l'action présente ? Comment Jésus agirait-il à ma place ? Cette interrogation intime passée à l'état d'habitude constitue la garde du cœur. Elle me permettra dans les moindres détails de tenir mes facultés et leurs tendances dans une dépendance habituelle de plus en plus parfaite à l'égard de Dieu vivant en moi.

IV. Apprentissage de la garde du cœur.

Je gémis de rester hors de la présence de Dieu pendant de longs intervalles au cours de mes travaux. Je gémis en constatant que, pendant ce temps de vie extériorisée, de nombreuses fautes m'échappent quel que soit l'état de mon âme, mélange de ferveur et d'imperfection ou tiédeur caractérisée ; je veux commencer dès aujourd'hui à y porter remède en m'exerçant à la garde du cœur.

Le matin pendant mon oraison je déterminerai, mais résolument et bien nettement, un moment de mon travail pendant lequel je m'efforcerai, tout en m'adonnant avec ardeur à l'œuvre voulue par Dieu, de vivre de vie intérieure aussi parfaite que possible, de garde du cœur, c'est-à-dire de vigilance sous votre regard, ô Jésus, et de recours à vous comme si j'avais fait le vœu du plus parfait. Je commencerai par cinq minutes ou même moins matin et soir[81],

81. C'est pratiquement ce que Bossuet appelle « moment de solitude affectueuse qu'il faut à tout prix se ménager dans le jour ».
C'est ce que conseillait si fortement saint François de Sales sous le nom de retraites spirituelles. « En cet exercice de la retraite spirituelle et des oraisons jaculatoires gît la grande œuvre de la dévotion. Cet exercice peut suppléer au défaut de toutes les autres oraisons, mais le manquement d'iceluy ne peut presque point être réparé par aucun autre moyen. Sans iceluy, on ne saurait que mal

viserai bien plus à la perfection de cet exercice qu'à sa durée, m'efforcerai de le faire de mieux en mieux et d'agir au milieu du travail, même et surtout s'il est absorbant, à la façon d'un saint par la pureté d'intention, la garde de mon cœur et de toutes mes facultés, la générosité d'allure, en un mot, comme aurait agi Jésus lui-même s'il avait eu à accomplir ce même travail.

Ce sera un apprentissage de vie intérieure pratique. Ce sera une protestation contre mon habitude de dissipation et divagation d'esprit. Je veux Jésus. Je veux son règne. Je veux que, le temps des occupations extérieures arrivé, ce règne continue en moi. Je ne veux plus que mon âme soit comme un corridor ouvert à tous les vents et se mette dans l'impossibilité de vivre unie à Jésus et d'être vigilante, suppliante, généreuse.

Pendant ce court instant, mon œil restera sans contention, mais exactement fixé sur les divers mobiles de mon âme qui ne se pardonnera rien. Ma bonne volonté sera à son tour ardemment décidée à ne rien épargner pour vivre parfaitement pendant ce si court intervalle. Mon cœur, de son côté, sera résolu à recourir fréquemment à Notre-Seigneur pour se maintenir dans cet essai de sainteté.

---

faire la vie active… et le travail n'est qu'embarrassement » (*Intr. à la vie dév,* 2e part, c. III).

Cet exercice sera cordial, joyeux et accompli avec dilatation d'âme. Sans doute vigilance et mortification me seront nécessaires pour me maintenir en la présence de Dieu et refuser à mes facultés et à mes sens tout ce qui sent le naturel. Mais je ne me contenterai pas de ce côté négatif. Je viserai surtout à informer cet exercice de cette intensité d'amour qui, en me faisant pratiquer avec le plus grand soin l'*Age quod agis*, « Fais ce que tu fais », par la pureté d'intention d'abord, puis avec une ardeur, une impersonnalité et une générosité toujours croissantes, donne à mes œuvres toute leur perfection et toute leur valeur.

Le soir à l'examen général (ou à l'examen particulier, si je prends comme sujet cet exercice), rigoureuse analyse de ce qu'ont été ces minutes de garde du cœur plus étroite, sans réserve, près de Jésus. M'infliger sanction, petite pénitence (ne fût-ce que la privation d'un peu de vin ou de dessert à l'insu de tout regard étranger, ou une courte prière les bras en croix, ou d'objet dur sur les doigts) si je constate que je n'ai pas été assez vigilant, assez fervent, assez suppliant, assez aimant, pendant cette tentative de garde du cœur, c'est-à-dire de vie intérieure unie à la vie active.

Quels merveilleux résultats ressortiront de cet exercice ! Quelle école de garde du cœur !

Que de vues nouvelles sur péchés et imperfections dont je ne soupçonnais pas l'existence !

Ces instants rayonneront peu à peu virtuellement sur ceux qui les suivront. Toutefois je ne les prolongeai que lorsque j'aurai d'abord presque épuisé ce que je puis entrevoir d'horizon de sainteté, de perfection d'exécution et d'intensité d'amour.

Je viserai la qualité plutôt que l'étendue. Ma soif de ne plus m'en tenir à de courtes minutes s'aiguisera dans la proportion où j'aurai vu plus exactement ce que je suis et ce que vous attendez de moi, ô Jésus. Et peu à peu, me familiarisant avec cet exercice salutaire, j'en contracterai le besoin, l'habitude, et vous découvrirez à mon âme ainsi purifiée les secrets de la vie d'union avec vous.

V. Conditions de la garde du cœur.

La trame de ma vie est presque toute plus ou moins souillée. C'est de cette conviction, dont Satan cherche à me distraire, que naît la défiance de moi-même et des créatures. C'est cet élément qui, greffé sur mon désir d'être à Jésus, produira forcément :

Vigilance loyale et exacte, douce, calme, confiante en la grâce et basée sur la répression de la dissipation et des excès de l'empressement naturel. Renouvellement fréquent de ma résolution. Recommencements inlassables, pleins de confiance dans la miséricorde de Jésus pour l'âme qui lutte véritablement afin d'arriver à la garde du cœur. Certitude croissante que je ne combats pas seul, mais uni à Jésus vivant en moi, à Marie ma mère, à mon ange gardien et aux saints. Conviction que ces puissants alliés m'assistent à tout instant pourvu que je poursuive cette garde du cœur et que je ne m'éloigne pas de leur assistance. Enfin recours cordial et fréquent à tous ces aides divins afin qu'ils m'aident à faire ce que Dieu veut, et à le faire comme Dieu le veut et parce que Dieu le veut.

Oh ! que ma vie va être transformée, ô Jésus, si je garde mon cœur uni à vous !

Mon intelligence pourra être tout appliquée à l'action présente. Mais ce que j'ai constaté dans des âmes extrêmement occupées et dont le cœur cependant ne cessait de respirer en vous, je veux arriver à le réaliser au cours de mes travaux les plus absorbants.

Si j'ai bien compris ce qu'est la garde du cœur, loin de diminuer ce qu'il faut de liberté d'action à mes facultés pour accomplir tous mes devoirs d'état, la respiration de mon âme dans l'atmosphère d'amour que vous êtes, ô Jésus, ne fera que l'augmenter et rendra ma vie sereine, ensoleillée, puissante et féconde.

Au lieu d'être l'esclave de mon orgueil, de mon égoïsme ou de ma paresse, au lieu de gémir sous le joug des passions et des impressions, je deviendrai de plus en plus libre. Et de ma liberté perfectionnée je pourrai, ô mon Dieu, vous faire, et fréquemment, un hommage de dépendance. Ainsi, je m'affermirai dans la véritable humilité, fondement sans lequel une vie intérieure ne serait que trompeuse. Ainsi, je développerai en moi l'esprit fondamental de soumission qui résume tout l'intime de la vie du Sauveur. « L'humilité consiste surtout dans la soumission de l'homme à Dieu[82]. »

Participant à la flamme d'amour qui vous rendit, ô Jésus, toujours si attentif et si docile au bon plaisir de votre Père, je mériterai de participer dans le Ciel à la gloire dont jouit votre Humanité en récompense de son admirable dépendance par humilité et par amour : « Il a été obéissant… c'est pourquoi Dieu l'a exalté[83]. »

5. Besoin pour l'apôtre d'une ardente dévotion envers Marie Immaculée.

Membre de l'ordre de Cîteaux si étroitement consacré à Marie, enfant de saint Bernard apôtre incomparable de l'Europe pendant un demi-siècle, pourrions-nous oublier que le saint abbé de Clairvaux attribuait à Marie tous ses progrès dans l'union avec Jésus et tous ses succès dans l'apostolat ?

---

82. S. Thom.
83. Philipp, II, 9.

Tous savent ce que fut, près des peuples et des rois, au sein des conciles et sur le cœur des papes, l'apostolat de celui qui reste le fils le plus illustre du patriarche saint Benoît.

Tous exaltent la sainteté, le génie, la science profonde des saints Livres, et l'onction pénétrante des écrits du dernier des Pères de l'Église.

Mais ce qui résume surtout l'admiration des siècles pour le saint docteur, c'est le titre de *Cytharista Mariæ* qui lui est décerné.

« Chantre de Marie » il n'a été surpassé par aucun de ceux qui ont célébré les gloires de la Mère de Dieu.

Saint Bernardin de Sienne et saint François de Sales, aussi bien que Bossuet, saint Alphonse, saint Louis-Marie Grignion de Montfort, etc., puisent largement dans les trésors de saint Bernard lorsqu'ils veulent parler d'elle et trouver des arguments pour étayer cette vérité que le saint docteur met en relief : « Tout nous vient par Marie ».

« Voyons, mes frères, avec quels sentiments de dévotion Dieu a voulu que nous honorions Marie, lui qui a mis en elle la plénitude de tout bien. S'il est en nous quelque espérance, quelque grâce, quelque gage de salut, reconnaissons que tout cela déborde sur nous de celle qui est comblée de délices… Ôtez ce soleil qui éclaire le monde, c'en est fait du jour. Enlevez Marie, cette étoile de la mer, de notre grande et vaste mer, que reste-t-il, sinon une profonde obscurité, une ombre de mort et d'épaisses ténèbres ? C'est donc du plus intime de nos cœurs, du fond même de nos entrailles et de tous nos vœux que nous devons honorer la Vierge Marie ; car c'est la volonté de celui qui a voulu que nous ayons tout par elle »[84]. Fort de cette doctrine, nous n'hésitons pas à formuler que l'apôtre, quoi qu'il fasse pour son salut et son progrès spirituel et pour la fécondité de son apostolat, risque de ne bâtir que sur le sable, si son activité ne repose pas sur une très spéciale dévotion à Notre-Dame.

• Pour la vie intérieure personnelle.

L'apôtre est insuffisamment dévot envers sa Mère si sa confiance en elle n'a rien d'enthousiaste, et si le culte qu'il lui rend est presque tout extérieur. Comme son fils, elle ne regarde que nos cœurs, et ne nous juge ses vrais enfants que par la force avec laquelle notre amour répond au sien.

Cœur fermement convaincu des grandeurs, des privilèges et des fonctions de celle qui est à la fois la Mère de Dieu et la Mère des hommes.

Cœur pénétré de cette vérité, que lutte contre les défauts, acquisition des vertus, règne de Jésus-Christ dans les âmes, donc sécurité du salut et

84. *Serm. in Nativ. B. M. V. alias de Aquæductu.* (S. Bern.).

sanctification, sont en proportion du degré de dévotion envers Marie[85].

Cœur saisi de cette pensée que tout est plus facile, plus sûr, plus suave et plus rapide dans la vie intérieure, quand on agit avec Marie[86].

Cœur débordant de confiance filiale, quoi qu'il arrive, envers celle dont il connaît par expérience les délicatesses, les prévenances, les tendresses, les miséricordes et les générosités[87].

Cœur enflammé de plus en plus d'amour envers celle qu'il ne sépare d'aucune de ses joies, qu'il unit à toutes ses peines et par qui passent toutes ses affections.

Tous ces sentiments reflètent bien le cœur de saint Bernard, exemplaire de l'homme d'œuvres. Qui ne connaît les paroles qui jaillissaient de l'âme de ce saint abbé, lorsque, expliquant devant ses moines l'Évangile *Missus est*, il s'écrie :

« Ô vous qui comprenez que dans le flux et le reflux de ce siècle, vous flottez au milieu des orages et des tempêtes plutôt que vous ne marchez sur la

---

85 Personne n'est sauvé sinon par vous, Mère de Dieu. Personne ne reçoit le don de Dieu sinon par vous, ô pleine de grâce (S. Germain). La sainteté croît en raison de la dévotion qu'on professe pour Marie (P. Faber).

86. Avec Marie, on fait plus de progrès dans l'amour de Jésus en un mois qu'on n'en fait en des années en vivant moins uni à cette bonne Mère (S. Grig. de Montf.).

87. Mes enfants, Marie est la base de ma confiance et toute la raison de mon espérance (S. Bern.).

terre, tenez vos yeux fixés sur cette étoile, pour ne point périr dans la tourmente. Si les vents des tentations se déchaînent, si vous vous heurtez aux écueils des tribulations, regardez l'étoile, appelez Marie.

Si vous êtes secoué par les flots de l'orgueil, de l'ambition, de la médisance, de la jalousie, regardez l'étoile, appelez Marie.

Si la colère ou l'avarice ou les convoitises assaillent le frêle esquif de votre âme, levez les yeux vers Marie.

Si, accablé de l'énormité de vos fautes, confus des plaies hideuses de votre conscience, épouvanté de l'horreur du jugement, vous commencez d'être absorbé dans l'abîme de la tristesse et du désespoir, pensez à Marie.

Dans les périls, dans les angoisses, dans les doutes, pensez à Marie, invoquez Marie.

Que Marie ne soit jamais loin de vos lèvres, jamais loin de votre cœur ; et, pour obtenir le suffrage de sa prière, n'oubliez pas l'exemple de sa vie. En la suivant, vous ne vous égarez pas ; en la priant, vous ne désespérez pas ; en la contemplant, vous n'errez pas. Avec son appui, vous ne tombez pas ; sous sa protection, vous ne craignez pas ; sous sa conduite, vous ne vous lassez pas ; si elle vous est propice, vous parvenez au port ».

Forcé de nous limiter et voulant néanmoins offrir à nos confrères dans l'apostolat comme le résumé des conseils de saint Bernard pour arriver à être un véritable enfant de Marie, nous croyons ne pouvoir mieux faire qu'en les engageant fraternellement à lire avec attention le si solide et si précieux volume *La vie spirituelle à l'école du Bienheureux Grignion de Montfort* écrit par le P. Lhoumeau[88].

Avec les ouvrages de saint Alphonse et les commentaires du P. Desurmont, les écrits du P. Faber et du P. Giraud, de la Salette, quel volume reflète mieux que celui du P. Lhoumeau les écrits de saint Bernard, qu'il cite du reste à tout instant ? Puissante base théologique, onction, caractère pratique, rien ne manque pour obtenir le résultat que poursuivait sans relâche l'abbé de Clairvaux : façonner le cœur de ses enfants à l'image du sien et leur donner ce qui fut la caractéristique des auteurs cisterciens : le besoin du recours habituel à Marie et la vie d'union avec elle.

Terminons par la consolante parole que l'admirable cistercienne sainte Gertrude, que dom Guéranger appelle Gertrude la Grande, entendit des lèvres de la très sainte Vierge : « On ne doit pas appeler mon Fils unique, mais bien mon premier-né, mon très doux Jésus. Je l'ai conçu le premier dans mon sein, mais après lui, ou plutôt par lui je vous ai tous conçus pour être ses frères et pour être mes

88. Le P. Lhoumeau était le Supérieur général de la Congrégation fondée par saint Grignion de Montfort.

enfants en vous adoptant dans les entrailles de ma charité maternelle ». Tout dans les œuvres de cette sainte patronne des Trappistines reflète l'esprit de son bienheureux Père saint Bernard, par rapport à la vie d'union à Marie.

◆ *Pour la fécondité de l'apostolat.*

Que l'homme d'œuvres ait à tirer les âmes du péché ou qu'il ait à faire épanouir en elles les vertus, il doit toujours avoir comme premier but, à l'exemple de saint Paul, d'enfanter Notre-Seigneur dans ces âmes. Or Dieu, dit Bossuet, ayant voulu une fois nous donner Jésus-Christ par la très sainte Vierge, cet ordre ne change plus : elle a enfanté le chef, ainsi doit-elle enfanter les membres.

Isoler Marie de l'apostolat serait méconnaître l'une des parties essentielles du plan divin. « Tous les prédestinés, dit saint Augustin, sont en ce monde cachés dans le sein de la très sainte Vierge où ils sont gardés, nourris, entretenus et agrandis par cette bonne Mère jusqu'à ce qu'elle les enfante à la gloire après la mort ».

Depuis l'Incarnation, conclut justement saint Bernardin de Sienne, Marie a acquis une sorte de juridiction sur toute mission temporelle du Saint-Esprit, de sorte qu'aucune créature ne reçoit de grâces que par ses mains.

Mais, à son tour, le vrai dévot à Marie devient tout puissant sur le cœur de sa Mère. Dès lors, quel apôtre pourrait douter de l'efficacité de son apostolat, si, par la dévotion, il dispose de la toute-puissance de Marie sur le sang rédempteur.

Aussi voyons-nous tous les grands convertisseurs animés d'une dévotion extraordinaire envers la Sainte Vierge. Veulent-ils retirer une âme du péché ? Quelle chaleur persuasive ils ont, identifiés qu'ils sont, par l'horreur du mal et l'amour de la pureté, avec celle qui s'est elle-même appelée l'Immaculée-Conception !

C'est à la voix de Marie que le Précurseur a reconnu la présence de Jésus et tressailli dans le sein de sa mère. Quels accents Marie donnera à ses vrais fils pour ouvrir à Jésus les cœurs jusque-là fermés !

Quelles paroles les intimes de la Mère de miséricorde savent trouver pour empêcher le désespoir de s'emparer des âmes qui ont longtemps abusé des grâces.

S'agit-il d'un malheureux qui ignore Marie ? L'assurance avec laquelle l'homme d'œuvres la montre vraie mère et refuge des pécheurs ouvre à cet égard des horizons nouveaux.

Le saint Curé d'Ars rencontrait parfois des pécheurs qui, aveuglés par l'illusion, s'appuyaient sur quelque pratique extérieure de dévotion envers la Sainte Vierge pour se tranquilliser, pécher plus à l'aise et ne point craindre les flammes éternelles. Sa parole alors était souveraine et pour montrer au coupable la monstruosité d'une présomption si injurieuse à la Mère de miséricorde, et pour lui faire employer cet acte de dévotion à implorer la grâce d'échapper aux étreintes du serpent infernal.

Dans le même cas, un homme d'œuvres peu dévot à Marie ne réussira, par ses paroles tranchantes et glacées, qu'à faire abandonner au pauvre naufragé l'épave qui eût pu devenir pour lui une planche de salut.

Marie vivant dans un cœur d'apôtre, c'est l'éloquence maternelle même assurée à l'ouvrier évangélique pour toucher les âmes près desquelles tout a échoué. Il semble que, par une délicatesse admirable, Notre-Seigneur ait voulu réserver à la médiation de sa Mère les conquêtes les plus difficiles de l'apostolat et ne les accorder qu'à ceux qui vivent intimement avec elle. Par vous, il a réduit à rien nos ennemis.

Jamais le vrai fils de Marie ne sera à bout d'arguments, de moyens ou même d'expédients, lorsque dans les cas presque désespérés, il devra fortifier les faibles et consoler les inconsolables.

Le décret qui ajoute aux Litanies l'invocation : *Mater boni consilii*, s'appuie sur les titres de *Cælestium gratiarum thesauraria* et de *Consolatrix universalis* que mérite Marie. « Mère du bon conseil », elle ne donne qu'à ses vrais dévots, comme à Cana, le secret d'obtenir, pour le distribuer, le vin de la force et de la joie.

Mais c'est surtout lorsqu'il faut parler aux âmes de l'amour de Dieu, que la « ravisseuse des cœurs », *raptrix cordium*, suivant le mot de saint Bernard, l'épouse de l'Amour substantiel, met sur les lèvres de ses intimes des paroles de feu qui allument l'amour de Jésus et par lui font germer toutes les vertus.

Apôtres, nous devons aimer passionnément celle que Pie IX appelle « Vierge prêtre » et dont la dignité dépasse en tout celle des prêtres et des pontifes. Et cet amour nous donne le droit de ne jamais considérer une œuvre comme perdue, si nous l'avons commencée avec Marie et si nous voulons la continuer avec elle. Marie, en effet, est à la base et au couronnement de tout ce qui intéresse le règne de Dieu par son Fils.

Mais gardons-nous de croire que c'est avec elle que nous travaillons, si nous nous bornons à lui élever des autels ou à faire chanter des cantiques en son honneur. Ce qu'elle veut de nous, c'est une dévotion qui nous permette d'affirmer avec sincérité que nous vivons habituellement unis à elle, que nous recourons à son conseil, que nos affections passent par son cœur et que nos demandes se font souvent par elle. Mais ce que Marie attend, et surtout, de notre dévotion, c'est l'imitation de toutes les vertus que nous admirons en elle et l'abandon sans réserves entre ses mains pour qu'elle nous revête de son divin Fils.

À cette condition du recours habituel à Marie, nous imiterons ce général d'armée du peuple de Dieu, qui, avant de marcher à l'ennemi, disait à Débora : « Si vous venez avec moi, j'irai ; sinon, je n'irai pas », et nous ferons vraiment toutes nos œuvres avec elle. Non seulement elle sera mêlée aux décisions principales, mais encore à tous les imprévus et même aux détails d'exécution.

Unis à celle dont le vocable *Notre-Dame du Sacré-Cœur* résume pour nous tous les titres, nous ne risquerons jamais de fausser nos œuvres, en permettant qu'elles aillent à l'encontre de notre vie intérieure, deviennent un danger pour nos âmes et puissent servir plus à notre gloire qu'à celle de notre Dieu. Nous irons au contraire par les œuvres à la vie intérieure, et ainsi à l'union de plus en plus intime avec celle qui doit nous assurer la possession de son Fils pendant l'éternité.

ÉPILOGUE

C'est au pied du trône de Marie Immaculée que nous déposons ce modeste travail.

L'idéal parfait de l'apostolat, nous aimons à le méditer dans le cœur de la très sainte Vierge, tel que nous le montre une gravure byzantine du VIe siècle.

La Vierge porte dans sa poitrine le Verbe incarné entouré d'un cercle lumineux. Comme le Père éternel, elle conserve toujours en elle-même le Verbe qu'elle a donné au monde. Selon l'expression de Rohault de Fleury, « le Sauveur brille au milieu de sa poitrine comme une Eucharistie dont les voiles seraient déchirés ». Jésus vit en elle. Il est son cœur, sa respiration, son centre et sa vie : image de la vie intérieure.

Mais le divin Adolescent exerce l'apostolat. Son attitude, le rouleau de son Évangile qu'il tient dans sa main gauche, le geste de sa main droite, son regard, tout indique qu'il enseigne. Et la Vierge s'unit à sa parole. L'expression de son visage semble dire qu'elle aussi veut parler. Ses yeux grands ouverts cherchent des âmes auxquelles elle puisse communiquer son Fils : image de la vie active par la prédication et l'enseignement.

Ses mains étendues comme celles des orantes des catacombes, ou du prêtre qui offre la Victime sainte, rappellent que c'est surtout par la prière et l'union au sacrifice de Jésus que sera profonde notre vie intérieure et fécond notre apostolat.

Elle vit de Jésus, par Jésus, de sa vie, de son amour, d'union à son sacrifice, et Jésus parle en elle et par elle. Jésus est sa vie et elle est le Porte-Verbe, le porte-voix, l'ostensoir de Jésus.

Ainsi l'âme vouée à l'œuvre par excellence, l'apostolat, doit vivre de Dieu afin de pouvoir efficacement parler de lui, et la vie active, répétons-le encore, ne doit être en elle que le débordement de la vie intérieure.

TABLE DES MATIÈRES

TROISIÈME PARTIE

QUATRIÈME PARTIE

Achevé d'imprimer en France par Présence Graphique
2, rue de la Pinsonnière - 37260 Monts
N° d'imprimeur : 111037239

Dépôt légal : novembre 2010

Pour être informé des publications
des Éditions Artège,
envoyez vos coordonnées à :

Éditions Artège
11, rue du Bastion Saint-François
66 000 Perpignan

Nom : ....

Prénom : ....

Adresse : ....

....

Code postal : ....

Ville : ....

E-mail : ....

Téléphone : ....

Fax : ....